바이오
패권경쟁

대 한 민 국 재 도 약 의 갈 림 길

바이오
패권경쟁

매일경제 국민보고대회팀 지음

매일경제신문사

K바이오 필승 전략, 더는 늦출 수 없다

무병장수(無病長壽)는 인류의 오랜 꿈이자 도전 과제였다. 불사의 존재나 불로초와 같은 전설은 여러 문화에 등장하는 단골 소재다. 인류가 건강하게 오래 살고자 했던 욕망을 보여준다. 고대와 중세 시대에는 자연과 신의 힘에 의존하려는 경향이 강했다.

중국, 그리스, 인도의 고대 문명에선 불로초나 영약과 같은 신비한 물질들이 종종 등장한다. 중국 황제들은 불로초를 찾으려 애썼고, 그리스의 신화에서는 신들이 영원한 생명을 주는 능력을 지닌 존재로 묘사됐다. 중세의 연금술사들은 금속을 변환하거나 불사의 물약을 만들기 위해 수많은 실험을 진행했다. 그러나 이 모든 시도는 과학적인 근거가 부족한 미신적인 접근법이었다.

근대에 들어 의학과 생리학이 발달하면서 비로소 인간의 건강과 수명에 대한 과학적인 연구가 가능해졌다. 특히 근대 의학의 발전은 인류의 수명을 연장시키는 중요한 계기가 됐다. 16세기와 17세기에 걸쳐 의학의 기초적인 원리가 정립되었고, 19세기에는 현대 의학의 기틀이 마련됐다. 백신 개발, 세균 이론 발견, 항생제 발명 등은 인류가 질병을 예방하는 데 중요한 역할을 했다. 이를 통해 전염병의 확산을 막고, 인간의 평균 수명이 늘어났다.

20세기 중반 이후에는 유전자 연구와 분자 생물학이 급격히 발전하면서 생명과학이 비약적으로 성장했다. DNA 구조 발견은 생명체의 근본적인 작동 원리를 이해하는 데 큰 진전을 가져왔다. 이를 바탕으로 다양한 의약품과 치료법들이 개발되기 시작했다. 유전자 치료, 세포 치료 등은 이제 무병장수에 한 걸음 더 다가가는 기술로 주목받고 있다.

사실 인류를 포함한 모든 종의 죽음과 소멸은 자연스러운 현상이다. 찰스 다윈은 인류가 나이 들고 죽도록 설계되어 있다고 말했다. 가장 건강한 시기에 생식하고 자손을 번식시키며, 항상성을 잃은 노년은 죽음으로 소멸하는 게 순리라는 얘기다. 하지만 인류는 첨단 바이오 기술을 앞세워 그러한 자연의 이치를 뛰어넘는 도전을 계속하고 있다. 인간 수명이 점차 연장되는 배경이다.

'노화의 종말' 저자인 데이비드 싱클레어 하버드 의대 유전학 교수는 "언젠가 의사에게 10년의 시간을 되돌릴 수 있는 약을 처방받는 일이 일상이 될 것"이라고 예견했다. 노화도 질병이며 현대 의학기술의 발달로 노화를 치료할 수 있는 '역노화' '항노화'가 조만간 가능해진다는 관측이다. 70·80대 노인이 40·50대처럼 살아나는 사례가 현실로 다가온다는 얘기다. 단지 수명만 연장하는 게 아니라 젊고 건강하게 노년을 살 수 있다는 게 포인트다.

바이오 산업의 발전은 21세기에 들어서면서 가속화되고 있다. 이제 바이오산업은 단순한 의약품 제조를 넘어 건강한 삶을 위한 광범위한 산업으로 성장했다. 노화 방지(안티에이징), 유전자 편집, 항암 치료, 재생 의학 등 다양한 분야에서 혁신이 이루어지고 있다. 최근에는 인간의 유전자를 조작해 질병을 예방하거나 치료하는 유전자 편집 기술도 눈길을 끈다. 이 기술은 특정 유전자를 정확하게 편집할 수 있어 난치병 치료나 유전 질환 예방의 가능성을 제시한다. 또한 줄기세포기술의 발전은 손상된 조직을 재생하거나 장기 이식을 대체할 수 있는 획기적인 치료법을 제공할 수 있다.

게다가 바이오산업 도약에 인공지능(AI)이 날개를 달아줄 것이란 기대감이 크다. AI는 대규모 데이터를 분석하고 질병의 패턴을 찾는 데 획기적인 도움을 주며 약물 개발 속도를 대폭 향상시킬 수 있다. 연구자들은 AI를 활용해 신약을 개발하거나 개인 맞춤형 치료법을 찾아내는 연구에 이미 착수했다. 2024년 노벨화학상을 받은 데미스 허사비스 구글 딥마인드 최고경영자(CEO)가 좋은 사례다. 허사비스의 '알파폴드'라는 AI 시스템은 단백질 구조를 분석해 노화를 촉진하거나 억제하는 단백질 메커니즘을 신속하게 파악할 수 있다.

허사비스는 2025년에 AI로 설계한 신약의 임상시험에 들어가겠다고 밝혔다. 그는 종양학, 심혈관, 신경 퇴행 등 주요 질병 분야를 살펴보고 있으며 조만간 결실을 맺을 수 있을 것으로 예상했다. 그는 "한 약물을 발견하는 데 5~10년이 걸리지만, 우리는 개발 속도를 10배로 높일 수 있을 것이며 인류 건강에 엄청난 혁명이 될 것"이라고 강조했다.

전 세계 패권국들은 이러한 바이오산업의 주도권을 쥐기 위해 치열한 각축전을 벌이고 있다. 미국, 유럽, 일본을 비롯한 바이오 선진국들은 바이오산업을 국가 경제의 중요 축으로 삼고 정책적 지원과 투자를 아끼지 않고 있다. 미국의 경우 실리콘밸리와 보스턴 등 바이오산업의 중심지에서 매년 수많은 바이오테크 기업들이 탄생하고, 이들 기업이 혁신적인 기술을 통해 글로벌 시장을 주도하려는 모양새다.

유럽연합(EU)은 바이오산업의 전통적인 강자다. 유럽의 주요 국가들은 바이오산업에 대한 연구 투자와 규제 완화 정책을 통해 기업들이 더 빠르게 성장할 수 있도록 돕고 있다. 일본도 바이오산업에 대한 적극적인 투자를 통해 영향력을 키우려는 속내를 드러냈다. 일본 제약사들은 생명 연장과 노화 방지 연구에도 집중하고 있다.

바이오 패권경쟁에 구글, 마이크로소프트(MS), 애플 등 빅테크 기업들도 가세했다. AI와 빅데이터, 방대한 자본력을 앞세워 신약 개발과 인간 수명 연장에 나섰다. 웨어러블 기기와 AI를 결합해 신체 데이터를 분석하고 예방적 건강 관리의 첨병 역할을 차지하려는 속내도 숨기지 않는다. 전통적인 제약 · 바이오 공룡 기업들이 빅테크 기업과 일전을 벌이는 상황이 된 것이다.

연 매출 10억달러 이상의 대박 의약품을 '블록버스터 신약'이라고 부른다. 잘 만든 블록버스터 신약 하나가 나라를 먹여 살리는 시대가 되고 있다. 미국 초대형 제약 회사 머크는 '키트루다'라는 면역항암제를 개발했는데, 이 약의 2025년 매출액은 316억달러(약 45조원)에 달할 것으로 전망된다. 대한민국 무역수지 흑자(2025년 487억달러 예상)의 65%를 단일 의약품으로 벌어들이는 셈이다.

이런 생존 경쟁 속에서 한국은 어떤 태도를 취하고 있는가. 한국 경제는 최근 1%대 저성장 덫에 갇혀 있다. 세계를 호령하던 메모리 반도체 신화도 예전 같지 않다. 미국, 대만, 일본, 중국 등 경쟁국들의 압박이 만만치 않다. 반도체와 자동차, 석유화학 등 전통 제조업에만 의지해서는 한국의 미래 생존을 장담할 수 없다. 바이오라는 신성장 엔진을 장착해 새로운 활로를 찾아야 한다.

바이오산업에 주목해야 하는 것은 높은 성장성 때문이다. 2025년 바이오 시장 규모는 2조4000억달러로 이미 반도체 산업(7000억달러)보다 세 배 이상 커졌다. 앞으로 성장세는 더욱 빨라질 것이다. 매경미디어그룹이 바이오 패권경쟁에 주목하는 이유가 여기에 있다. 저성장 덫을 탈출해 V자 반등을 그릴 수 있는 절호의 기회가 바이오에 있다고 믿는 것이다. 우리는 최선의 전략으로 바이오 산업을 도약시키느냐, 아니면 패권경쟁의 골든타임을 놓치느냐 하는 갈림길에 서 있다.

무병장수는 단순한 꿈이 아니다. 과학과 기술을 바탕으로 실현 가능한 목표가 되고 있다. 의학, 생명과학, 바이오산업의 발전은 인류의 건강을 지키고 수명을 연장하는 열쇠가 될 것이다. 기술의 발전에 따라 인류는 무병장수라는 꿈에 한 걸음 더 가까워질 것이 분명하다. 인류의 거대한 도전에 한국만 낙오될 수는 없다. 우리도 바이오 패권경쟁에 당당히 임해야 한다. 그리고 승리의 길을 반드시 찾아야 한다. 이 책이 K바이오 필승 전략을 찾는 밑거름이 되길 기대해본다.

1부　　넥스트 칩워, 바이오워

2부   맞춤형 바이오가 뜬다

3부 왜 K바이오인가

4부 바이오 패권 Victory 전략

넥스트 칩워,
바이오워

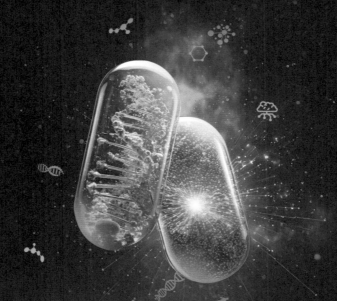

불붙은 美 바이오 패권주의

2025년 1월 미국에서 도널드 트럼프 2기 행정부가 출범하면서 글로벌 관세 전쟁의 포문이 열렸다. 대표적인 미래 산업으로 꼽히는 제약·바이오 분야도 예외는 아니었다. 의약품을 둘러싼 트럼프 정부의 관세 정책이 속속 윤곽을 드러내면서 유럽연합(EU)과 중국, 캐나다 등 각국도 다양한 방식으로 '관세 전쟁' 대비에 나섰다.

트럼프 대통령은 2025년 2월 의약품 관세에 대해 "25% 또는 그 이상이 될 것"이라고 선언했다. 향후 관세가 추가로 인상될 가능성도 언급했다. 트럼프 대통령이 불붙인 관세 전쟁에 중국과 캐나다 등 주요국들도 일제히 보복 관세를 예고했다.

글로벌 빅파마들도 패권국 간 기싸움에 촉각을 곤두세우고 있다. 일단 미국 정부가 수입 의존도가 높은 원료 의약품에 대해서만 관세를 부과할지, 모든 의약품을 관세 부과 대상으로 할지는 미지수다. 다만 다른 국가에서 의약품을 생산해 미국으로 수출하는 제약사들은 모든 가능성을 염두에 두고 대책을 마련해야 하는 숙제를 안게 됐다.

미국의 관세 부과 조치는 중국이나 멕시코, 캐나다를 넘어 유럽까지 겨냥하고 있다는 게 대체적인 평가다. 특히 독일, 스위스 등은 전 세계로 나가는 고가 바이오 의약품의 주된 공급국이다. 미국 역시 이들 유럽 국가로부터 고가의 바이오 의약품을 수입한다. 미국 정부가 유럽에 추가 관세를 부과할 경우 글로벌 제약 업계에 미치는 영향은 더욱 커질 것으로 예상된다. 여기에 EU가 미국 관세에 맞대응할 경우 역내 의약품 부족 문제는 더욱 악화될 수 있다는 경고도 나온다.

트럼프 대통령의 엄포 이후 EU 집행위원회는 관세엔 즉각적으로 단호하게 대응하겠다는 의지를 밝혔다. 다만 의약품과 관련된 사안은 환자들이 영향을 받을 수 있기 때문에 신중해야 한다는 입장이다. 특히 유럽 여러 국가들은 의약품 가격이 고정돼 있는 탓에 관세 부과 시 해당 의약품이 아예 공급되지 않을 수 있다는 우려가 높다. 유럽은 최근 고령화 추세로 저가 의약품을 중심으로 한 수요가 늘고 있어 의약품 부족 문제에서 자유롭기 힘든 상황이다.

미국에 저가 의약품을 가장 많이 수출하는 나라 중 하나로 꼽히는 인도도 대응 전략을 모색 중이다. 인도는 원료 의약품과 제네릭 의약품의 미국 수출 비중이 높다. 2024년 기준 인도에서 미국으로 수출한 의약품은 90억달러에 육박한다. 인도의 주요 제약사 매출에서 미국이 차지하는 비중이 적지 않다는 점에서 인도산 의약품에 대한 수입 관세가 기업의 수익에 영향을 미칠 수 있다. 인도 제약협회에 따르면 미국의 관세 부과가 현실화할 경우 매년 약 5%의 매출 감소가 예상된다.

다만 미국의 제약·병원 업계가 관세 대상에서 의약품 분야를 제외하기 위해 적극적으로 로비를 벌이고 있다는 점은 변수다. 이들 업계의 주된 우려는 중국산 수입품에 대한 관세다. 미국에서 핵심 의약품 제조에 사용되는 원료의 30%는 중국에서 생산된다. 미국 제약 산업은 전통적으로 케미컬 의약품 원료를 중국과 인도에서 낮은 가격에 수입해 미국에서 완제 의약품으로 생산해왔다.

이런 상황에서 중국에 관세가 부과되면 항암제나 항생제 등 주요 의약품의 가격 인상은 물론 공급 부족 사태가 초래될 우려가 크다. 이에 미국 내 병원 등 5000여 곳을 대표하는 미국병원협회(AHA)는 "중국에서 수입되는 원료 의약품이 미국 병원에서 쓰이는 핵심 치료제의 상당 부분을 차지한다"며 트럼프 대통령을 향해

관세 정책 철회를 촉구하기도 했다.

제네릭 의약품 단체인 접근가능의약품협회(AAM)도 의약품 관세 면제를 촉구하고 있다. 미국 의약품 시장의 90% 이상을 차지하는 제네릭 의약품 대부분이 중국과 인도산 원료를 기반으로 제조되고 있다. 이 때문에 중국산 원료에 대한 관세가 인상되면 제네릭 의약품 기업이 직격탄을 맞을 수밖에 없다.

국내외의 반발에도 관세 부과를 고집하는 미국 정부가 의도하는 바는 분명하다. 해외 기업들의 미국 내 투자를 독려해 일자리를 창출하는 동시에 무역적자를 줄이려는 것이다. 실제 트럼프 대통령의 엄포에 글로벌 시가총액 1위 제약사 일라이릴리가 미국 제약사 최초로 미국 내 제조시설에 대한 대대적인 투자 계획을 발표했다.

구체적으로 일라이릴리는 270억달러를 투입해 미국에 제조공장 4곳을 세워 5년 내 가동하겠다는 목표다. 이를 통해 새롭게 창출되는 일자리 수는 1만개에 달한다. 완공 이후에는 엔지니어, 과학자 등 숙련된 근로자 3000명 이상이 신규 공장에서 근무하게 된다.

일라이릴리의 이 같은 발표는 트럼프 대통령이 빅파마 최고경영자(CEO)들과 의약품 관세를 논의한 지 단 일주일 만에 나왔다. 당시 트럼프 대통령은 미국으로 생산시설을 이전하면 관세가 없다며 협상의 여지를 남기기도 했다. 미국 내에만 10여 개의 제조공장과 유통센터 2곳을 보유 중인 화이자도 공장 이전 가능성을 시사한 상태다.

트럼프 행정부의 관세 정책으로 불이 붙긴 했지만 제약·바이오산업의 자체 공급망을 강화하고 경쟁국에 앞서 바이오산업에서 주도권을 잡기 위한 주요국들의 움직임은 이미 수년 전부터 본격화했다.

우선 미국이 의약품 공급망 관리에 나서기 시작한 건 코로나19 팬데믹 때로 거슬러 올라간다. 2020년 8월 트럼프 1기 행정부는 '미국 내 필수의약품 생산을 보장하는 행정명령'을 발표했다. 해외 제조업체의 의존도를 줄이고 필수 의약품의 안정적인 역내 생산을 보장하기 위한 조치로 △연방기관의 필수 의약품에 대한 미국산 구매 의무화 △조달 대상 항목을 미국 내 두 개 이상의 제조업체에 분배 △미국 식품의약국(FDA)에 필수 의약품 목록 작성 지시 등의 내용이 담겼다.

뒤를 이어 출범한 조 바이든 행정부는 행정명령 제14017호를 통해 공급망 리스크 점검이 필요한 4대 핵심 분야 중 하나로 의약품을 지목했다. 2021년 6월 미국 정부는 의약품 분야의 공급망 리스크를 점검하고 자국 내 의약품 공급망 강화를 위한 3대 권고사항 및 6대 정책 과제를 담은 '100일 공급망 검토보고서'를 발표했다. 당시 보고서에서는 FDA에 등록된 완제 의약품 제조시설의 52%, 원료 의약품의 73%가 해외에 위치해 있다는 내용이 담겨 미국 산업계에 충격을 주기도 했다.

보고서는 △미국 내 생산의 높은 제조 비용 및 생산 역량 부족, 중국 등 특정 지역에 대한 편중 △제조시설에 대한 규제 및 품질 개선에 대한 신속한 대응 미흡 등을 의약품 공급망의 주요 리스크 요인으로 지적했다. 이에 맞춰 미국 내 생산 확대, 핵심 의약품의 재고 확보 등을 대응 방안으로 꼽았다.

이후 바이든 대통령은 제약·바이오 공급망 강화에 대한 본격적 대응책으로 '국가 바이오 기술 및 바이오 제조 행정명령'을 발표했다. 2022년 9월의 일이다. 구체적인 이행 방안에서는 생명공학 및 바이오 분야 공급망 강화에 20억달러 규모 예산을 투입하겠다는 내용이 담겼다. 이후 저분자 바이오 의약품에 사용되는 원료 의약품의 최소 25%를 5년 내 역내 조달하겠다는 목표도 제시했다. 수익성이 낮은 원료 의약품 생산을 유인해 효율적인 비용의 바이오 제조 경로를 구축하도록 한 것이다.

무엇보다 중국 바이오 기업들과의 거래 제한을 담은 바이오 안보법이 2024년 1월 상·하원에 동시 발의돼 같은 해 9월 하원을 통과했다. 미국 연방 행정기관과 규제 대상인 중국 우려 바이오 기업과의 거래, 계약, 대출, 보조금 지급을 금지하는 내용이었다. 중국 공산당이 자국 내 모든 기업이 보유한 개인 데이터를 열람할 수 있는 법적 권한을 갖고 있는 만큼, 이들에게 유전 데이터를 제공하는 것은 곧 국가 안보를 위협하는 일이라는 우려에서 나온 정책이다.

바이오 안보법은 최종 통과까지 상원과 대통령 승인 등을 거쳐야 한다. 다만 행정부의 변동과 관계없이 바이오 안보법의 통과는 시간문제라는 게 대체적인 평가다.

유럽도 2020년대 들어 의약품의 해외 의존도

2025년 2월 미국 플로리다주 팜비치의 마러라고 리조트에서 도널드 트럼프 미국 대통령이 발표하고 있다.

를 줄이고 공급망을 다변화하려는 노력을 이어오고 있다. 벨기에 등 18개 EU 회원국은 2023년 비공식 문서를 통해 EU가 특정 지역 및 소수의 원료 의약품 제조 업체에 의존하고 있을 뿐 아니라 그 의존도가 점점 더 커지고 있는 상황에 대해 우려를 표했다. 단기적으로는 자발적 연대 메커니즘을 설치하고, 중장기적으로는 핵심 의약품 목록을 작성해 의약품법을 제정해야 한다고 해결책을 제시했다. 자발적 연대 메커니즘이란 EU 회원국에서 의약품이 부족한 긴급 상황 시 다른 회원국에 도움을 요청할 수 있도록 하는 연대 시스템이다.

아울러 바이오 의약품 육성 정책도 속속 내놓고 있다. 핵심은 2024년 4월 내놓은 바이오 기술 및 바이오 제조 정책 방안이다. 여기에는 미국의 '국가 바이오 기술 및 바이오 제조 행정명령'과 같이 바이오 기술 및 바이오 제조 부문을 육성하기 위한 세부적인 조치가 담겨 있다. '바이오 기술법(Biotech Act)'에 대한 직접적인 언급도 있다. EU는 한국을 주요 국제 파트너로서 '국제 바이오 기술 및 바이오 제조 파트너십'의 대상으로 규정하는 내용을 포함한 10가지 대응 방안을 제시했다. 구체적으로는 시장 수요 자극, 규제 경로 간소화, 공공 및 민간 투자 장려 등의 내용이 담겼다.

무엇보다 EU 내에 효율적인 단일 시장을 구축하기 위해 파편화된 규제를 단순화해 의약품의 시장 출시 기간을 단축하겠다는 목표다. 이러한 노력들은 2025년 제정을 목표로 하고 있는 바이오 기술법을 통해 실현한다는 계획이다.

제2의 의약품 소비 시장으로 성장 중인 중국은 고부가가치 의약품 산업 지원에 집중하고 있다. 중국은 원료 의약품 수출이 활발하게 이뤄지고 있음에도 불구하고, 합성 바이오 완제 의약품 부문의 수입 규모가 큰 탓에 전체적으로는 적자를 보고 있다. 특히 내수 시장의 자급자족을 목표로 하던 정책 방향이 최근에는 해외 시장 진출 쪽으로 발전하고 있다는 점도 주목할 만한 대목이다.

중국은 2010년대 들어 국가 전략 분야에 바이오산업을 꾸준히 포함시켰다. 이와 동시에 바이오 기술 분야에서 구체적인 목표와 지원책도 함께 제시했다. 먼저 2010년 국무원이 제시한 '전략적 신생 산업 계획'에서 경쟁력 강화에 필요한 7대 신산업에 바이오 기술을 포함시켰다. 이후 2015년 국가산업전략인 '중국 제조 2025'에서도 바이오 의약 분야를 미래 선도 10대 핵심 산업으로 지정한 바 있다. 당시 2020년까지 바이오 연구개발(R&D) 예산과 기업의 의약품 품질 표준·체계를 국제 수준으로 끌어올리고, 자국 시장 내 자국 기업의 분야별 점유율 70%를 달성하겠다는 목표도 제시했다.

2022년부터는 바이오 경제를 '국가전략'으로 격상하고 '바이오 경제 개발 5개년 계획'을 별도로 제시하며 드라이브를 걸었다. 2035년까지 중국 바이오 경제 산업의 종합 경쟁력을 글로벌 선두 국가 수준까지 끌어올리고 높은 기술 수준, 융합 기술의 광범위한 활용, 완비된 제도 및 시스템 등을 특징으로 하는 '바이오 경제 발전 패러다임'을 형성한다는 계획을 내놨다. 베이징-톈진-허베이, 양쯔강 삼각주, 광둥-홍콩-마카오 광역 베이 지역의 경우 기업 육성과 자원 개발을 위한 바이오 경제 구역으로 시범 양성하기로 했다.

일본도 이 같은 흐름에 가세해 '경제안전보장추진법'상 첨단 중요 기술 20개 분야 중 하나로 바이오 기술을 선정했다. 이를 통해 중장기적으로 국제사회에서 일본의 지위 확보에 필수적인 기술 분야를 선정해 약 5000억엔을 투자하기로 했다.

투자금은 연구개발 자금 지원, 민관 협의회 설치, 조사 연구 업무 위탁 등에 사용될 예정이다. 바이오 기술은 해양·우주·항공·사이버와 함께 '경제안보 중요 기술 육성 프로그램'의 1차 대상 산업에도 포함됐다.

거세지는 유럽의 추격

유럽연합(EU)은 집행위원회 차원의 대규모 재정 프로그램을 가동하며 바이오 선도 기술 경쟁을 지원하고 있다. EU 집행위원회(EC)는 행정부 격으로 법안 작성 및 예산·공동 기금 관리를 맡고 있다. EU 집행위원회 소속 연구혁신총국은 1984년부터 모든 연구개발(R&D) 투자를 하나의 시스템으로 관리하고 있다. 이른바 프레임워크 프로그램이다. 프레임워크 프로그램은 EU 국가별 중복 투자를 막기 위해 만들어졌다. 한 기술당 한 연구진에 유럽 전체의 자원을 투입한다. 투자 효율성 향상과 함께 개별 국가는 기대하기 어려운 더 큰 성과를 낼 수 있는 이유다. 유럽 내 여러 국가가 모여 시너지(상승 효과)를 창출하려는 EU의 창립 목적과도 맥이 닿아 있다. 지금 운영하는 프레임워크 프로그램의 명칭은 '호라이즌유럽'이다. 1984년 프레임워크 프로그램이 처음 출범한 이후 아홉 번째 프로그램으로 2021년 시작됐다. 2027년 만료 시점까지 투입되는 예산 규모는 935억 유로(약 147조원)에 달한다. 역대 최대 예산으로, 유럽이 미래 산업의 게임 체인저가 될 신기술을 개발하겠다는 EU의 강력한 의지를 엿볼 수 있다.

호라이즌유럽은 크게 세 분야로 나뉜다. 첫 번째는 기초과학 연구자를 후원하는 사업이다. 두 번째는 실용적인 기술 개발에 투자하는 사업이고, 세 번째는 유럽 내 중소기업을 지원하는 사업이다. 이들은 각각 필라1·2·3이라고 불린다. 호라이즌유럽이 강조하고 있는 필라는 두 번째다. 전체 예산의 절반 이상이 인류 생활과 연관된 혁신 기술 확보를 위한 필라2에 투입된다.

바이오는 필라2에 속해 있으며 80억유로(약 12조6000억원) 이상의 예산이 배정돼 있다. 질병 예방·진단과 새로운 치료법 창출을 목표로 하고 있다. 시민이 보다 건강하게, 오래 살 수 있도록 하는 연구인 셈이다.

연구 최우선 순위에 있는 질병은 암이다. 암은 유럽 바이오가 강점을 가지고 있는 분야이기도 하다. 매년 가을 열리는 유럽종양학회(ESMO)는 미국암연구협회(AACR), 미국임상종양학회(ASCO)와 함께 세계 3대 암 학회로 불린다.

벨기에 브뤼셀에 위치한 유럽연합 집행위원회 건물에서 유럽연합 깃발이 휘날리고 있다.

초기 연구보다는 성숙한 암 치료 기술이 발표되는 곳으로, 글로벌 제약사의 수십조 원 규모 계약이 공표되기도 한다.

호라이즌유럽의 목표는 2030년까지 암 환자 300만명 이상에게 더 나은 삶을 제공하는 것이다. 암은 별도의 취약 계층 없이 모든 사람이 앓을 수 있는 위험한 병이다. 발병 시 치료에 따른 부작용·비용 등으로 본인뿐만 아니라 가족·사회에도 큰 부담을 안긴다. EU에 따르면 매년 유럽에서 무려 270만명이 암 진단을 받고 있다. 암으로 인한 사망자만 연간 130만명에 달한다. 개선책이 없다면 2040년 암 진단자는 현재의 2.5배 수준인 324만명으로 늘어날 전망이다. 호라이즌유럽은 미래형 의학으로 주목받고 있는 개인 맞춤형 치료에도 관심을 두고 있다. 개인 맞춤형 치료 연구를 더 빨리 임상에 도입할 수 있도록 자금을 지원한다. 개인 맞춤 의학은 모든 사람에게 통하는 하나의 방법보다

는, 동일 질병이라도 환자별 특성을 고려한 개별 치료를 추구한다. 디지털 기술로 막대한 치료 데이터가 축적돼 실현 가능성을 보이고 있는 분야다. 보유한 선도 기술로 유럽 외 지역에 공헌하는 것도 호라이즌유럽의 과제다.

2020년 12월 우르줄라 폰데어라이엔 EU 집행위원장은 미국 화이자가 개발한 코로나19 백신의 사용 승인을 발표하며 "유럽에서 사용하는 최초의 코로나19 백신이 유럽의 혁신에 기반을 뒀다는 점이 자랑스럽다"며 "화이자 백신의 공동 개발사인 독일 바이오엔텍은 지난 10년 동안 EU에서 연구 자금을 지원받았다"고 자찬한 바 있다.

호라이즌유럽은 한국과도 깊은 관계를 맺고 있다. 한국은 2025년부터 호라이즌유럽에 준회원국으로 참여했다. 참여 분야는 실용 기술을 개발하는 필라2다. 준회원국인 한국은 정부가 호라이즌유럽에 분담금을 내는 대신 EU 회원

국과 동등한 지위를 부여받는다. 세부 연구에서 자금을 집행하는 주관 국가가 될 수도 있다. R&D 비용 부족에 시달리고 있는 한국 바이오 업계의 새 활로로 기대된다.

유럽 바이오 시장 규모는 세계 2위를 기록 중이다. 글로벌 점유율은 22.4%(연 2900억달러·약 420조원)로 북미(52.3%) 다음이다. 거대 내수 시장을 바탕으로 2021년 유럽 지역 바이오 제품 생산액은 3240억유로(약 512조원)를 달성했다.

유럽 바이오산업은 지역 내 고령화 확산에 따라 지속적인 성장이 기대된다. 유럽 바이오 시장은 2030년까지 연평균 6~8%의 성장률이 예고돼 있다. 이탈리아, 포르투갈 등 유럽 18개국이 초고령 사회에 접어들어 수요가 늘고 있는 점이 한 요인이다. 초고령 사회는 전체 인구 중 65세 이상이 20%가 넘는 나라를 말한다. 투자 측면에서도 각국이 암·심장 질환 등 고령자가 취약한 질병의 치료 비용을 낮추고자 바이오산업에 대한 지원을 늘릴 전망이다. 유럽의 건강보험은 공공성이 강해 별다른 조치 없이 고령화가 심해진다면 지속 가능하지 않기 때문이다.

실제로 유럽 경제에서 의료비 지출의 비중은 갈수록 늘어나고 있다. 유럽 평균 국내총생산(GDP) 대비 공공·민간 의료비 지출 비율은 2010년 8.7%에서 2021년 10.1%로 증가했다. 인구 대국이자 선진국인 독일(12.8%), 프랑스(12.4%)가 특히 높았다.

이에 유럽 각국 정부는 의료비 절약 방안으로서 복제약에 주목하고 있다. 건강보험과 관련해 복제약을 우선하는 정책을 속속 내놓고 있는 것이다. 복제약은 제네릭과 바이오시밀러로 구분할 수 있다. 제네릭은 합성 화학 물질로 제조되는 화학 의약품이고, 바이오시밀러는 세포, 단백질 등 생물학적 물질에 기반을 둔 바이오 의약품이다. 이들 복제약은 특허를 출원한 개발사가 아니라 대개 의약품 전문 제조사가 생산한다. 원료 물질의 지식재산권 보호 기간이 만료된 이후 시장에 유통될 수 있다. 유럽 국가 중 복제약 생산 비중이 높은 곳은 폴란드(55.8%), 오스트리아(48%), 라트비아(44%) 등이다.

유럽은 전 세계 바이오 수출액의 70% 이상을 담당하는 수출 강자이기도 하다. 10대 바이오 수출국 중 미국을 제외하면 모두가 유럽 국가일 정도다.

유럽 국가 중 바이오 무역 최대 흑자국은 아일랜드다. 미국 화이자 등 글로벌 제약사의 생산 기지가 다수 자리 잡고 있다. 아일랜드는 낮은 법인세와 숙련된 노동자, 최대 시장인 미국과의 튼튼한 네트워크를 갖추고 있다.

한국도 SK팜테코의 자회사 SK바이오텍이 아일랜드 수도 더블린에 공장을 두고 있다. 2017년 미국 브리스톨마이어스스큅(BMS)으로부터 인수했다. 2024년 SK팜테코는 최대 3500만유로(약 550억원)를 투입하는 아일랜드 공장 증설 계획이 현지 의회의 승인을 받았다고 발표하기도 했다. 아일랜드 공장의 높은

2017년 SK바이오텍이 글로벌 제약사로부터 인수한 아일랜드 생산공장의 모습.

시장성이 투자로 이어진 것이다. 증설 공사는 2025년 마무리를 목표하고 있으며 약 300명의 신규 일자리를 창출할 예정이다.

유럽 바이오 수출의 특징으로는 합성 의약품 대신 바이오 의약품·백신의 비중이 늘고 있는 점이 있다. 2022년 바이오 의약품·백신이 유럽 의약품 수출액에서 차지하는 비중은 각각 25.9%, 15.4로 나타났다. 순서대로 2018년 대비 3.2%포인트, 9.6%포인트 증가했다. 전 세계와 비교해도 유럽의 바이오 의약품·백신의 수출 비중은 각각 1.5%포인트, 1.6%포인트 높은 수준이다. 합성 의약품보다 부가 가치가 높은 바이오 의약품·백신으로의 산업 전환이 순조롭게 이뤄지는 모양새다.

유럽은 한국에 있어 중요한 바이오 교역 파트너이기도 하다. 2022년 기준 한국의 제약·바이오 수출 상위 5개국 중 2곳이 EU 국가다. 독일이 비중 11.4%로 2위, 튀르키예가 9.3%로 3위를 차지했다. 한국이 수입하는 측면에서는

2022년 전 세계 제약·바이오 수출 상위국

단위: 백만달러

순위	국가	수출액
1	독일	110,500
2	벨기에	98,498
3	스위스	93,574
4	미국	65,861
5	아일랜드	63,474
6	네덜란드	45,685
7	이탈리아	45,499
8	프랑스	33,500
9	스페인	25,582
10	영국	25,220

출처: 글로벌 트레이드 아틀라스

2위 미국(15.7%)과 함께 EU 4개 나라가 상위 5개국을 형성했다. 순서대로 독일(21.8%), 벨기에(13.3%), 아일랜드(6.2%), 튀르키예(4.6%)였다. 한국으로서는 EU와 무역 갈등이 있을 시 의료계와 바이오산업 모두 큰 타격을 입을 것으로 예상된다.

첨단 산업 정조준한 中 바이오 굴기

중국 바이오산업은 1990년대에도 저개발국 수준을 벗어나지 못했다. B형 간염 백신 부족이 국가적인 위기로 인식될 정도로 의약품 부족에 시달렸다. 이에 중국 정부는 복제약 생산에 역량을 집중하는 등 바이오 분야의 양적 성장에 몰두해왔다. 가짜 약·효과 없는 백신 등 부작용도 있었지만, 그 성과로 2013년 마침내 의료보험의 전국화를 달성했다. 사각지대에 놓여 있던 농촌 지역에서까지 보편적인 의료 서비스가 가능해진 것이다.

다만 기초 의료품 보급에 몰두하다 보니 신약 도입은 소극적일 수밖에 없었다. 2011년부터 4년간 전 세계에서 승인된 항체 신약 42개 중 중국에서 시판된 약은 4개에 불과했다. 항체 치료제는 바이오 약물의 일종으로 항체를 이용해 특정 표적 단백질을 차단하거나 면역 반응을 유도한다. 암·자가면역질환 등 중증 질병에 효과가 크지만 비용 부담이 상당하다.

지지부진한 신약 도입으로 암과 같은 중증 질환에서 중국의 의료 수준은 열악할 수밖에 없었다. 2014년 기준으로 암 발병 시 5년 동안 생존할 수 있는 확률은 미국의 경우 66%였지만, 중국은 30%에 불과했다.

이제는 점차 상황이 바뀌고 있다. 2015년 이후 중국 바이오산업에 투입된 자금만 1조5000억위안(약 300조원)에 달한다. 인구 대국인 중국의 미래 시장을 기대하고 민간 자본이 쏟아졌다.

중국 정부의 보조도 발 빠르다. 2021년부터 5개년 계획으로 추진된 '메이드 인 차이나 2025'에는 생명공학 분야에서 중국이 세계 리더가 되겠다는 내용을 담았다. 2022년에는 바이오 경제 발전 계획을 발표하며 2035년까지 세계를 선도하는 중국 바이오 기업을 육성하겠다고 공언했다.

이에 따라 신약 심사 기간이 2010년대 중반 2~3년이 소요된 것과 달리 2025년에는 약 9개월로 줄었다. 또 바이오 기업이 하이테크 및 신기술 기업(HNTE)으로 지정받을 수 있도록 했다. HNTE로 지정된 기업은 법인세율이 기존 25%에서 15%로 10%포인트 줄어든다. 연구개발(R&D) 비용은 100% 가산해 세액 공제

된다. 들인 R&D 비용의 2배만큼 기업의 소득세를 줄여주는 것이다. 반면 한국 바이오 대기업이 받을 수 있는 R&D 비용 세액 공제율은 최대 40%에 불과하다. 중국 대비 공제율이 5분의 1에 그치는 셈이다.

민관이 합심해 힘을 모은 덕분에 2023년 중국 바이오 기업의 기술 수출(80건)은 역대 최고치를 경신하며 처음으로 기술 수입을 넘어섰다. 2021년(41건) 대비 두 배 가까이 증가하며 가파른 성장세를 보이고 있다.

기술 수출의 내용 역시 화려하다. 2023년 미국 제약사 BMS가 중국 바이리톈헝의 항체약물접합체(ADC) 기술을 얻기 위해 지급한 금액은 84억달러(약 12조2000억원)에 달한다. ADC는 암세포에만 반응하는 물질에 화학 약물을 결합해 암 세포를 표적 공격하는 치료 기술이다. 10년 전만 해도 낙후된 암 치료 체계를 가졌던 중국이 세계 최고 의학 강국인 미국으로 암 치료제 기술을 수출한 셈이다.

중국 ADC 기술력은 세계적으로도 인정받고 있다. 2023년 중국의 ADC 기술 수출 계약 규모는 200억달러(약 29조원)를 넘어섰다. 2023년 말까지 중국에서 시행된 1000건 이상의 ADC 약물 임상 시험이 혁신을 뒷받침한다.

인해 전술, 사람이 바다를 이룰 정도로 많은 병력을 투입해 수적 우위에서 승리를 노리는 중국 인민해방군의 전통적인 전술이다. 중국 바이오산업 역시 인해 전술에 바탕을 두고 있다. 중국 노동 시장은 세계 최대 규모의 바이오 연구 인력을 공급 중이다. 세계 1위를 다투는 인구 규모와 함께 과학·기술·공학·수학(STEM) 분야 졸업자 비중 역시 2020년 41%로 글로벌 수위권으로 나타났다. 과학 강국인 독일의 STEM 졸업자 비중이 36%를 기록했으며 미국은 20%에 그쳤다. 한국도 30%대에 머무르고 있다. 미국의 STEM 교육 가이드는 중국의 STEM 졸업자 비중이 2030년에는 60%를 넘어설 것으로 전망하기도 했다.

중국의 STEM 졸업자 증가에는 정부 시책이 반영돼 있다. 사우스차이나모닝포스트(SCMP)에 따르면 2017년 이후 5년간 임명된 중국 지방 최고위직 중 절반 이상이 STEM 학위를 보유했다. 기술 관료를 우대해 과학 강국으로 나아가겠다는 정부 최고위층의 의지를 보여준다.

실제로 2025년 중국 교육부는 과학 교육을 강화하기 위한 새 지침을 발표했다. 지침에 따라 중국의 모든 초등학교는 STEM 석사 학위를 가진 과학 교사를 1명 이상 보유해야 한다. 아울러 모든 학교는 과학 전담 부교장 직책을 만들어야 한다. 과학 전담 부교장은 학교의 과학 교육을 총괄하는 업무를 담당한다. 이외에도 중국 교육부는 방과 후 활동에 과학 교육을 더 많이 추가할 것과 학생의 과학 전공 진학 장려를 학교에 주문했다.

수많은 연구 인력 공급과 함께 저렴한 인건비 역시 중국 바이오의 장점이다. 중국 정부에 따르면 2022년 제약 업계 종사자의 평균 연봉은 5만5800위안(약 1100만원)으로 나타났다.

시진핑 중국 국가주석이 2023년 3월 베이징 인민대회당에서 사상 첫 3연임을 확정한 뒤 취임 선서를 하고 있다.

한국 바이오산업(약 4000만원) 대비 4분의 1 수준에 불과한 것이다. 일부 대형 제약사가 우수 인재 유치를 위해 박사 학위자에게 제시하는 연봉은 43만위안(약 8600만원)으로, 한국 삼성바이오로직스 직원의 평균 급여(9900만원)에도 못 미친다.

중국은 바이오 클러스터도 수많은 물량을 통해 경쟁력을 높이고 있다. 중국 전역의 바이오 클러스터는 206개에 달하는데 이들 간의 자유로운 경쟁이 각 클러스터가 우수한 역량을 갖추도록 하는 원동력이 된다. 클러스터는 특정 분야의 산학연이 한 네트워크 안에서 협력해 상승 효과를 낼 수 있게 만든 공간을 의미한다.

중국 정부는 각 클러스터의 순위를 매기는 방식으로 경쟁을 촉진하고 있다. 국가위생건강위원회에 소속된 중국바이오기술발전센터에 따르면 2024년 중국 바이오 클러스터 종합 경쟁력 평가 1위는 베이징의 중관춘국가자주혁신시범구가 차지했다. 장쑤성 쑤저우공업원은 차순위를 기록했다. 중국바이오기술발전센터는 환경·기술·산업·인력·협력 등 5개 부문으로 구분해 바이오 클러스터 경쟁력을 조사했으며, 2024년 10월 열린 2024 중국바이오기술혁신대회에서 이를 발표했다.

구체적으로 중관춘국가자주혁신시범구는 환경과 기술 경쟁력에서 중국 1위를 기록했다. 중

한 바이오 연구원이 실험을 진행하고 있다.

관춘은 수도 베이징의 관문인 다싱 국제공항이 있는 베이징 남부 다싱구에 위치한다. 베이징에 집적된 우수한 인적 자원과 함께 국가급 대형 병원·의약품 규제 당국과의 거리가 가깝다. R&D·임상 시험·시판 허가까지 제약 산업과 관련된 모든 유리한 환경을 갖추고 있는 셈이다.

특히 중관춘은 중국의 주요 하이테크 기업이 자리한 곳이다. 바이오 기술 면에서도 4000여 개에 달하는 입주 바이오 기업이 뛰어난 기술력을 제공 중이다.

장쑤성 쑤저우공업단지는 나머지 산업·인재·협력 경쟁력에서 중국 1위를 차지했다. 쑤저우공업단지 내 바이오 관련 기업은 2000여 개에 달한다. 그중 상장사는 24개이며, 유니콘 기업은 70여 개에 이른다. 유니콘 기업은 기업가치가 10억달러(약 1조4000억원) 이상인 비상장 회사를 의미한다. 2023년 기준 쑤저우공업단지의 바이오산업 규모는 1500억위안(약 30조원)으로 중국 정부가 국가 차원에서 관리하는 최고 수준의 전문가만 160명 넘게 속해 있다.

세계 최대 시장, 바이오 판도 움직인다

미국은 세계 최대의 의약품 시장이자 의약품 교역국이다. 글로벌 주요 제약사도 다수 보유한 제약·바이오 산업 선진국으로 산업계에 미치는 영향이 절대적일 수밖에 없다.

미국은 전 세계에서 의약품을 가장 많이 수입하는 국가이자 의약품 수출 면에서도 세계 2위의 나라다. 유엔 무역통계데이터(UN COMTRADE)에 따르면 2024년 기준 미국의 의약품 수입은 2126억달러, 수출은 943억달러다. 2024년 의약품 무역수지 적자는 1180억달러로 2023년의 875억달러보다 적자가 305억달러 늘었다. 압도적인 내수 수요로 인해 꾸준히 무역 적자가 이어지고 있다.

미국의 의약품 최대 수출국은 2024년 기준 약 94억9000만달러를 기록한 중국이다. 그다음은 네덜란드, 일본, 독일 등 순이다. 한국으로의 수출은 17억8000만달러로 전체의 1.9%를 차지한다.

미국이 의약품을 수입하는 주요국은 아일랜드(503억달러), 스위스(190억달러), 독일(172억달러), 싱가포르(152억달러), 인도(127억달러) 순이다. 유럽 제약 강국으로부터의 수입이 많은 편이다. 중국에서 수입되는 의약품은 78억달러 규모로 미국이 수입하는 의약품의 3.7%를 차지하고 있다. 국가별 순위로는 8위다. 한국에서 수입되는 의약품 규모는 39억달러로 1.9%를 차지한다.

이렇듯 제약·바이오산업에서 큰 존재감을 과시하는 미국이지만 중국에 산업의 패권을 빼앗길 수 있다는 위기감이 적지 않다. 이에 미국은 국가 안보 강화 및 핵심 기술력 확보 차원에서 바이오 분야의 주요 기술들을 선정해 투자를 집중하고 있다. 2024년 기준 미국의 핵심 신흥 기술 목록에는 앞서 포함된 바이러스 공학·전달 시스템, 바이오 제조·바이오 공정 기술이 그대로 유지됐고 합성생물학, 바이오 데이터 분석, 다세포 공학 기술 등은 범위가 확장됐다.

특히 최근 미국은 미래 바이오산업의 '게임 체인저'로 부상 중인 합성생물학 분야에 공들이고 있다. 합성생물학은 생명과학에 공학 개념을 적용한 융합 학문이다. DNA·단백질·세포 등 생명체의 구성 요소를 설계 또는 제작·합성하는 기술이다. 과거 인간의 DNA 염기서열을 파악한 게놈 프로젝트가 생명 정보를 '읽는' 기술이었다면, 합성생물학은 생명 정보인 DNA를 연구자 계획대로 편집하거나 새롭게 만드는 '쓰기'에 해당하는 기술이다. 이 때문에 미국에서는 합성생물학을 '세포를 프로그래밍한다'고 표현한다. DNA를 일종의 프로그래밍 언어로 보고 코딩 개념으로 접근하는 것이다.

합성생물학은 다양한 바이오 물질의 개발·생산에 적용할 수 있다. 인슐린 주사제를 대량 생산해 질병 치료에 기여하거나 식량 생산, 기후변화와 같은 전 세계적인 난제 해결에도 도움이 될 것으로 기대된다.

글로벌 컨설팅 기업 맥킨지에 따르면 합성생물학 시장 규모는 2030년 이후 최대 3조6000억 달러까지 확대될 전망이다. 이는 반도체 시장의 3배에 달하는 성장 전망이다. 미국 정부는 바이오산업이 합성생물학으로 인해 30조달러 규모까지 커질 것으로 내다봤다.

이 분야는 미국과 중국이 패권 경쟁을 벌이는 핵심 전장이기도 하다. 이 분야에서 미국은 논문 경쟁력, 산업화 측면에서 모두 세계 최고의 경쟁력을 갖고 있다. 한국과학기술정보연구원에 따르면 2000~2024년 제출된 합성생물학 분야 학술 데이터 1만4437건 가운데 미국은 4750건으로 1위를 차지했다. 2위 중국(2932건)을 크게 앞선 수치다. 이어 영국 9%, 독일 7%, 일본 4% 순이었다.

이미 2000년대 초반부터 합성생물학 연구가

2000~2024년 국가별 합성생물학 분야 학술 데이터 비율

단위: %

- 미국 33
- 기타 27
- 중국 20
- 영국 9
- 독일 7
- 일본 4

출처: 한국과학기술정보연구원

본격화한 미국은 산업화 면에서도 공을 들이고 있다. 2020년에는 국방부 산하 연구기관인 미국방고등연구계획국(DARPA)에 합성생물학 제조연구기관을 신설해 2억7000만달러를 투입했다.

이듬해에는 미국혁신경쟁법을 통해 합성생물학을 10대 혁신 기술로 지정했다. 합성생물학을 '바이오 패권'을 잡기 위한 무기로 규정하고 법적 근거를 마련한 셈이다. 빅테크와 대형 벤처캐피털 자금까지 투입되면서 현재 미국 내 합성생물학 관련 기업은 800여 개에 달하는 것으로 추정된다.

합성생물학을 실질적으로 구현하기 위한 필수 인프라스트럭처로 꼽히는 바이오 파운드리에 대한 투자와 지원이 활발하게 이뤄지고 있다. 바이오 파운드리는 합성생물학에 인공지능(AI)을 적용해 바이오 연구개발 속도를 획기적으로 높이는 플랫폼이다. 새로운 바이오 시스템을 만들기 위한 설계–제작–시험–학습 등의 전 과정을 표준화하고 자동화해 처리한다. 연구개발에 필요한 반복 노동 업무를 자동화하고, 처리량은 극대화해 기존 기술보다 큰 규모의 연구개발을 가능케 한다.

이미 미국에선 이미 바이오 파운드리로 주목받기 시작한 기업도 있다. 2008년 설립된 긴코바이오웍스가 대표적이다. 이 회사는 생명공학 기업 자이머젠의 바이오 파운드리를 인수해 이를 바탕으로 모더나와 함께 코로나19 백신 개발에 나섰다. 실제 모더나가 코로나19 백신을 신속하게 개발할 수 있었던 데는 긴코바이오웍스의 바이오 파운드리가 큰 역할을 했다는 평가가 나

온다. 특히 대부분의 바이오 파운드리가 공공성격으로 구축된 반면, 긴코바이오웍스는 세계 최대 수준의 민간 바이오 파운드리를 자체 구축했다는 점에서 주목받고 있다.

세포·유전자 치료제 시장도 미국이 주목하고 있는 분야 중 하나다. 글로벌 재생의료 시장은 2019년 229억달러에서 2030년 1277억달러로 연평균 17% 이상 고성장할 것으로 전망된다. 특히 재생의료 분야 중 세포·유전자 치료제 시장은 2021년부터 2026년까지 무려 연평균 49%의 가장 높은 성장률이 기대되는 분야다. 이 기간 합성 의약품 시장의 연평균 성장률 전망치는 5.7%에 그칠 전망이다.

2017년 글로벌 제약사 노바티스가 CAR-T 세포·유전자 치료제인 '킴리아'를 개발한 이후 미국과 유럽을 중심으로 세포·유전자 치료제가 주목받기 시작했다. 특히 시장 초기에는 유럽이 세포·유전자 치료제 분야의 리더로 꼽혔지만 시간이 지나면서 주도권은 미국으로 넘어왔다.

유럽은 첨단바이오의약품(ATMP)으로 허가받은 24개의 치료제 중 7개가 보험 급여 등의 이슈로 철수됐고, 신규 임상 진입 파이프라인도 제한적인 상황이다. 여기에는 유럽에서 세포·유전자 치료제가 여전히 유전자변형생물체(GMO) 규제 등을 적용받는 등 제약이 있기 때문이라는 평가다.

전 세계적으로 세포·유전자 치료제가 빠르게 품목 허가를 받고 있는 가운데 특히 미국

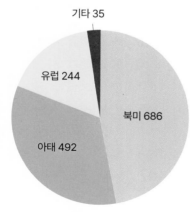

2023년 기준 전 세계 세포유전자 치료제 개발 기업 소재지

단위: 개사

기타 35
유럽 244
아태 492
북미 686

전체 기업 수: 1457개사
출처: 한국바이오협회

의 공세가 주목된다. 미국 식품의약국(FDA)은 2020년 이후 2024년 상반기까지 총 21개 세포·유전자 치료제 제품을 허가했다. 현재 전 세계에서 2200개 이상의 세포·유전자 치료제 임상이 진행 중이며, 지역별로는 북미 지역에서 전체의 40% 이상이 진행되고 있다. 1500여 개에 달하는 세포·유전자 치료제 개발 기업 가운데서도 절반 정도가 북미 지역에 소재하고 있다. 아시아·태평양 지역에 500여 개사, 유럽에 250여 개사가 세포·유전자 치료제를 개발하고 있다.

FDA는 세포·유전자 치료제를 포함해 재생의료 첨단 의약품이 신속심사제도를 이용할 수 있도록 다양한 제도를 운영하며 시장을 지원하고 있다. 특히 새로운 치료법 개발과 첨단 의약품 및 의료 기기 개발 촉진을 위한 신속 허가를 지원하고자 21세기 치료법을 2016년 제정했으며, 이 법을 통해 첨단재생의료 치료제(RMAT)에 대한 정의와 범주를 신설하고 불필요한 규제를 정비하고 있다.

RMAT는 의학적 미충족 수요를 해결할 수 있는 재생의료 치료제의 개발을 가속화하기 위한 제도다. RMAT로 지정받으면 FDA가 시행하고 있는 신속 개발 프로그램의 혜택을 누릴 수 있다. 최근 미국의 세포·유전자 치료제 승인 건수 증가는 FDA의 혁신 신약 허가지원제도 도입 등 신약 개발에 대한 우호적인 분위기에 힘입은 결과라는 분석이 대부분이다.

FDA는 새로운 세포·유전자 치료제에 대한 심사 역량과 전문성 확보를 위해 2022년 9월 기존 담당 부서인 OTAP(Office of Tissues and Advanced Therapies)를 OTP(Office of Therapeutic Products)로 확대 개편했다. 300명 수준인 심사 인력에 더해 5년에 걸쳐 100명의 심사관을 추가로 채용할 계획이다.

미국은 바이오산업의 근간을 이루는 전문 인력 양성과 활용에도 공을 들이고 있다. 전문 인력을 영입하고 다양한 네트워크를 활용해 성공한 대표적인 사례로는 미국 보스턴 바이오 클러스터가 꼽힌다. 산업이 클러스터 형태로 묶이면 다양한 이해관계자들 간 상호 협력 및 인프라 공유가 용이하고, 다수의 전문 인력을 원활하게 활용할 수 있다는 장점이 있다.

바이오산업은 단순 노동 시장과 달리 고학력 전문성을 가진 인력이 다수 필요하다. 고급 연구 인력 공급과 수급을 위해 우수한 대학교, 연구소 등과 근접해야 하는 셈이다.

보스턴 바이오 클러스터에는 2022년 기준 매사추세츠주에 약 11만3000명의 생명공학 인력이 있다. 20개 빅파마 기업에서 채용한 인력은 약 3만8257명으로 전체 인력의 34%를 차지한다. 보스턴 바이오 클러스터는 유명 대학의 우수 인력을 기반으로 연구소·병원 주도로 성장하고, 인력·기술을 활용한 창업과 연구개발, 다국적 기업과의 파트너십을 통해 사업화하는 생태계가 조성됐기 때문에 성공했다는 평가를 받는다.

글로벌 톱10 절반 독식한 '파워하우스'

미국에는 전 세계 시가총액 순위 10위권에 들어 있는 빅파마가 무려 5곳이나 있다. 2023년 기준 시가총액 1위를 기록한 일라이릴리를 비롯해 존슨앤드존슨(2위), 애브비(5위), 화이자(9위), 암젠(10위) 등이 포함된다. 매년 톱10 후보군으로 꼽히는 길리어드, 브리스톨마이어스 등도 뒤를 바짝 쫓고 있다. 개별 회사들을 하나하나 살펴보자.

일라이릴리

일라이릴리는 전통적인 글로벌 1위 빅파마는 아니다. 2000년대 이후 20년 이상 글로벌 제약·바이오 업계 시총 1위 자리를 지켜온 존슨앤드존슨(J&J)을 2023년 처음으로 제치며 시총 1위에 올랐다. 일라이릴리는 비만, 치매 등 시장 규모가 꾸준히 증가하는 질환을 중심으로 신성장 동력을 확보해 그 효과를 톡톡히 누리고 있다.

1876년 설립된 일라이릴리는 미국 인디애나폴리스에 본사를 두고 있다. 미국 남북전쟁 당시 북군 대령 출신의 화학자인 창업자 일라이

미국 주요 빅파마 R&D 투자금액 및 파이프라인 수

기업명	R&D (단위:십억달러)	파이프라인
일라이릴리	9.3	69
존슨앤드존슨	15.1	101
화이자	10.7	113
애브비	7.7	93
BMS	9.3	77

글로벌 매출 상위 10대 제약사 현황 및 전망

순위	2022년	2028년 전망
1	화이자	로슈
2	애브비	머크
3	머크	애브비
4	존슨앤드존슨	존슨앤드존슨
5	로슈	화이자
6	노바티스	노바티스
7	아스트라제네카	아스트라제네카
8	사노피	사노피
9	노보 노디스크	노보 노디스크
10	일라이릴리	일라이릴리

릴리가 2층짜리 실험실을 열면서 오랜 역사가 시작됐다. 효과와 안전성을 신뢰하기 어려운 약물들이 난무하던 시절 품질 관리에 특화된 회사로 이름을 알리기 시작해 140년이 넘는 기간 성장을 거듭해왔다. 지난 한 세기 동안 미국 최초의 상용 인슐린, 소아마비 백신, 페니실린, 그리고 항우울제 프로작(Prozac) 등을 주력으로 판매해왔다. 이를 바탕으로 현재는 55개 이상 국가에서 임상 연구를 실시하고, 전 세계 7개국에서 연구개발 시설과 제조 공장을 운영 중인 빅파마로 성장했다.

사실 일라이릴리는 10년 전까지만 해도 전성기가 지난 제약 거인으로 꼽혀왔다. 당시 회사는 존립 자체가 위태로운 최악의 시기를 겪었다. 회사 매출의 4분의 1을 이끌던 프로작을 시작으로 회사 매출의 절반을 차지하던 4개 약품의 특허가 줄줄이 만료되면서 위기가 시작됐다. 수년간 신약 개발도 지지부진했다.

일라이릴리의 부활을 이끈 건 '티르제파티드(tirzepatide)' 성분이다. 티르제파티드는 글루카곤유사펩티드-1(GLP-1) 수용체 작용제의 일종이다. 2022년 당뇨병 치료제 마운자로로 시장에 출시됐고, 이후 비만 치료제 젭바운드로도 출시됐다. 젭바운드는 부작용이 작고 평균 체중 감량률이 18%에 달하는 우수한 효과로 큰 인기를 끌었다. 2024년 기준 마운자로와 젭바운드의 매출은 각각 115억달러, 49억달러다. 마운자로의 매출은 전년도 대비 무려 120%, 젭바운드의 매출은 2700% 뛰었다. 젭바운드는 출시 후 몇 달 만에 FDA의 국가 품절 목록에 올랐으며, 특정 용량은 여전히 목록에 남아 있는 상태다. 시장에서는 젭바운드가 높은 인기를 이어가며 2025년이나 2026년께 매출 상위 10위권 의약품에 포함될 가능성이 높다고 평가한다.

이들 약물은 허가받은 비만 외에도 효과가 속속 입증돼 성장 잠재력을 높게 평가받고 있다. 최근 연구에 따르면 폐쇄성 수면무호흡증부터 대사 관련 지방간염(MASH)까지 다양한 질환에서 효과가 확인됐다. 이외에 뇌졸중, 심장마비 등 심혈관 질환의 위험도 낮출 것으로 기대된다.

존슨앤드존슨

일라이릴리에 선두를 빼앗기기는 했지만 존슨앤드존슨은 여전히 글로벌 제약 업계를 대표하는 빅파마로 꼽힌다. 당뇨, 비만 등 대사 질환 분야에서 큰 매출을 올리는 일라이릴리와 다르게 존슨앤드존슨은 항암 및 신경, 면역 분야 1위 기업을 지향한다.

1886년 미국 뉴저지주에서 로버트 우드 존슨, 제임스 우든 존슨 형제가 설립했다. 설립 초기 상처 치료용 거즈와 외과용 봉합사를 바탕으로 성장해오다 20세기 초반 대표 해열 진통제인 타이레놀을 선보이며 크게 성장했다. 전 세계 50여 개국에서 250여 개 자회사를 운영 중이며, 180개국에서 제품을 판매하고 있다.

존슨앤드존슨은 여타 제약사들과 달리 의약품, 의료 기기는 물론 소비자 헬스케어 제품들도 판매해 종합 헬스케어 기업으로 분류된다.

대표적인 소비자 제품으로는 베이비오일, 파우더, 로션, 밴드에이드 등이 있다. 뉴트로지나와 같은 스킨 케어 브랜드도 갖고 있다.

주력 제품으로는 자가면역질환 치료제 '스텔라라', 다라투무맙 성분 다발골수종 치료제 '다잘렉스' 등이 꼽힌다. 현재 매출에서 높은 비중을 차지하는 스텔라라는 특허 만료로 바이오시밀러와의 경쟁을 앞두고 있는 상황이다. 이에 존슨앤드존슨은 건선성 관절염, 궤양성 대장염 등 스텔라라가 갖고 있는 적응증으로 트렘피어의 적응증을 점차 확대하고 있다.

존슨앤드존슨은 규모에 걸맞게 제약 업계 연구개발비 순위에서도 선두권을 다투고 있다. 통상 매출의 15% 안팎에 해당하는 150억달러 가량을 연구개발비로 쓴다.

존슨앤드존슨 의약품의 중점 분야는 면역학, 감염증과 백신, 신경과학, 심장·혈관과 대사, 종양학 등으로 다양하다. 현재 100종 이상의 의약품이 임상시험을 진행 중이며, 절반 가까이는 임상 3상 단계에 있다. 현재 파이프라인 중에서는 최대 매출 전망치가 50억달러를 웃도는 제품이 5개나 있어 특허 만료가 임박한 스텔라라의 공백을 충분히 메울 수 있을 것으로 기대된다.

애브비

애브비는 2013년 설립돼 글로벌 시가총액 상위권에 랭크된 미국 제약사 중에서는 가장 짧은 업력을 갖고 있다. 다만 조금 더 자세히 들여다보면 애브비는 1888년 설립돼 100년 이상의 역사를 가진 다국적 의료 기기 및 헬스케어 회사에서 분사된 사례다.

애브비를 이야기할 때 빼놓을 수 없는 의약품이 바로 휴미라다. 자가면역질환 치료제인 휴미라는 2012년부터 2021년까지 전 세계 의약품 매출 1위를 9년 연속 차지할 만큼 많이 사용되는 블록버스터 의약품이다. 애브비의 매출에서 휴미라가 차지하는 비중이 매년 줄어들고는 있지만 여전히 30%대를 굳건하게 유지하고 있다.

지금은 류머티즘 관절염이나 건선 외에 또 다른 자가면역질환인 크론병, 궤양성 대장염 등 여러 질환의 치료제로 쓰인다. 2002년 FDA의 사용 승인을 획득한 이후 자가면역질환 분야에서는 전설의 의약품으로 통하고 있다.

눈에 띄는 점은 휴미라가 애브비의 자체 개발 의약품이 아니라는 점이다. 애브비가 분사되기 전 모기업이던 애벗 래보러토리스가 2001년 독일 바스프의 제약 사업부인 '크놀'을 인수하며 확보한 '아달리무맙(adalimumab)' 물질이 기반이다. 영리한 인수·합병(M&A)으로 회사가 대박을 터뜨린 대표적인 사례로 꼽힌다.

애브비는 휴미라의 특허 만료에 대비해 야심작인 야누스키나아제(JAK) 억제제 '린버크'를 내놨다. 린버크는 임상시험을 통해 류머티즘 관절염 치료에서 기존 휴미라보다 강력한 효과를 입증했다. 이후 추가로 건선성 관절염, 강직성 척추염, 궤양성 대장염, 아토피 피부염 등으로 적응증을 넓히고 있다.

린버크가 가장 두각을 보이는 적응증은 아토피

피부염이다. 현재 글로벌 아토피 피부염 시장에서는 사노피의 듀피젠트(성분명 두필루맙)가 압도적인 1위를 차지하고 있는데 이 시장에 린버크가 도전장을 낸 셈이다. 일단 두 개 약물을 직접 비교한 최초의 임상시험 결과에서 린버크는 듀피젠트 대비 피부 습진 면적, 가려움증 개선 등 모든 평가 지표에 있어 우월한 효과를 입증한 바 있다.

화이자

국내에서는 코로나19 백신 개발사로 잘 알려진 화이자도 글로벌 순위 10위권의 빅파마다. 1849년 독일인 이민자 찰스 화이자와 찰스 F 에르하르트가 뉴욕 브루클린에 화학약품 회사를 설립한 게 회사의 시초다.

화이자의 이름을 알린 건 코로나19 팬데믹 당시다. 발 빠른 코로나19 백신 개발로 화이자는 2022년 글로벌 제약사 매출 1위를 차지했다. 다만 코로나19 특수를 끝으로 새 성장 동력을 구축하지 못하면서 최근 실적은 지지부진한 상황이다. 실제 화이자의 2023년 매출은 570억달러로 전년 대비 반 토막 났다. 코로나19 백신 코미나티와 치료제 팍스로비드 매출이 70% 이상 감소한 여파였다.

화이자는 항암제 기업으로의 도약을 노리고 있다. 2023년 ADC 전문기업 시젠을 인수해 항암제 블록버스터 개발에 집중한다는 구상이다. 항암제 사업을 확대해 2030년까지 8개의 블록버스터를 보유하겠다는 야심 찬 목표도 제시한 상태다. 이를 통해 현재 매출의 6% 수준인 생물학적 제제 비율도 65%까지 대폭 늘린다는 구상이다.

글로벌 제약·바이오 업계에서 화이자는 공격적인 M&A를 통한 성장 전략으로도 잘 알려져 있다. 특히 코로나19 팬데믹 기간 폭발적인 외형 성장 후유증을 극복하기 위해 이 전략을 더욱 가속화하고 있다는 분석이다.

2021년 12월 궤양성 대장염 치료제 '에트라시모드'를 보유한 아레나제약을 67억달러에 인수한 것을 시작으로, 2022년 4월과 5월 유전자 편집 기술을 보유한 바이오텍 리바이럴과 편두통 치료제를 보유한 바이오헤븐을 각각 5억2500만달러, 116억달러에 인수하기로 결정했다. 이어 8월에는 혈액 질환 전문기업 글로벌블러드테라퓨틱스(GBT)를 54억달러에 사들였다. 이 기간 미국발 금리 인상과 글로벌 경기 침체로 제약·바이오 기업들이 M&A에 소극적으로 돌아선 것과 상반된 전략이다.

암젠

미국 캘리포니아주 남쪽에 있는 사우전드오크스에 본사를 둔 암젠은 초기 바이오 벤처인 제넨텍, 바이오젠보다 늦은 1980년 설립됐다. 출범 당시 인원은 7명뿐이었다. 1983년 기업공개(IPO)를 추진할 때까지 판매 중인 제품은 물론 수익도 없었다.

자금난을 겪던 암젠은 1989년 세계 최초의 생물학적 제제 빈혈 치료제 '에포젠'을 개발하면서 존재감을 키우기 시작했다. 에포젠은 2000년대 초반 연 매출 10억달러 이상의 블록버스터로 성장하면서 암젠을 글로벌 제약사로 키워냈다. 1998년 개발된 자가면역질환 치료제 엔브렐은 암젠이 글로벌 10대 기업으로 도약하는 밑거름이 됐다. 암젠의 사례는 흔히 시총 20위권에 빠지지 않고 이름을 올리는 길리어드사이언스와 자주 비교된다. 1987년 바이오 벤처로 출발한 길리어드사이언스도 1996년 에이즈 치료제 비스티드, 1999년 인플루엔자 치료제 타미플루 등을 개발해 2000년대 초 글로벌 50위권 기업으로 급성장했다. 블록버스터 약물로 자금을 모은 이후 자체 연구개발과 M&A를 통해 또 다른 블록버스터 약물을 탄생시켰다는 점도 길리어드와 암젠의 공통점이다. 에포젠은 암젠의 첫 FDA 품목 허가 승인 제품이다. 에포젠은 빈혈 치료제로 의료진에게 많은 치료 옵션을 제공했다. 1990년대와 2000년대 초반까지 암젠의 주요 수익원 중 하나로 자리 잡았다.

암젠은 에포젠을 통해 확보한 자금을 연구개발과 품목 확보에 적극 활용했다. 2002년 이뮤넥스를 인수하며 자가면역질환 치료제 '엔브렐'을 확보한 것이 대표적인 사례다. 이뮤넥스는 1998년 FDA로부터 중증도에서 중증 류머티즘 관절염 치료제로 엔브렐의 품목 허가를 획득한 상태였다.

엔브렐은 현재 미국과 유럽에서 강직성 척추염, 중증도에서 중증 판산 건선 등 다양한 적응증을 보유하고 있다. 바이오시밀러 출시로 매출이 감소하고 있으나 2023년 기준 글로벌 매출은 여전히 37억달러에 이른다.

이외에도 암젠은 또 다른 블록버스터 치료제 프롤리아와 엑스지바를 보유하고 있다. 두 약물은 주성분인 데노수맙의 용량과 투약 주기를 달리해 개발된 제품이다. 프롤리아는 골다공증 치료제로 사용되며, 엑스지바는 골전이 환자 등의 골격계 증상 예방과 골거대세포종 치료제로 승인을 받았다.

하지만 최근 암젠이 주목받는 건 블록버스터 의약품 때문은 아니다. 암젠은 차세대 비만 치료제 주자로도 꼽힌다. 암젠이 개발 중인 비만 치료제 '마리타이드'는 위고비, 젭바운드 등 기존 비만 치료제와 달리 월 1회 주사하는 방식의 약물이다. 임상시험에서 52주 동안 평균 20% 체중 감량을 보였으며 투여 중단 후에도 체중이 유지되는 효과가 확인됐다. 암젠은 2025년 마리타이드의 3상 임상시험을 계획 중이다.

바이오 '팍스 아메리카나'의 도전자

유럽은 현대 바이오산업이 태동한 곳이다. 1804년 독일 약제사 프리드리히 제르튀르너는 양귀비 열매에서 진통 및 진정 효과가 있는 한 활성 성분을 추출해 정제했다. 제르튀르너는 해당 성분이 고통 없이 꿈속에 있는 듯한 느낌을 준다며 그리스 신화 속 꿈의 신 모르페우스의 이름을 따 모르핀으로 명명했다. 모르핀은 생약에서 최초로 순수한 성분을 분리했다는 점에서 현대 의약품의 시초로 여겨진다.

모르핀은 글로벌 제약사를 태동시키기도 했다. 1827년 독일 다름슈타트에서 가업으로 엥겔 아포테케(천사약국)를 운영하던 하인리히 에마누엘 머크는 모르핀의 첫 상용화를 이끌었다. 모르핀은 양귀비 유액을 가공한 생약인 아편보다 마취 효능이 10배 이상 뛰어나 발매와 함께 날개 돋친 듯 팔렸다. 모르핀의 성공은 천사약국이 글로벌 '제약 공룡' 머크로 성장하는 발판이 됐다.

1838년에는 천연물에서 단순히 활성 성분을 추출하는 것을 넘어 화학적으로 효과를 높인 반합성 의약품이 유럽에서 세계 최초로 등장했다. 이탈리아 화학자 라파엘 피리아는 버드나무 껍질에서 살리신이라는 성분을 뽑아낸 뒤 화학 반응을 통해 살리실산으로 변형시켰다. 버드나무 껍질은 고대 이집트 때부터 해열 진통 효과가 있다고 알려져 당대 유럽에서도 사용된 약재다. 피리아의 살리실산은 버드나무 껍질을 정제하기만 한 기존 살리신보다 효능이 강해 널리 사용됐다.

다만 살리실산은 산성 성분이어서 위장을 자극하는 데다 맛이 너무 써 복용이 불편했다. 독일 바이엘에서 근무하던 펠릭스 호프만은 살리실산을 복용하는 아버지가 위장 장애로 고생하는 모습을 보며 개선 연구에 착수한다. 1897년 그는 살리실산을 화학적으로 처리해 아세틸살리실산을 만들어냈다. 아세틸살리실산은 살리실산의 약효는 유지하면서 산성은 약해 먹기 편리했다.

여기까지는 널리 알려진 이야기다. 당시 갓 입사한 호프만의 상사로 수석 화학자 아르투어 아이헨그륀이 있었다. 그는 1949년 파르마치에라는 작은 학술지에 자신이 아세틸살리실산의 개발자라고 주장했다. 다만 논문 발표 2주 뒤 사망하면서 진상 규명은 흐지부지됐다. 이후에도 영국 과학자 월터 스니더 등이 의문을 제기한 바 있다. 권력을 잡은 나치가 유대인인 아이헨그륀의 업적을 숨기기 위해 조수였던 호프만에게 개발자 칭호를 줘버렸다고 말이다.

발명가 논란과는 무관하게 1899년 바이엘은 아스피린이라는 제품명으로 아세틸살리실산을 시장에 출시한다. 아스피린은 염료 사업에 주력하던 바이엘을 제약회사로 변모시켰다. 현재도 세계적으로 초당 2000정이 팔리고 있다. 상업적으로 성공한 최초의 합성 의약품으로도 꼽힌다.

1928년 영국에서는 인류의 기대수명을 급격히 늘린 약물이 발견됐다. 세균학자 알렉산더 플레밍은 휴가를 다녀온 뒤 포도상구균을 배양하던 접시에 푸른곰팡이가 잔뜩 피어 있는 모습을 포착했다. 이때 플레밍은 푸른곰팡이 주변의 세균이 모조리 죽어 있는 모습에 주목한다. 이어진 후속 연구를 통해 찾아낸 물질이 최초의 항생제로 불리는 페니실린이다.

페니실린 이전 인류는 조그만 상처에도 세균 감염에 따른 패혈증으로 사망하는 경우가 잦았다. 페니실린이 없던 제1차 세계대전에서는 세균 감염으로 인한 사망률이 약 20%에 달했으나 페니실린이 상용화된 제2차 세계대전에서는 이 수치가 1% 미만으로 줄었다.

유럽 바이오산업의 오랜 역사는 경쟁력 있는 여러 대형 제약사를 길러냈다. 2023년 매출액 기준으로 글로벌 상위 20개 제약사 중 9곳이 유럽에 본사를 두고 있다. 미국과 같은 수치다. 나머지는 2곳은 일본 다케다제약과 이스라엘 테바다.

주목할 만한 회사는 머크다. 동일한 머크 이름의 미국, 독일 회사가 각각 매출액 601억달러, 188억달러로 3위와 18위에 올라 있다. 다만 미국 머크 역시 그 뿌리는 유럽인 독일에 있다. 엥겔 아포테케에서 출발한 독일의 머크는 1891년 미국 뉴저지주 로웨이에 미국 지사를 세웠다. 이후 1917년 미국은 제1차 세계대전 참전을 결정하며 적국 독일의 회사인 머크의 미국 내 조직과 재산을 징발했다. 미국과 독일의 머크가 완전 별개의 회사가 된 이유다.

미국 머크는 미국과 캐나다에서는 머크, 이외에서는 MSD라는 브랜드를 사용한다. 마찬가지인 상표권 문제로 독일 머크는 북미 지역에서는 EMD, 그 밖의 전 세계에서는 머크로 불린다.

유럽 제약사 중 매출액 1위는 스위스의 로슈다. 2023년 653억달러의 판매액을 기록했다. 로슈는 면역조절제 오크레부스로만 매년 10조원가량의 매출을 얻고 있다. 최근에는 안구 질환 치료제 바비스모에 기대를 걸고 있다.

바비스모는 2022년 FDA 허가를 받은 황반변성 신약이다. 망막 염증 발생을 막고 혈관의 안정성을 높인다. 2024년 매출액은 약 6조2000억원으로 오크레부스에 못 미쳤지만 2023년 대비 성장률이 68%에 달했다.

비만 치료제 금맥 캔 노보 노디스크

비만은 체내에 과다하게 많은 양의 지방이 축적된 상태를 의미한다. 섭취한 음식량에 비해 활동량이 부족할 때 발생하는 현상이나 그 기저에는 신경 내분비학적 물질의 분비, 유전 등이 복잡하게 연관돼 있다.

1996년 세계보건기구(WHO)는 비만을 장기 치료가 필요한 질병으로 분류했다. 고혈압부터 당뇨병, 지방간, 수면 무호흡증 등 20개 이상의 질환과 밀접하게 연관돼 있기 때문이다. 특히 인체 전반의 체지방 축적보다는 복부 비만의 위험성이 크다고 알려졌다.

비만은 세계적으로 보편화되고 있는 서구적 식습관과 생활로 인해 지속적인 증가세에 있다. 호주 머독어린이연구소의 제시카 커 박사가 주도하는 국제 연구팀은 의학저널 랜싯에서 경고성 짙은 분석을 알리기도 했다. 그에 따르면 2050년에는 전 세계 25세 이상 성인의 60%가량이 과체중 또는 비만일 것으로 예측된다.

다만 덴마크 제약사 노보 노디스크의 위고비가 비만 치료 시장의 판도를 바꾸고 있다. 체내 호르몬 분비를 조절해 포만감을 높이고 식욕을 억제해 쉬운 체중 감량을 가능하게 했기 때문이다.

위고비는 일론 머스크 테슬라 CEO 등 유명인들이 실제 체중 감량에 도움을 받았다고 공개적으로 밝히면서 더욱 유명세를 얻고 있다. 머스크는 자신의 사회관계망서비스(SNS) 계정을 통해 14kg의 몸무게를 줄였다고 알리면서 비결로 위고비와 간헐적 단식을 꼽은 바 있다. 유명 모델인 킴 카다시안 역시 매릴린 먼로의 드레스를 착용하기 위해 위고비를 이용해 한 달 만에 7kg을 감량했다고 전했다.

위고비는 펜 타입의 주사제로 투약 방법이 불편하다는 게 단점이다. 노보 노디스크의 기존 제품인 삭센다의 경우 매일 주사를 맞아야 했지만, 위고비는 주 1회로 투약 기간이 늘어난 정도로 개선됐다.

노보 노디스크는 먹는 형태의 경구형 비만약 개발을 통해 시장 확대를 꾀하고 있다. 주사형 제제에 거부감이 있는 소비자까지 고객으로 유치한다는 목표다. 이미 2형 당뇨병 치료, 심혈

노보 노디스크의 블록버스터 비만약 위고비 국내 출시 이후 서울의 한 병원에 관련 안내판이 적혀있다.

관 위험 요인과 관련해 미국 FDA의 승인을 받은 리벨서스와 NN-9932가 비만약 3상 임상 단계에 있다. 그중 NN-9932는 FDA가 허가할 가능성이 높아 최초의 경구형 비만약으로 기대를 모으고 있으며 이르면 2025년 말 출시될 예정이다. 위고비의 용량만 바꾸면 2형 당뇨병 치료제인 오젬픽이 된다. 당뇨는 인슐린 부족으로 포도당이 사용되지 못하고 혈액에 쌓일 때 발생하는 병이다.

위고비의 주요 성분은 세마글루타이드로 체내에서는 글루카곤 유사 펩타이드(GLP-1)를 대체하는 효과가 있다. GLP-1은 사람이 음식을 섭취할 시 소장에서 분비되는데 GLP-1 수용체와 결합해 인슐린의 분비를 촉진한다. 위고비는 당뇨의 원인이 되는 인슐린 부족을 막으므로 동일한 성분을 당뇨병 치료제로도 쓸 수 있다.

체중 감량 관점에서 GLP-1은 위에서 음식물이 넘어가는 속도를 조절해 오랫동안 포만감을 느끼게 한다. 아울러 뇌의 시상하부를 자극해 식욕을 낮출 수 있다. 이러한 작용은 본래 2분여밖에 지속하지 않는다.

다만 GLP-1의 유사체인 위고비를 투약하면 GLP-1이 지속 분비된 것과 같은 효과를 얻을 수 있다. 이에 배고픔을 느끼지 않기 때문에 자연스레 섭취량이 줄어 체중이 감소한다.

이처럼 비만 치료제이자 당뇨병약인 위고비는 노보 노디스크의 오랜 당뇨병 치료 외길 연구의 결실이다.

1921년 캐나다 토론토대 연구진이 인슐린을 발견하기 전까지 당뇨병 환자의 기대 생존 기간은 길어야 수년에 불과했다. 과일에 설탕을 묻히면 말랑해지듯이 당뇨는 혈관에 문제를 일으킨다. 또 혈관 이상은 여러 합병증을 유발한다.

대표적인 당뇨 합병증은 심혈관 질환이다. 고혈당은 동맥벽을 손상해 동맥경화를 촉진한다. 당뇨병 환자의 심장병, 뇌졸중, 고혈압 위험이 일반인 대비 2~5배 높은 이유다. 신장의 미세혈관 손상은 신장 질환을, 망막 혈관 문제는 시력 저하를 가져올 수 있다. 혈액 순환이 방해를 받아 발을 절단하는 사례도 발생한다.

1920년 노벨 생리의학상을 수상한 덴마크의 아우구스트 크로그는 캐나다에서 개발된 인슐린에 관심이 많았다. 아내인 마리가 당뇨병 환자였기 때문이다.

1922년 그는 토론토대 연구진과 협상해 인슐린의 생산·판매권을 얻어냈다. 이듬해에는 노디스크 인슐린연구소를 설립한다. 노보 노디스크 역사의 시작이다.

한편 크로그가 만든 노디스크에서 근무하던 페데르센 형제는 1925년 노보 테라퓨틱스를 만들어 독립한다. 양사는 1989년 노보 노디스크로 합병하기 전까지 더욱 효과적인 당뇨병 치료제 개발 경쟁을 벌였다.

노보 노디스크로 합친 이후에도 회사의 주된 먹거리는 당뇨병 치료제였다. 변화는 2010년 미국 FDA로부터 2형 당뇨병 치료제로 승인받은 빅토자에서 일어났다. 부작용으로 식욕 부진과 체중 감소가 나타난 것에 주목한 노보 노디스크가 삭센다라는 이름의 비만약으로 재출

시한 것이다.

삭센다에서 위고비로 이어지며 노보 노디스크의 비만약은 선풍적인 인기를 끌었다. 2024년 노보 노디스크의 비만 치료제 매출은 651억덴마크크로네(약 14조원)에 이른다. 당뇨병약으로 판매된 GLP-1 매출도 1491억덴마크크로네(약 31조원)로, 노보 노디스크의 GLP-1 관련 제품 총매출은 45조원가량에 달한다.

막대한 GLP-1 매출에 힘입어 노보 노디스크의 2024년 연 매출은 2904억덴마크크로네(약 61조원)로 전년 대비 26% 성장했다. 비만약에 대한 기대감으로 2023년 9월 노보 노디스크는 시가총액 4250억달러(약 612조원)로 프랑스의 럭셔리 기업 루이비통모에헤네시(LVMH)를 제치고 유럽 최대 기업으로 올라서기도 했다. 위고비가 당뇨병 약인 오젬픽으로 미국 FDA의 승인을 받은 2017년 12월 이후 5년 새 주가가 4배 이상 올랐다.

노보 노디스크는 생산시설 확충을 통해 위고비 공급 부족 해결과 매출 확대를 꾀하고 있다. 2024년 2월에는 글로벌 바이오 위탁개발생산(CDMO) 회사 카탈런트를 165억달러(약 24조원)를 들여 인수했다. 카탈런트의 이탈리아 아나니, 미국 인디애나주 블루밍턴, 벨기에 브뤼셀 공장은 기존에도 노보 노디스크와 협력 관계에 있던 곳이어서 더욱 빠른 변화가 기대된다.

노보 노디스크가 워낙 빠르게 성장하다 보니 이에 따른 부작용까지 우려하는 역설적인 상황이 발생하고 있다. 노보 노디스크가 덴마크

경제에서 차지하는 비중이 커지고 있어 비만약 불황이 닥치면 파급력이 클 것이라는 주장이다.

2024년 미국 공영 라디오방송 NPR은 노보 노디스크가 성장을 멈추면 덴마크 역시 어려움을 겪을 가능성이 크다고 보도했다. 핀란드가 겪었던 이른바 노키아의 함정이 다시 일어날 수 있다는 설명이다.

노키아는 한때 전 세계 휴대전화 시장을 40%까지 장악한 글로벌 전자 회사였다. 2010년대 들어 본격화된 스마트폰 시대에 뒤처지면서 핀란드 경제 전체의 위기를 불러일으켰다. NPR은 덴마크가 동일한 상황에 부닥치지 않으려면 노보 노디스크 외 유망 기업을 성장시켜 포트폴리오를 다변화해야 한다고 조언했다.

이어 NPR은 "일부 경제학자들은 노보 노디스크의 부상이 덴마크 경제에 타격을 입히는 역설에 빠질 수 있다고 우려한다"고 밝혔다. 노보 노디스크의 매출이 급증하면서 덴마크 수출이 늘어나 많은 외화 유입이 발생하고 있다. 이런 성과가 오히려 덴마크 금융당국의 통화정책에 부담을 주고 있다는 것이다.

노보 노디스크는 해외에서 벌어들인 달러를 현지 통화인 덴마크크로네로 환전해 덴마크에서 직원 급여와 세금을 지급한다. 문제는 덴마크크로네의 환율이 유로화 가치와 일정 범위 내에서 연동된다는 점이다. 덴마크는 EU 회원국이지만 2000년 국민 투표를 통해 유로존 가입을 거부했다. 이에 유로화를 사용하지는 않지만 1유로당 7.46덴마크크로네를 기준으로 위아래 2.25% 수준에서 관리되고 있다.

이 같은 준고정환율제 탓에 덴마크 중앙은행은 통화 강세 효과를 상쇄하기 위해 저금리 정책을 지속 중이다. 옌스 네르비 페데르센 단스케은행 외환·금리 전략 책임자는 "체중 감량 약이 덴마크 금리를 좌우하는 게 이상하게 보일 수 있지만, 실제로 영향이 있다"고 말했다.

저금리 때문에 덴마크의 연간 인플레이션율은 2022년 10월 10.1%를 기록하기도 했다. 한국이 2022년 7월 기록한 근래 최고치인 6.3%와 비교하면 크게 높은 수치다.

NPR은 "노보 노디스크가 조만간 노키아와 같은 붕괴를 겪을 가능성은 작지만 앞으로 성장을 방해할 수 있는 몇 가지 장애물이 기다리고 있다"고 우려했다. GLP-1 기반 당뇨병 치료제 오젬픽의 특허가 10년 이내에 만료되기 때문에 복제약과 경쟁해야 하는 점이 가장 대표적이다.

론자, 글로벌 CDMO 산업 독주

반도체산업에 파운드리(수탁생산)가 있다면 바이오에는 위탁개발생산(CDMO)이 있다. 파운드리와 CDMO는 고객사의 설계 · 기술을 바탕으로 제품을 대리 생산하는 사업 모델이라는 점에서 유사하다.

파운드리 회사 대만 TSMC는 60%가 넘는 시장 점유율로 40% 이상의 영업이익률을 얻고 있다. 바이오 업계에서도 여러 기업이 높은 시장 지배력을 통해 바이오판 TSMC에 도전 중이다.

글로벌 의약품 CDMO 중 선두에 있는 기업은 스위스의 론자다. 론자는 팔색조와 같은 사업 모델 변화로 현재의 CDMO 1위 회사로 우뚝 섰다.

시작은 1897년 스위스 남부 발레주의 소도시 감펠이었다. 인근 론강의 수력발전소에서 나오는 전기를 이용해 가스램프에 사용하는 탄화칼슘(카바이드)을 생산했다. 론자라는 이름 역시 론강에서 따왔다.

토머스 에디슨이 개발한 탄소 필라멘트 백열전구로 인해 전기 조명의 실용성이 높아지고 보편화되자 론자는 위기를 맞는다. 1902년 카바이드 가격이 폭락한 것이다. 당시 한 보고서는 카바이드 산업에 대해 '심각하고 영구적인 쇠퇴(a serious and permanent reverse)'라고 묘사했다.

론자는 다른 카바이드 공장과 컨소시엄을 구성해 카바이드의 새 용도를 모색했다. 컨소시엄에서 발견한 방법이 카바이드에 질소를 첨가해 합성 비료로 쓸 수 있는 시안아미드칼슘을 만드는 것이다. 다만 전등 보급에 따른 수요 위축을 대체하기에는 충분하지 않았다.

이후에도 계속해서 연관된 판매처를 찾아냈다. 시안아미드칼슘으로 생산한 암모니아를 스위스군에 납품했으며 카바이드를 이용해 알코올을 제조하기도 했다. 1920년대 들어서는 페인트 등의 원료가 되는 화학 물질과 플라스틱 생산까지 나서 고부가가치 영역에 본격 진출했다. 화학 사업을 다각화하던 와중인 1956년에는 합성 비타민 B3(니아신)의 상업적 생산도 시작했다.

1970년대 들어 론자는 변화의 계기를 맞이한

스위스 바젤에 위치한 론자 본사 전경.

다. 당시 스미스, 클라인&프렌치(현 글락소스미스클라인)라는 회사가 위산 분비를 줄여 소화성 궤양을 치료하는 약물을 개발한다. 해당 약물은 전 세계적으로 성공을 거뒀고 개발사 자체 공장으로는 수요를 충족시킬 수 없었다. 이때 론자는 여유 생산 능력이 있어 생산 과정 일부를 지원할 수 있었다. 론자 역사상 최초의 CDMO 거래인 셈이다. 양사의 관계는 오랫동안 지속되지 않았지만, 론자의 바이오 기업으로의 전환을 미리 보여준 상징적인 사건이 됐다. 론자는 1980년대 초 화학·유기물질과 관련해 축적된 회사의 전문 지식을 생명공학에 적용하기 위한 연구조직을 만들었다. 고객사의 요구 사항을 검토하고 바이오 영역을 개척하는 데 초점을 맞췄다. CDMO 산업을 본격화한 회

사 중 하나가 된 셈이다.

1990년대부터는 바이오 사업을 집중 육성했다. 1996년 제약사에 치료용 단백질을 공급하던 셀텍 바이오로직스를 인수한다. 이때 거래에 포함된 게 영국 슬라우와 미국 포츠머스의 공장으로 현재까지도 론자의 주요 생산시설에 해당한다.

2000년대 이후 론자는 전력·화학 등 다른 사업부를 매각하고 완연한 바이오 회사로 거듭난다. 2024년 글로벌 시장조사기관 프로스트앤드설리번이 발표한 보고서에 따르면 CDMO 산업에서 론자의 시장 점유율은 25.6%로 글로벌 1위를 차지하고 있다.

중국의 우시바이오로직스가 12.1%로 2위를 기록했으며 3위는 노보 노디스크가 인수한 카

탈런트(10.1%)다. 삼성바이오로직스는 9.9%로 4위에 그쳤다. 삼성바이오로직스가 국내 제약·바이오 회사 중에서는 매출액이 가장 많지만 글로벌 CDMO 산업에서는 세 손가락 안에도 들지 못한 것이다.

글로벌 통상 환경의 변화는 론자에 새로운 기회가 되고 있다. 미국의 중국 견제에 따른 반사이익이 기대되기 때문이다.

2024년 9월 미국 하원은 중국 바이오 기업을 견제하는 바이오 안보법을 통과시켰다. 바이오 안보법은 중국 바이오 기업의 미국 내 활동을 제한하고 미국 바이오 산업과 안보를 강화하기 위한 내용을 담고 있다.

제재 대상에 글로벌 CDMO 2위인 우시바이오로직스가 포함돼 있다. 미국은 세계에서 가장 큰 의료 시장인 만큼 우시바이오로직스가 받는 타격도 상당할 전망이다. 우시바이오로직스는 2024년 상반기 추진한 61개의 신규 프로젝트 중 절반가량이 미국에 근간을 두고 있다.

바이오 안보법은 2024년 미국 상원의 문턱을 넘지 못했지만, 도널드 트럼프 행정부 출범과 함께 재추진될 전망이다. 론자는 2024년 3월 로슈의 미국 캘리포니아 소재 의약품 생산공장을 12억달러(약 1조7000억원)에 인수하며 우시바이오로직스의 미국 시장 퇴출 이후를 대비하고 있다.

2023년 글로벌 CDMO 산업 규모는 196억 8000만달러로 전년 대비 3.5% 성장했다. 앞으로는 성장 속도가 더욱 빨라질 수 있다. 정밀의학, 특수적응증 등 더욱 세분된 치료법의 중요도가 높아짐에 따라 블록버스터급 대량 유통 의약품 대신 다품종 소량생산이 많아지고 있기 때문이다.

2029년까지 CDMO 산업은 연평균 14.3% 성장해 438억5000만달러에 달할 것으로 분석된다. 론자의 강점은 시장 환경 변화에 적응하는 능력이 뛰어난 데 있다. 해당 DNA가 다시금 힘을 발한다면 현재 4분의 1 수준인 론자의 시장 지배력은 더욱 커질 전망이다.

코로나19 종식 이끈 백신 강자들

유럽 바이오산업은 코로나19 종식에도 큰 기여를 했다. 대표적인 기업은 독일의 바이오엔텍이다. 바이오엔텍은 2008년 독일 마인츠에서 튀르키예계 부부 과학자인 우우르 샤힌과 외즐렘 튀레치에 의해 설립됐다.

특히 메신저리보핵산(mRNA) 기술이 세계에서 가장 앞서 있다고 평가받는다. mRNA 기술은 우리 몸에 단백질을 만드는 유전정보를 전달해서 특정 단백질이 생성되도록 유도하는 기술이다. mRNA가 세포 내에서 단백질을 만드는 데 필요한 설명서 같은 역할을 한다.

mRNA를 인체에 투입하면 이를 읽은 세포는 바이러스와 유사한 특정한 단백질을 만든다. 해당 단백질을 인식한 인체는 실제 바이러스로 착각해 면역 반응을 준비한다. 바이러스 감염 위험 없이 면역력을 키울 수 있는 셈이다.

바이오엔텍은 코로나19 당시 미국 화이자와 함께 mRNA 기반 백신을 공동 개발했다. 이름은 코미나티로 지었으며 2020년 12월 2일 영국에서 긴급사용 승인을 받으며 서방권 최초의 코로나19 백신이 됐다.

코미나티는 코로나19 대표 백신으로 개발사의 매출 향상에도 크게 이바지했다. 화이자와 바이오엔텍은 코미나티 사용이 본격화된 2021년 백신 부문 글로벌 매출 1 · 2위를 석권했다. 화이자에 따르면 2021년부터 2년간 코미나티에서 비롯된 매출액이 연간 380억달러(약 55조원)에 달했다. 바이오엔텍 역시 2021 · 2022년 코미나티에서만 연평균 182억유로(약 28조 5000억원)의 판매액를 달성했다.

바이오엔텍은 차기 먹거리로 mRNA 기술을 이용한 맞춤형 암 백신에 주목하고 있다. 환자마다 다른 암세포의 특정 정보를 mRNA로 만들어 인체의 면역체계가 암세포만을 공격하게 하는 치료법이다.

2024년 미국 암연구학회 연례 학술대회에서 최신 진행 상황이 발표됐다. 바이오엔텍이 제넨텍과 공동 개발 중인 오토진 세부메란은 mRNA 기반의 췌장암 치료 후보물질이다. 오토진 세부메란이 목표하는 췌장 선암은 췌장암 중 가장 흔하게 발생하며, 5년 생존율이 10% 수준인 난치병이다. 또 췌장 선암은 별다른 증상 없이 진행돼 치료 시기를 놓치는 경우가 많고, 수술 후 재발률도 80%로 높다.

장기간 추적 결과에 따르면 임상 1상에 참가한 16명의 췌장암 환자 중 8명이 백신 접종 후 3년까지 면역 반응이 지속됐다. 바이오엔텍은 이러한 면역 반응 지속성은 백신 접종 환자에게서 암이 재발하지 않고 생존하도록 하는 무재발 생존 기간을 늘리는 것과 관련이 깊다고 밝혔다.

공동 창업자인 외즐렘 튀레치 최고의학책임자는 "mRNA 암 백신 치료의 가능성을 보여준 결과"라며 "바이오엔텍이 보유한 mRNA 기술이 암의 재발을 늦추거나 예방하는 데 도움이 될 수 있을 것으로 기대한다"고 말했다.

영국의 아스트라제네카 역시 코로나19 엔데믹에 결정적인 역할을 했다. 아스트라제네카의 공헌은 저개발 국가의 백신 보급률을 크게 높였다는 점에 있다. 우선 백신의 운송과 보관이 편리했다. 상온에서 보관할 수 있어 초저온에서 보관해야 하는 mRNA 기반 백신과 달리 특수 냉동시설이 필요하지 않았다. 아스트라제네카의 백신은 인체에 무해한 바이러스를 이용해 특정 단백질의 유전정보를 전달하는 바이러스 벡터 기술 기반이다.

아울러 한국, 인도, 브라질 등 다양한 국가에서 현지 생산을 가능하게 해 백신 공급 속도를 높였다. 총 177개국에 보급됐으며 팬데믹 초기 단계에 글로벌 백신 접종률을 높이는 데 크게 기여했다. 한국에서는 SK바이오사이언스의 경북 안동 공장에서 위탁생산이 이뤄졌다.

아스트라제네카가 이처럼 공익 추구에 앞장선 데에는 원천 기술을 보유한 영국 옥스퍼드대의 의지가 컸다. 옥스퍼드대는 코로나19와 무관하게 바이러스 벡터를 이용한 호흡기 바이러스 백신을 연구하고 있었다. 팬데믹이 발생하자 해당 연구를 응용해 코로나19 백신 개발에 착수했고 파트너로 아스트라제네카를 낙점했다. 본래 미국 MSD와 협력 논의가 진행됐으나 MSD는 백신 판매로 이익을 추구하지 않는다는 조건에 동의하지 않아 비영리 정책을 받아들인 아스트라제네카를 선택했다.

아스트라제네카는 코로나19 기간 시작한 백신·면역 치료 사업을 미래 먹거리로 키우고 있다. 2024년 11억달러(약 1조6000억원)를 투입해 미국의 백신 개발 업체 아이코사백스를 인수했다. 아이코사백스는 노인과 만성 질환자 및 아동에게 치명적인 호흡기 세포융합바이러스(RSV)와 인간 메타뉴모바이러스(hMPV)에 대한 백신을 연구하고 있다. 현재 임상 2상을 마치고 3상을 준비 중인 것으로 알려졌다.

이스크라 레익 아스트라제네카 백신·면역치료사업부 부사장은 "아이코사백스의 기술은 전염병 예방에 큰 잠재력을 가지고 있다"며 "호흡기 바이러스에 대한 다른 혼합 백신을 개발하는 데에도 사용될 수 있다"고 말했다.

"美 내가 잡는다" 몸집 불리는 중국

바이오 선도국 지위를 미국으로부터 빼앗기 위한 중국의 노력이 점차 결실을 맺고 있다. 글로벌 바이오 시장 조사 기관 사이트라인에 따르면 2023년 전체 의약품 파이프라인(2만 2825개) 가운데 중국이 연구개발 중인 약물은 6098개로 26.7%를 차지했다. 미국(1만1200 개·49.1%)의 뒤를 이은 전 세계 2위에 해당한다. 바이오산업에서 파이프라인은 개발 중인 신약 후보 물질을 일컫는다.

중국 헝루이의약은 2023년 파이프라인 규모 글로벌 상위 10개 기업에 선정되기도 했다. 147개로 8위를 기록했으며 미국 MSD(145개)와 프랑스 사노피(142개) 등 굴지의 글로벌 제약사를 앞질렀다. 헝루이의약 외에도 시노바이오팜, 푸싱제약, 스야오그룹(CSPC)이 각각 15·17·24위를 차지했다. 전 세계 상위 25개 기업에 중국 회사만 4곳이 포함된 것이다.

중국의 신약 개발 성과는 성장세가 가파르다는 점에서 더욱 주목할 만하다. 2018년 중국의 의약품 파이프라인은 1452개에 불과했다. 2023년 6098개까지 5년 새 4배 넘게 성장한

셈이다. 규모 증가에 따른 성장률 둔화를 고려하더라도 조만간 미국의 턱밑까지 추격할 전망이다.

신약 개발의 원천이 되는 생명공학 연구에서는 이미 중국이 미국을 앞질렀다는 평가도 나온다. 호주전략정책연구소(ASPI)에 따르면 바이오 연구자의 영향력을 측정하는 H-인덱스에서 중국이 세계 1위(85)로 나타났다. 미국(71)은 2위로 중국에 뒤처졌으며 인도(65)·이탈리아(51)가 다음 순이었다.

2023년 기준 최근 5개년 바이오 의약품 논문 발표량에서도 중국이 전체의 20.7%를 차지해 미국(9.6%·2위)을 앞섰다. 연구의 질을 고려한 영향력 있는 논문 역시 중국이 28.4%로 가장 많은 비중을 기록했으며 미국은 3위(8.5%)로 나타났다. 영향력 있는 논문 비중 2위는 인도(10.3%)가 차지했다.

ASPI는 항생제·항바이러스제 분야에서는 중국의 기술 수준이 이미 미국을 추월했다고 진단했다. 특히 합성 생물학 연구는 중국이 미국보다 크게 앞서 향후 기술 독점 리스크가 크다

국가별 연구개발 중인 약물 수 현황

국가	약물 수(개)	글로벌 비중(%)
미국	11,200	49.1
중국	6,098	26.7
한국	3,233	14.2
영국	3,156	13.8
독일	2,479	10.9

고 우려했다.

중국 바이오 기술력 발전에 최근 글로벌 제약사의 러브콜도 이어지고 있다. 생산 공장을 넘어 R&D 센터를 세우고 회사의 기술 거점으로 삼고자 하는 것이다. 글로벌 기업의 중국 R&D 센터는 수도 베이징을 중심으로 조성되고 있다. 현재 베이징에 R&D 센터를 설립한 해외 바이오 기업은 미국 MSD·화이자 등을 비롯해 40곳에 이른다. 독일 바이엘은 2024년 베이징 이좡경제기술개발구에 혁신 센터를 설립하고 심혈관 질환 및 종양 치료 신약 개발 프로젝트를 가동하고 있다. 영국 아스트라제네카도 2024년 베이징에 글로벌 R&D 센터를 구축해 신약 파이프라인을 마련하고 희귀 질환 의약품의 임상을 진행 중이다.

미국 일라이릴리는 2024년 10월 베이징에 의료 혁신 센터와 릴리 게이트웨이 랩(Lilly Gateway Lab)이라는 두 연구 센터를 세울 예정이라고 발표했다. 특히 게이트웨이 랩은 미국 외 지역으로서는 영국에 이어 두 번째로 개소된다. 일라이릴리가 지역의 유망한 바이오 스타트업을 유치한 뒤 축적한 노하우를 제공해 혁신 기술의 개발을 촉진하는 협력형 연구소다.

다니엘 스코브론스키 일라이릴리 최고과학기술책임자는 당시 발표에서 "(게이트웨이 랩은) 일라이릴리의 중국 사업 100년 역사의 전환점이 될 것"이라며 "중국 신생 생명공학 기업에 사무 공간과 연구 전략을 제공해 신약 개발을 도울 것"이라고 말했다. 일라이릴리는 1918년 상하이 사무실을 설립해 중국 사업을 시작했으며 그동안은 R&D가 아닌 생산·판매에 집중해왔다.

중국 정부는 글로벌 바이오 기업의 중국 R&D 역량 강화에 발맞춰 2024년 의약품 개방형 혁신(오픈 이노베이션) 강화 지침을 발표했다. 여러 국가에서 동시에 진행되는 다국가 임상시험을 장려하고 일부 지역에 한해 임상시험용 바이오 의약품 생산을 허용한다고 밝혔다. 또 베이징·상하이 등 글로벌 바이오 기업이 다수 입주한 지역에서는 시범적으로 임상 시험 허가를 빨리 내주기로 했다. 중국 국가약품감독관리국(NMPA)이 공언한 심사 기간은 기존 60일에서 30일로 절반 단축된다.

정책적 도움에 힘입어 중국의 기성 제약사와 글로벌 바이오사와의 협업 사례 역시 많아지고 있다. 2024년 중국 기업이 글로벌 제약사와 맺은 기술 수출 사례는 40건을 초과했으며 그 중 10억달러(약 1조4000억원)가 넘는 계약만 10건 이상이었다.

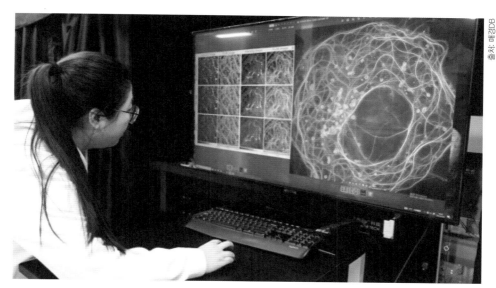

중국 베이징의 한 연구소에서 과학자가 세포 이미징 장비를 사용하고 있다.

형루이의약은 독일 머크와 16억유로(약 2조 5000억원) 상당의 전략적 협력 계약을 체결했다. 머크는 형루이가 개발 중인 두 가지 약물에 대해 중국 외 전 세계에서 개발·생산·상용화할 수 있는 독점 특허를 보유하게 됐다.

독일 바이오엔텍은 중국 듀얼리티 바이오로직스가 보유한 차세대 표적 항암제(ADC) 후보 물질 2종의 특허권을 16억달러(약 2조3000억원)에 인수했다. 바이오엔텍은 중국 본토와 홍콩·마카오를 제외한 전 세계에서 해당 약물의 독점 라이선스를 갖는다.

미국의 바이오 전문 매체 팜이그젝이 전년도 처방약 매출액을 기준으로 집계한 2024년 글로벌 상위 50개 바이오 기업 중 중국 회사는 4곳이 선정됐다. 윈난바이야오(33위), 시노팜(38위), 상하이제약(42위), 형루이의약(48위) 순이다. 다만 바이오산업의 전방 활동인 R&D 분야에서 중국의 약진이 눈에 띄는 만큼 수년 내로 해당 순위에도 큰 변동이 있을 전망이다.

문샷 '게임 체인저' 일본

"우리는 달에 가기로 결심했습니다(We choose to go to the moon)." 1962년 미국 휴스턴 라이스대에서 존 F 케네디 미국 대통령이 아폴로 달 탐사 계획을 발표할 당시 문구다. 1969년 아폴로 11호의 달 착륙 이후 달은 불확실성은 크지만 성공하면 엄청난 변화를 가져올 수 있는 도전의 상징으로 자리매김했다.

일본 정부가 파괴적 혁신을 위한 연구개발(R&D) 프로젝트를 '문샷 R&D 프로그램'으로 명명한 것도 같은 맥락이다. 문샷 R&D 프로그램은 저출산·고령화에 따른 인구 구조 변화, 지구 온난화가 야기하는 자연재해 등 국가적 난제 해결을 목표로 한다. 2040~2050년이 기한인 먼 미래를 바라보는 초장기 프로젝트로, 기초 과학부터 응용 기술까지 모든 개발 단계를 목표 달성을 위해 체계적으로 관리한다.

일본 정부가 2018년부터 2024년까지 문샷 R&D 프로그램에 투입한 예산만 5000억엔(약 4조8000억원)이 넘는다. 2020년 들어 프로그램이 본격 가동된 점을 고려할 때 연간 1000억엔(약 9700억원)을 들인 셈이다. R&D의 최종 도달점으로 설정된 문샷 목표가 결정되기 시작한 게 2020년이다.

2025년 기준 문샷 목표는 10개다. 구체적으로 ①신체·뇌·공간·시간 제약에서 인류 해방, ②질병의 극초기 예측·예방, ③인간과 공생하는 자율학습 인공지능(AI) 로봇, ④환경 회복을 위한 자원 순환, ⑤지속 가능한 식량 공급, ⑥범용 양자 컴퓨터, ⑦건강 불안 없이 100세까지, ⑧기상제어로 자연재해 경감, ⑨마음의 안식·활력 증진, ⑩핵융합 에너지의 다양한 활용이 있다.

바이오산업은 일곱 번째 문샷 목표(건강 불안 없이 100세까지)와 직접 연관된다. 관리 법인 역시 일본 의료연구개발기구(AMED)가 맡고 있다. 나머지 9개의 목표는 일본 과학기술진흥기구(JST), 신에너지·산업기술종합개발기구(NEDO), 생물계 특화 산업기술연구지원센터(BRAIN) 등 세 곳이 나누어 담당한다.

AMED가 설정한 건강 수명 100세의 실현 시점은 2040년이다. AMED는 크게 3가지 세부 목표를 정했다. 첫 번째는 2030년까지 생체 정보를 종합적으로 모니터링하는 기술을 개발하고, 2040년에는 개인 건강을 실시간으로 시각화해 누구나 일상에서 자율적으로 질병 예방이 가능한 사회를 만든다는 것이다. 두 번째는 2030년까지 소형·고속·고감도의 진단 및 치료 장치를 개발하고 2040년에는 가정에서 간단히 해당 장치를 사용할 수 있도록 해, 공간 제약 없이 수준 높은 의료 서비스를 제공한다는 것이다. 세 번째는 2030년까지 자택에서의 재활 활동을 돕는 기술을 개발하고, 2040년에는 장기의 재생·대체 등으로 모든 노인이 요양 없이 자립할 수 있는 인프라를 구축한다는 것이다.

문샷 목표를 실현하기 위해 AMED는 히라노 도시오 오사카대 명예교수(오사카 국제 암 치료 재단 이사장)를 총괄 책임자로 다양한 연구를 진행하고 있다.

나카니시 마코토 도쿄대 교수가 이끄는 연구팀은 노화 세포를 제거해 노인 질환을 일망타진하는 성과에 도전 중이다. 나카니시 교수에 따르면 해당 연구팀은 2030년까지 노화 세포를 제거하는 약물의 임상시험 착수를 목표로 하고 있다. 나아가 2040년이 되면 노화 정도를 측정할 수 있는 기술을 확립해 노화 세포 제거 치료 대상자를 객관적으로 평가할 수 있는 의료 시스템을 만들고자 한다. 수명 연장의 꿈을 이루는 기술 개발과 함께 그 결실이 어떻게 하면 사회 구성원에게 평등하게 적용될지까지 고민하고 있는 것이다.

노화 극복은 인류의 오랜 꿈이었던 만큼 나카

니시 교수의 연구는 큰 상업적 가치를 지닐 전망이다. 노인성 질병 중 하나인 골관절염만 해도 치료 시장 규모가 상당하다. 시장 조사 기관 네스터에 따르면 2023년 전 세계 골관절염 치료제 시장 규모는 87억3000만달러(약 12조 7000억원)를 기록했다. 연평균 6.7% 성장을 통해 2036년이면 202억8000만달러(약 29조 5000억원)에 달할 것으로 분석된다.

또 다른 노인성 질환인 알츠하이머병 치료 시장도 막대한 돈이 풀리는 곳이다. 시장 정보 업체 글로벌마켓인사이츠는 2023년 알츠하이머병 약물 시장 규모를 58억달러(약 8조4000억원)로 추산했으며 2032년까지 연평균 9.8%의 높은 성장률을 전망했다.

상업성과는 별개로 알츠하이머병은 치매의 주요 원인으로 악명이 높다. 치매는 뇌의 신경세포 손상으로 기억력·판단력 등 인지 기능 전반이 감소하는 질환이다. 종국에는 환자 본인의 정체 의식마저 잃게 된다. 이 때문에 치매는 세상에서 가장 슬픈 질병으로도 불린다.

AMED는 문샷 R&D 프로그램 내에서 치매 치료 전문 연구도 진행하고 있다. 이사 다다시 교토대 교수가 이끄는 연구팀은 손상된 뇌의 잔존 신경세포·회로를 최대한 이용해 치매를 예방·지연시키는 치료법을 개발하고 있다. 현재 의학계에서 주된 치매 치료법으로 고려되는 베타아밀로이드 제거 방식과 달리 뇌의 자연 치유력을 활용하는 새로운 접근이다. 베타아밀로이드는 일종의 단백질로 뇌에서 과도하게 축적되면 신경 세포 간 신호 전달을 방해해 치매를

출차: 매경DB

도쿄 시부야 거리를 지나고 있는 행인들의 모습.

유발하는 것으로 알려졌다.

AMED는 문샷 R&D 프로그램 중 암 관련 연구는 미국과 협력하고 있다. 미국이 추진 중인 암 치료 프로젝트인 캔서 문샷과 시너지를 내기 위해서다. 캔서 문샷은 2040년께까지 미국 내 암 사망률을 2010년대 대비 절반으로 줄이기 위한 R&D 프로그램이다.

문샷 R&D 프로그램의 암 치료 연구는 니시카와 히로요시 나고야대 교수, 고세키 하루히코 일본 이화학연구소 의과학센터 부센터장이 각자 주도하고 있다. 니시카와 교수는 염증에서 암으로 전이되는 과정을 규명해 초기에 암 발병을 막는 연구를 진행하고 있다. 고세키 부센터장은 암 조직을 정상 조직으로 되돌리는 기술을 개발 중이다. 두 프로그램 모두 각기 다른 미국 연구진을 파트너로 두고 다인종 · 대규모 임상을 기획하고 있다.

세계의 제약 공장, 인도

글로벌 시장 동향을 가장 민감하게 파악하는 산업은 바로 종합 상사다. 한국의 종합 상사는 수출 확대를 위한 정부 기획으로 만들어졌다. 1973년 1차 석유 위기로 무역이 위축된 상황에서 이웃한 경제 대국인 일본에서 해법을 찾자는 판단이 시작이었다. 일본의 수출은 일본식 종합 상사가 견인한다는 분석이 뒤따랐고, 한국식 종합 상사를 조성하기 위한 종합무역상사지정제도가 마련됐다. 세계화 · 정보화가 지금보다 덜 이뤄진 당시, 종합 상사는 전 세계를 발로 뛰며 수출길을 열었다. 2009년 지정제도는 사라졌지만 한국의 종합 상사는 세계를 무대로 한 신사업을 통해 왕성한 활동을 계속하고 있는 중이다.

2025년 국내 대형 종합 상사 모두는 미래 시장으로 인도를 점찍고 있다. 시기의 문제일 뿐 늦어도 2030년대에는 인도에서 활발한 사업을 펼칠 것이라고 예견했다. 글로벌 기업의 탈중국 전략으로 크게 성장 중인 산업계와 2023년 세계 1위가 된 인도의 인구 규모(14억3000만 명)가 그 이유로 꼽힌다.

바이오산업에서도 인도는 세계의 약국으로 불리며 큰 주목을 받고 있다. 저렴한 인건비를 바탕으로 생산 비용이 미국 · 유럽 등 선진국의 3분의 2 수준에 불과하다는 점이 인도 바이오산업의 경쟁력이다.

전 세계 수백만 명이 인도가 만든 저렴한 일반 의약품을 복용 중이다. 글로벌 상위 20개 일반 의약품 기업 중 8개가 인도에서 시작됐을 정도다. 인도는 글로벌 일반 의약품 수출 시장의 20%가량을 차지하고 있으며 거래 국가만 200개가 넘는다. 일반 의약품은 처방전 없이 약국 등에서 간편하게 구매할 수 있는 약을 의미한다.

미국과 유럽연합(EU)을 중심으로 의사 처방이 필요한 전문 의약품 시장에서의 점유율도 상당하다. 미국 식품의약국(FDA) 승인 공장 중 미국 외 지역에서는 가장 많은 수가 인도에 자리하고 있다.

특히 백신 생산은 코로나19를 거치며 글로벌 1위 국가로 성장했다. 팬데믹 당시 20억개가 넘는 백신을 생산했으며 이를 100개 이상

나렌드라 모디 인도 총리가 선거에서 승리한 뒤 환호하고 있다.

의 국가에 배포했다. 코로나19 백신 공급은 인도 제약 산업의 신뢰도를 높이는 계기가 됐다. 현재는 세계보건기구(WHO) 백신 수요의 약 65~70%를 맡고 있으며 전체 백신 시장 점유율도 과반에 이른다. 에이즈 백신에 사용되는 항바이러스제의 경우 80% 이상을 인도 제약회사가 공급 중이다.

거대 인구가 소비하는 인도 내수 시장도 10% 이상의 성장세를 보이고 있다. 인도브랜드자산재단에 따르면 2023년 500억달러(약 73조5000억원) 규모였던 인도 제약 시장은 2030년 1300억달러(약 191조원), 2047년 4500억달러(약 661조2000억원)에 달할 전망이다. 인도 정부는 적극적인 지원책을 마련하며 바이

오산업의 성장을 보조하고 있다. 우산 프로젝트(엄브렐러 스킴)를 도입해 대량 의약품 산업 지원, 제약 기술 업그레이드 지원 등 여러 세부 정책을 시행 중이다.

생산량과 연계된 인센티브 제도 역시 마련해 자국 내 생산을 촉진하고 있다. 대상 품목만 원료 의약품(벌크 의약품), API(활성 의약품 원료) 등 40건이 넘는다. 벌크 의약품은 순수 유효 성분인 API에 첨가물을 넣어 포장 전 원료 형태로 판매되는 약물을 말한다. 원료 의약품 생산 지원책을 통해 페니실린 등 주요 벌크 의약품의 자급화가 이뤄졌고 수입 의존도 감소 및 글로벌 경쟁력 강화도 나타나고 있다.

인도 바이오산업의 높은 시장성은 글로벌 제약

사도 주목하고 있다. 영국 GSK, 미국 암젠, 일본 다케다 등은 이미 인도에서 중요한 입지를 확보하고 있다. 특히 암젠은 2025년 인도 남부 하이데라바드에 새로운 기술·혁신 센터를 열었다. 인공지능(AI)·데이터 과학을 활용한 신약 개발을 지원할 예정이다. 2025년 말까지 약 2000명의 직원 채용을 예고했다. 로버트 브래드웨이 암젠 CEO는 2025년 2월 열린 센터 준공식에서 "암젠은 오랫동안 인도에서 입지를 확장하고자 노력했다"며 "2025년 인도 기술·혁신 센터에 2억달러(약 2900억원)를 투자하고 향후 몇 년 동안 추가로 상당한 투자를 할 계획"이라고 말했다.

현지 기업의 해외로의 확장도 연일 이뤄지고 있다. 인도가 글로벌 선두 주자로 자리 잡고 있는 복제약 시장에서 성과가 상당하다. 닥터 레디스 래버러토리스는 아이슬란드 바이오시밀러 생산 기업 알보텍과 협력해 미국·유럽 공략을 강화한다. 골다공증 치료제 프롤리아의 복제약을 출시할 예정이다. 바이오시밀러는 바이오 의약품 복제약을 의미한다.

자이더스는 미국에서 과민성 방광 치료제인 미라베그론의 제네릭을 출시했다. 제네릭은 합성 의약품 복제약이다. 자이더스는 추가적으로 인도 서부 구자라트에 6억달러(약 8800억원) 상당의 R&D 투자를 해 글로벌 연구 협력을 증진할 계획이다.

인도의 한 제약사 관계자는 "인도는 세계 최대의 백신 및 제네릭 의약품 공급국으로 바이오 산업의 세계적인 리더로 부상하고 있다"며 "인도 바이오 기업은 항생제, 고혈압약, 진통제, 항바이러스제 등 시장 규모가 큰 제품 전반을 취급하고 있다"고 말했다. 이어 "내수 시장에서는 심장병 위험이 커져 혈관을 손상하는 당뇨병 의약품에 대한 수요가 높다"며 "공기 질 저하, 현지 소비자의 피부 미용에 대한 인식 향상으로 피부 질환 의약품도 큰 관심을 끌고 있다"고 밝혔다.

토착병 퇴치 틈새시장 노린 동남아

인도네시아 수도 자카르타의 한 거리.

적도 근처 말레이제도와 인도차이나반도로 대표되는 열대의 땅 동남아시아는 미래 성장이 기대되는 기회의 땅으로 불린다. 2030년까지 미국·중국·유럽연합(EU) 다음의 4대 시장으로 발돋움한다는 전망도 나온다. 풍부한 천연자원과 무역이 용이한 지리적 위치 등이 장점이다. 해상에는 유전과 가스전이 즐비하고, 내륙에는 전기차 배터리의 주 원료인 니켈 등의 광석이 글로벌 수위급으로 매장돼 있다. 또 유럽과 동북아시아의 해상 무역을 잇는 요충지이면서 태평양을 통한 미주로의 진출도 수월하다.

6억7000만명에 이르는 거대 인구가 살고 있는데 이들의 중위 연령은 불과 30세 정도에 불과하다. 중위 연령은 전체 인구를 한 줄로 세웠을 때 가운데 있는 사람의 나이를 말한다. 한국의 경우 이미 45세를 넘어섰다.

바이오산업은 고령화와 함께 성장한다. 한국의 3분의 2 수준에 불과한 젊은 중위 연령은 동남아 바이오산업의 밝은 미래를 상징한다. 실제로 동남아는 두 자릿수에 가까운 성장률로 세계에서 제약 시장이 빠르게 크고 있는 지역 중 하나이기도 하다.

동남아 주요 바이오 시장으로는 인도네시아를 들 수 있다. 인구수 2억8000만명으로 동남아 1위·세계 4위의 인구 대국이다. 다만 의료 시스템은 저개발 국가 수준에 머물러 있다. 국내총생산(GDP) 대비 경상의료비는 3.4%로 경제협력개발기구(OECD) 국가 평균(13.9%)의 4분의 1 수준이다. 1인당 경상의료비는 414달러(약 60만원)로 한국의 10%가량에 불과하다.

2022년 조사한 글로벌 의료 시스템 순위에서 166개 조사 대상국 중 88위에 그쳤다. 동일 조사에서 한국은 22위로 나타났다.

그럼에도 인도네시아 의료 체계는 경제 성장에 따른 투자 확대로 개선세다. 신생아 사망률은 2009년 10만명당 29.13명에서 2019년 16.77명으로 줄었다. 병원 수 역시 2022년 3072개로 10년 전 2012년 2083개 대비 50%가량 늘었다.

특히 전염병으로 인한 사망률이 감소세다. 인도네시아 정부는 국립연구혁신청(BRIN)을 중심으로 국산 뎅기출혈열 백신 개발에 나서는 등 풍토병 극복을 추진하고 있다. 뎅기출혈열은 모기에 의해 전파되는 바이러스성 질병으로 고열과 출혈·쇼크를 유발한다. 현재 치료약 없이 대증치료에 의존하고 있으며 백신은 효과성 문제로 일부 제품만 제한적으로 시판 중이다.

도디 이라완 세토요 우토모 BRIN 연구원은 "인도네시아에서 뎅기열 백신을 개발하는 데 사용하는 방법은 일본 다케다제약이 시판 중인 큐뎅가 등과는 다르다"며 "큐뎅가는 바이러스를 약화시키는 방식인데, 인도네시아가 개발 중인 백신은 가짜 바이러스를 이용해 인체 면역세포를 활성화하는 방식으로 효과가 90~95%에 달할 수 있다"고 밝혔다.

태국도 동남아 바이오산업을 선도하는 국가 중 하나다. 태국은 인구 7000만명 이상의 중견 국가로 65세 이상 인구 비율이 15%에 달해 이미 고령 사회에 접어들었다. 젊은 인구 구조를 가진 다른 동남아 국가 대비 상대적으로 성숙한 나라에 해당한다. 최근 들어 급성장 중인 주변 국가들과 달리 오랫동안 동남아 경제 대국으로 자리매김해왔기 때문이다.

지역의 전통적인 유력 국가로서 태국은 말라리아·뎅기열 등 동남아 열대병 치료 연구에서 주도국 지위를 쥐고 있다. 매년 국제열대의약학회(JITMM)를 개최해 전 세계 유명 학자를 태국으로 초빙 중이다. 현재 JITMM은 동남아 대표 국제 학술대회 중 하나로 자리매김했으며 글로벌 제약사와 지역 바이오산업을 연결하는 네트워크 장으로도 기능하고 있다.

말라리아는 2010년대 들어 치료제에 내성을 가진 변종균의 등장에 따라 주요 연구 주제로 부상했다. 태국을 비롯해 인근 지역에서 발생한 말라리아 병원균의 80%가 보편적인 두 종류의 항말라리아제에 내성을 보였다.

태국은 마히돌-옥스퍼드열대의학연구소(MORU) 등을 중심으로 기존 약물에 내성이 있는 말라리아 병원균 치료제 개발에 힘쓰고 있다. 현재는 여러 신약 물질의 임상을 진행하고 있는 단계다. 마히돌대는 태국의 연구 중심 대학으로 세계 대학 평가에서 열대의학 부문 4위를 기록하는 등 우수 연구진을 보유하고 있다.

이처럼 동남아 바이오산업은 미래 성장에 대한 밝은 전망과 함께 현재도 열대성 토착병 치료제 부문에서는 세계적인 연구 성과를 내고 있다. 아직은 토착병처럼 틈새시장을 공략하는 데 머물고 있지만, 지속적인 성장에 힘입어 앞으로 세계 바이오 시장에서 어떠한 위치를 차지할 수 있을지 주목된다.

"한국은 좁다" 내수서 해외로 태세 전환

10년 전만 하더라도 국내 제약·바이오산업에는 '내수용'이라는 꼬리표가 늘 따라다녔다. SK케미칼이 개발한 항암제 '선플라주'가 1999년 국산 1호 신약으로 허가를 받은 뒤 항생제, 관절염 치료제, 발기부전 치료제 등 신약이 꾸준히 등장했지만 해외에서 별다른 성과를 내지는 못했다. 2000년대 후반에 들어서도 우리나라의 완제의약품 수출액은 7억달러 안팎에 그쳤다. 수입액과 비교하면 수출액은 3분의 1 수준이었다.

SK케미칼의 선플라주가 최초의 국내 개발 신약에 이름을 올린 뒤 2025년 3월 현재까지 38개의 국산 신약이 등장했다. 선플라주의 탄생은 당시 "100년 한국 제약사를 다시 썼다"는 찬사가 나올 만큼 주목받는 뉴스였다. 이어 2003년 4월 LG화학이 개발한 항생제 '팩티브'가 국내 개발 신약 중 처음으로 미국 식품의약국(FDA) 허가를 받으면서 국산 신약 글로벌 시대의 포문이 열렸다는 기대감도 흘러나왔다. 하지만 성과가 기대에 미치지는 못했다. 선플라주는 출시 즈음 이미 시장에 효능이 더욱 뛰어난 경쟁 제품들이 등장하면서 시장에서 선택을 받지 못했다. 결국 2009년 생산을 중단하고 허가만 유지해오다 2023년 1월 허가마저 취소됐다. 품목 허가를 갱신하기 위해서는 SK케미칼이 2022년 말까지 안전성 및 유효성을 입증하는 자료를 제출해야 했지만 이를 제출하지 않으면서 허가 유효 기간이 만료된 탓이다.

최초로 FDA 승인을 받은 국산 신약 팩티브도 좌절을 맛봐야 했다. 팩티브의 판권을 넘겨받은 글락소스미스클라인(GSK)이 시장성 부족 등을 이유로 미국 임상을 중도에 포기하면서다. 파트너사가 신생 업체로 바뀌는 등 시장 진출이 지연되는 사이 다른 글로벌 대형 제약사들의 경쟁 제품이 팩티브를 대체하며 시장을 선점했다.

그 외에 일부 신약들이 시장성 등 문제로 허가가 사라지는 굴욕을 겪었다. 동화약품 밀리칸주(간암 치료제), CJ제일제당 슈도박신주(녹농균예방백신), 동아에스티 시벡스트로정(항균제), 한미약품 올리타정(비소세포폐암 치료제), JW중외제약 제피드정(발기부전치료제)

등은 개발사가 허가를 자진 취하한 사례다. 이 가운데 적지 않은 신약들의 시장성에 대해 허가 당시부터 의문이 제기됐고, 허가가 유지되는 상황에서도 생산 실적이 '0'에 수렴했다. 해외는커녕 국내에서조차 이들 제품에 대한 평가가 냉담했다는 사실을 알 수 있는 지점이다.

삼성제약이 개발한 췌장암 치료제 리아백스주는 2014년 임상 3상을 조건으로 허가받았다 이후 허가 조건을 이행하지 못해 허가가 취소됐다. '인보사 사태'로 잘 알려진 코오롱생명과학의 골관절염 유전자치료제 인보사 케이주는 허가 당시 제출한 서류가 허위로 밝혀지면서 식품의약품안전처로부터 허가 취소를 당한 아픈 역사도 있다.

그런데 최근 몇 년 사이 분위기는 크게 바뀌고 있다. 2019년 이후 국내 기업이 자체 개발해 미국에서 승인을 받은 신약은 총 8종에 달한다. 특히 최근 출시된 신약들은 미국 시장에서 유의미한 성과를 내고 있다는 점에서 기존 신약들과 확실한 차별점을 갖는다. 세계 최대 시장인 미국에서의 성과를 발판으로 유럽, 동남아시아 등 세계 곳곳으로 영토를 확대하는 추세다.

해외에서 가장 뛰어난 성과를 내고 있는 대표 신약으로는 SK바이오팜의 뇌전증 치료제 '엑스코프리'(성분명 세노바메이트)를 꼽을 수 있다. SK바이오팜은 2024년 한 해 동안 엑스코프리만으로 미국에서 4387억원에 달하는 매출을 올렸다. 매출 성장세가 매년 가팔라지면서 2024년에는 전년 대비 무려 62%나 증가했다. SK바이오팜은 특히 국내에서 먼저 허가를 받

은 뒤 해외 시장의 문을 두드리는 일반적인 신약 판매 공식의 틀을 깨고 미국 시장에 가장 먼저 뛰어들었다. 또 해외 진출을 위한 현지 파트너사를 모색하는 대신 직접 영업·판매하는 직판체계를 구축했다.

그로 인해 시장 진입에 시간이 오래 걸리고 초기 판매 인프라 구축에 많은 비용이 들면서 2020년 출시 이후 3년간 적자를 이어가야 했다. SK바이오팜은 엑스코프리의 미국 진출 5년 차에 접어든 2024년 처음으로 흑자 전환에 성공했다. 시장에서는 엑스코프리가 2028~2029년께 연간 1조원의 매출을 올리는 블록버스터 신약에 등극할 것으로 기대하고 있다.

유한양행의 비소세포폐암 치료제 '렉라자(레이저티닙)'의 등장도 눈여겨볼 만하다. 렉라자는 글로벌 빅파마로 꼽히는 얀센 리브리반트(아미반타맙)와의 병용 요법으로 2024년 미국과 유럽에서 연달아 승인을 받았다. 두 약물 조합의 판매가 본격화할 경우 조 단위 매출 달성도 무난할 것으로 전망된다. 유한양행은 렉라자의 한국 제외 글로벌 판권을 얀센에 넘긴 상태로 향후 해당 병용 요법의 매출에 따라 로열티를 받을 예정이다. 업계에서는 유한양행이 받는 렉라자의 해외 매출 로열티 비율을 10~12% 수준으로 추정하고 있다.

렉라자는 2027년까지 매출 1조원을 달성하는 것이 목표다. 다만 미국, 유럽 시장 침투가 예상보다 빠르게 진행될 경우 2026년으로 목표 달성 시점이 앞당겨질 수 있다는 관측도 나온

다. 2025년에는 일본과 중국에서 품목 허가를 받아 시장에 진출한다는 구상이다. 국내의 경우 유한양행이 렉라자 단독 요법으로 식약처의 품목 허가를 받아 이미 투약이 이뤄지고 있는 상황이다.

국내에서 국산 신약으로 허가를 받지는 않았지만 대웅제약의 국산 보툴리눔톡신 제제 '나보타(미국 제품명 주보)'와 셀트리온의 자가면역질환 치료제 '짐펜트라'도 성공 신화를 써내려가고 있다.

나보타는 2024년 1864억원의 매출을 기록했다. 더욱 주목할 만한 점은 나보타 매출 중 수출이 차지하는 비중이 84%에 달한다는 점이다. 세계 최대 보툴리눔 톡신 시장인 미국에서 미용 보툴리눔 톡신 시장 점유율은 13%에 달한다. 전체의 2위에 해당하는 수치다.

특히 나보타는 아직까지 미용 시장에서만 사용되고 있는데 향후 의료용 시장으로 확장도 준비하고 있다. 대웅제약은 미국 파트너사를 통해 만성 편두통, 경부 근긴장이상, 외상 후 스트레스장애(PTSD) 등 의료 시장 진출을 위한 임상을 진행 중이다. 미국 내 보툴리눔 톡신 시장의 절반 이상이 의료 시장에서 나오는 만큼 향후 미국 매출 확대 여지가 충분하다는 평가다.

2024년 3월과 8월 미국에서 데뷔한 짐펜트라는 조금 더 독특한 사례다. 짐펜트라는 정맥주사 제형인 바이오시밀러 램시마(성분명 인플릭시맙)의 피하주사(SC) 제형이다. 즉 성분 자체는 바이오시밀러인데 제형 변경으로 미국에서는 '신약 허가'를 받았다.

정맥주사는 병원에 직접 방문해야 하고 투약에만 2시간가량이 소요된다는 점에서 활용에 어려움이 있다. 하지만 SC제형은 병원에 방문하지 않고도 자택에서 자가 투여가 가능하고 투약 시간도 짧아 환자들로부터 긍정적인 평가를 받고 있다. 투약 편의성 덕에 미국에 앞서 '램시마SC'라는 명칭으로 진출한 유럽 시장에서는 매출액이 매년 성장하고 있다.

신약이 아닌 바이오시밀러 분야에서는 이미 글로벌 시장을 타깃으로 삼은 지 오래다. 바이오시밀러 시장의 경우 한국은 단순히 시장 참여자를 넘어 시장의 문을 열고 현재까지도 주도권을 유지하는 국가로 분류된다.

2024년만 보더라도 FDA가 총 18개 바이오시밀러에 대해 품목 허가를 낸 가운데 한국은 가장 많은 4개를 차지했다. 미국이 한국과 동일하게 4개 제품에 대해 품목 허가를 받아 공동 1위를 기록했고, 뒤를 이어 독일 3개, 인도·스위스·아이슬란드 각각 2개, 대만 1개로 집계됐다.

2015년 산도즈의 '작시오'를 시작으로 현재까지 FDA 허가를 받은 바이오시밀러는 총 63종이다. 국가별로는 미국이 26개, 한국 14개, 스위스 7개, 독일·인도 각각 6개 등이다.

2012년 국내에서 램시마로 첫 바이오시밀러 승인을 획득한 셀트리온은 현재까지 FDA로부터 총 6개의 바이오시밀러에 대해 허가를 받았다. 삼성바이오에피스는 8개의 바이오시밀러에 대해 허가를 얻었다.

차세대 먹거리로 돌진하는 대기업

제약·바이오산업계에서 한국이 가장 큰 존재감을 발휘하는 분야를 꼽으라면 단연 위탁개발생산(CDMO)이다. 특히 CDMO 시장은 미국 생물보안법 시행 기대감과 맞물려 중국 외 기업들의 수혜가 예상된다. 이 시장에 참여 중인 국내 기업은 SK팜테코, 에스티팜, 차바이오텍 등 다수이지만 현시점에서 주목할 만한 성과를 내고 있는 곳은 삼성바이오로직스가 대표적이다.

한국바이오협회에 따르면 2023년 196억달러 규모였던 글로벌 바이오 CDMO 시장은 연평균 14.3%의 성장세를 이어가 2029년에는 438억달러에 이를 것으로 예측된다. 고속 성장이 가능한 배경으로는 생산을 외부에 위탁해 개발 과정에서 발생하는 막대한 규모의 연구개발 비용을 줄이고 기업 운영 효율화를 꾀할 수 있다는 점이 꼽힌다. 지난 코로나19 팬데믹 기간 전 세계적으로 발생한 의약품 공급 부족 현상으로 글로벌 제약사들이 외주 생산 비중을 늘린 점도 CDMO 산업 성장에 한몫했다.

현재 글로벌 CDMO 시장에는 100개가 넘는 기업이 참여 중인 것으로 추정되지만 상위 4개 업체가 시장의 절반 이상을 차지하고 있다. 글로벌 시장 조사 기관 프로스트앤드설리번에 따르면 2023년 기준 글로벌 CDMO 시장은 △론자(25.6%) △우시바이오로직스(12.1%) △카탈런트바이오로직스(10.1%) △삼성바이오로직스(9.9%) 등 4곳이 전체의 60% 가까이 장악하고 있다.

고속 성장 중인 데다 향후 성장 전망도 긍정적이지만 과점 양상이 굳건한 건 산업적 특성 때문이다. 의미 있는 수주 실적을 내려면 글로벌 제약사와의 대형 계약이 필수인데, 이를 위해서는 대규모 투자를 통한 생산 시설 확보와 글로벌 기준을 충족시킬 수 있는 기술력이 요구된다. 특히 기존 수주 실적을 바탕으로 후속 수주를 얻어내는 사업 구조로 인해 이미 시장을 장악하고 있는 일부 대형사들에 계속해서 수요가 몰릴 수밖에 없다.

글로벌 선두권 CDMO 기업으로 자리 잡은 삼성바이오로직스의 경쟁력이 당분간 이어질 것으로 기대되는 점도 동일한 이유에서다. 삼성

기업명	CDMO 현황
삼성바이오로직스	세계 시장 점유율 4위. 2032년 132만4000ℓ 생산능력 확보
셀트리온	2024년 '셀트리온바이오솔루션스' 출범. 20만ℓ 규모 생산시설 설계
SK팜테코	미국·유럽·한국서 7개 생산시설 운영. 세종시 공장 증설
롯데바이오로직스	송도 3공장 완공 시 연산 40만ℓ 생산능력 확보 예정

바이오로직스는 현재 1~4공장을 통해 60만 4000ℓ의 생산 능력을 보유 중이며, 2025년 4월부터는 18만ℓ 규모의 5공장도 가동에 들어간다. 5공장 합류 시 총 78만4000ℓ에 이르는 세계 최대 바이오 의약품 생산 능력을 갖춘다.

여기에 2027년 준공 목표인 6공장을 시작으로 2032년까지 제2 바이오캠퍼스 용지에 8공장 건설까지 마무리할 계획이다. 이 경우 총 132만4000ℓ의 압도적인 생산력을 확보하게 된다. 이미 글로벌 상위 20개 제약사 대부분을 고객사로 확보하며 매년 실적을 경신 중인 삼성바이오로직스는 향후 고객사를 상위 40개 제약사로 확대한다는 목표도 세웠다.

회사를 둘러싼 대외 환경도 긍정적이다. 시장 3위인 카탈런트는 2024년 비만 치료제 '위고비'의 개발사인 노보노디스크의 지주사 노보홀딩스에 인수됐다. 노보노디스크가 위고비의 폭발적인 수요에 대응해 생산 능력 확충에 나선 것이다. 이 때문에 향후 카탈런트 생산시설은 위고비 생산에 집중될 것이라는 분석이 대다수다. 위고비 집중 전략으로 갈 곳을 잃은 기존

카탈런트 고객사의 물량이 경쟁사에 돌아갈 수 있게 된 셈이다.

핵심 경쟁사 중 하나인 중국 우시바이오로직스는 미국 정부의 견제에 발목이 잡힐 가능성이 점쳐진다. 중국 기업을 바이오 공급망에서 제외하려는 미국 생물보안법의 통과가 유력시되면서 신규 고객사는 물론 기존 고객사들도 우시바이오로직스와의 협력을 망설이는 분위기가 감지되고 있다. 카탈런트, 우시바이오로직스와 함께 '1위 추격조'에 해당하는 삼성바이오로직스로서는 반사 이익이 기대되는 상황이다. 상위권 CDMO 기업들의 공백이 예상되는 가운데 SK의 CDMO 자회사 SK팜테코도 2억 6000만달러를 투자해 세종시에 저분자·펩타이드 생산 공장을 신축한다. SK팜테코가 세우는 국내 다섯 번째 공장이다. 신공장은 1만 2600여 ㎡ 규모로 건설돼 2026년 말 가동할 예정이다.

브리스톨마이어스스큅(BMS)으로부터 4만ℓ 규모의 바이오 의약품 생산 공장을 인수한 롯데바이오로직스는 2024년 국내에서도 송도 바이오캠퍼스 1공장을 착공했다. 12만ℓ 규

출처: 삼성바이오로직스

인천 연수구에 위치한 삼성바이오로직스 본사 전경.

모의 1공장은 2026년 완공돼 이듬해 본가동에 들어갈 예정이다. 롯데바이오로직스는 송도 바이오캠퍼스에 총 3개의 바이오 의약품 생산 공장을 만들어 미국 시러큐스 공장(4만ℓ)과 함께 총 40만ℓ의 생산 능력을 갖춘다는 계획이다.

국내 대표 바이오시밀러 기업인 셀트리온도 CDMO 시장 진출을 선언했다. 2024년 CDMO 전문 기업 '셀트리온바이오솔루션스'를 출범하고 공장 건설에도 속도를 내고 있다. 현재 송도 내 생산 시설 용지 후보를 검토 중이며 최대 20만ℓ 규모로 설계할 계획이다. 우선 2025년 10만ℓ 규모로 1공장 착공에 들어간 뒤 적합한 입지를 평가해 생산 용량을 늘린다는 구상이다. 신규 생산 시설에는 대량 생산을

지원하는 대·소형 배양기가 배치된다. 셀트리온은 2028년까지 충남 예산군에 3000억원을 투자해 바이오 의약품 생산 공장도 신설할 예정이다.

셀트리온이 최근 CDMO 사업과 함께 공들이고 있는 분야는 차세대 항암제 핵심 기술로 꼽히는 항체-약물접합체(ADC) 시장이다. 대표 바이오시밀러 기업으로 성공적으로 성장한 데이어 차세대 모달리티로 꼽히는 ADC를 기반으로 신약 개발사로 도약한다는 포부다. 2029년 첫 제품 상용화를 목표로 ADC 신약 3종을 개발 중이다.

LG화학 역시 항암제를 중심으로 포트폴리오를 재구축하며 항암 중심의 글로벌 제약사로 도약하겠다는 비전을 제시했다. 2022년 미국

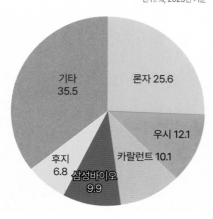

글로벌 CDMO 시장 점유율 현황

단위: %, 2023년 기준

론자 25.6
기타 35.5
우시 12.1
카랄런트 10.1
후지 6.8
삼성바이오 9.9

출처: 프로스트앤드설리번

항암제 전문 제약사 '아베오'의 지분 100%를 5억6600만달러에 인수하기로 하고 2023년 인수 작업을 마무리했다. LG화학의 비전은 아베오를 중심으로 구체화하고 있다. 아베오는 이미 신장암 치료제 '포티브다'를 FDA로부터 허가받아 판매 중이며, 차세대 면역 관문 억제제 후보 물질인 'LB-LR1109'의 미국 임상 역시 아베오가 진행하고 있다. 포티브다의 신장암 2차 치료제 사용을 위한 미국 임상 3상도 함께 진행 중이다. 현재 LG화학이 보유한 항암제 관련 파이프라인은 10개에 육박한다.

SK그룹의 신약 개발 계열사 SK바이오팜도 뇌전증 신약 '세노바메이트'가 안정적인 성장 궤도에 오르자 차세대 먹거리로 표적단백질분해치료제(TPD), 방사성의약품치료제(RPT), 세포치료제(CGT)를 주목하고 있다. 이 중 가장 활발하게 파이프라인 개발이 진행 중인 건 TPD 분야다. TPD는 화학 항암제 대신 단백질을 분해하는 데 필요한 효소를 전달해 질병의 원인 단백질을 완전히 분해하기 때문에 장기적인 효능을 기대할 수 있다. 기존 화학 항암제가 노릴 수 없는 표적을 공략할 수 있다는 장점도 있다. 2001년 처음 개념이 등장한 이후 수많은 빅파마가 이 분야에 뛰어들었지만 아직까지 글로벌 시장에서 허가받은 TPD 약물은 없다. SK바이오팜은 미국 소재 TPD 치료제 개발 기업 '프로테오반트'(현 SK라이프사이언스랩스)를 인수하고 이곳을 통해 AI로 발굴한 표적 단백질을 타깃으로 하는 다수의 TPD 신약 후보 물질을 개발하고 있다.

SK그룹 내 또 다른 바이오 기업인 SK바이오사이언스는 백신 개발에 주력하고 있다. 코로나19 팬데믹 시기 최초이자 유일한 국산 백신 '스카이코비원'을 개발해 주목받기도 했다. 스카이코비원은 팬데믹 당시 코로나19 백신 시장을 선점한 mRNA 방식이 아닌 기존 독감 백신 등에 사용된 합성 항원 방식으로, 시장을 장악하는 데는 성공하지 못했다. 다만 팬데믹 시절 단기간에 백신 개발에 성공한 노하우와 더불어 mRNA 개발 기술력까지 확보함에 따라 한국의 백신 주권 확보에 기여할 수 있을 것으로 평가된다.

국가바이오委 출범, 정책 속도전

2025년 1월 대통령 직속 '국가바이오위원회'가 정식 출범했다. 격변의 정치적 혼란기에도 정부는 민관이 함께 협력해 첨단 바이오 시대를 열겠다는 강한 의지를 드러냈다.

국가바이오위원회의 지향점은 '글로벌 바이오 5대 강국으로의 도약'이다. 이를 위해 정부는 민관 협력의 중심축으로 국가바이오위원회가 나서 효율적이고 신속한 정책 실행을 보여주겠다는 각오를 밝혔다. 위원회 초대 부위원장은 이상엽 한국과학기술원(KAIST) 생명공학과 교수가 맡았다. 그는 첨단 바이오산업의 핵심 기술로 미국 등 패권국 간 개발 경쟁이 치열한 '합성 생물학'(생명체의 유전자나 세포를 원하는 대로 설계하고 조합해 새로운 생물 기능을 만들어내는 기술 분야)의 개척자로 평가받는 인물이다. 또 민간 전문가들과 바이오 관련 부처의 장관, 대통령실 과학기술수석(간사위원), 국가안보실 제3차장 등 총 30여 명의 위원들이 국가바이오위원회를 주도한다.

현재 국가바이오위원회가 뼈대로 잡은 '대한민국 바이오 대전환 전략'은 크게 인프라, 연구개발(R&D), 산업 분야에서의 대전환이다. 일단 인프라 대전환에서는 '한국형 바이오 클러스터'를 구축한다는 계획이다. 전국에 흩어져 있는 20여 개의 클러스터를 '버추얼 플랫폼'을 통해 유기적으로 연계해 소통을 강화하는 한편 지역별 장비, 전문가, 창업 지원 프로그램 등의 자원을 공유해 효율성을 높이겠다는 구상이다.

다만 한국이라는 규모 대비 집적도가 낮은 다수의 클러스터가 산재해 있다는 현장 지적에 대한 해결책은 향후 국가바이오위원회가 풀어야 할 주된 과제로 거론된다.

바이오산업의 규모나 국토 면적이 우리나라보다 압도적으로 큰 미국만 놓고 보더라도 보스턴 바이오 클러스터를 중심으로 '양보다 질'에 초점을 둔 클러스터 정책을 펴고 있다.

업계에선 선택과 집중 전략에 맞춰 지역에 난립하고 있는 클러스터를 어느 정도 정리해야 한다는 의견이 나오고 있지만, 정치권의 이해관계가 짙어 솎아내는 작업이 쉽지 않을 것이란 반응이 지배적이다. 이와 관련해 정부는 추후 지역별 클러스터를 진단하고 각각의 특장점 및 발전 가능성 등을 분석해 한국형 바이오헬스 클러스터 혁신 전략을 상반기 중에 마련하겠다는 계획이다.

규제 혁신 거버넌스도 구축한다. 국가바이오위원회를 중심으로 규제개혁위원회, 바이오헬스혁신위원회 등과 협력해 전 주기 규제를 개편하고, 생성형 인공지능(AI) 의료기기 허가·심사 가이드라인 등을 마련하기로 했다. 현장에 뿌리를 둔 인재 확보에도 주력하겠다는 게 정부 복안이다. 2027년까지 바이오헬스 분야에서 11만명의 산업 인재를 양성하고, 다학제 융합형 교육과 AI 신약 개발 등 분야별 전문교육을 활성화해 관련 인재를 적재적소에 배치하겠다는 계획이다.

R&D 대전환 측면에선 AI와 같은 신기술을 적극 활용해 신약 개발 기간과 비용을 혁신적으로 단축할 수 있는 구체적인 로드맵을 내놓기로 했다. AI를 활용한 유전체·단백질 데이터 분석 등 바이오 기초모델 개발에 박차를 가하고, 신약 개발 등 설계를 최적화하겠다는 구상이다.

정부는 또 국가바이오위원회를 중심으로 바이오 데이터의 협업 체계를 재편해 데이터 연계를 강화하겠다고 밝혔다. 시범적으로 15개 바이오 분야 공공연구기관 간 데이터의 전면적인 개방을 추진하고 향후 공공 영역 전반으로까지 확대한다는 계획이다.

2035년까지 국가바이오데이터플랫폼에 데이터 1000만건을 확보하는 한편 바이오 전용 고성능 컴퓨팅 인프라(그래픽처리장치 3000개

최상목 대통령 권한대행 부총리 겸 기획재정부 장관(가운데)이 2025년 1월 23일 서울 동대문구 서울바이오허브에서 열린 국가바이오위원회 출범식에서 모두발언을 하고 있다.

이상)도 확충해 고용량 데이터 분석을 뒷받침하겠다는 구상이다.

다만 공공·민간 차원에서 이미 확보하고 있는 방대한 양의 의료 데이터를 확대 활용하자는 시장 목소리에 대해선 정부의 명확한 방향성이 없는 상태다. 현재는 모호한 법 체계로 병원 등이 축적한 데이터를 사업화 용도로 쓰기에는 제약이 많다.

이에 대해 국내 바이오 업계 한 전문가는 "AI 신약 개발을 위한 원천 데이터를 지금부터 하나씩 확보해나가는 전략보다 기존에 잘 모아놓은 병원별 임상 데이터 등을 다방면에서 제대로 쓸 수 있도록 하는 명확한 가이드라인을 만드는 것이 더 실효성 있어 보인다"고 주문했다.

바이오 R&D 추진 체계를 혁신하고 공통적으로 활용 가능한 핵심 범용 기술과 바이오 핵심 기술에 집중 투자해 세계 최고 기술국 대비 생명·보건·의료 분야에서 85%, 농림수산식품 분야에서 90% 수준까지 기술 격차를 줄여나가겠다는 게 정부 목표다. 이에 대한 후속 대책은 지켜봐야 할 주요 포인트다.

산업 대전환 측면에선 바이오 기업의 제품화와 제조의 근본적 혁신을 지원하고 기업 성장 촉진, 바이오 의약품 위탁 개발 생산 시장 주도 등을 통해 바이오를 제2의 반도체로 육성하겠다는 계획이다.

구체적으로 기술력은 있으나 생산 설비가 없는 국내 바이오 기업을 위해 기구축한 5개의 공공 바이오 의약품 위탁 개발·생산 기관을 활용해 세포주 제조 및 시료·완제품 생산 등 제품화를 지원하겠다는 게 정부 복안이다. 기능성 식품, 바이오 연료 등 그린·화이트 바이오 제품의 안전성 확보와 보급 촉진을 위해 제조지원센터를 지속적으로 확충해나가기로 했다.

특히 AI를 기반으로 바이오 전 분야의 연구 및 제조 혁신도 추진한다. 2029년까지 AI·로봇 기술을 활용한 공공 바이오 파운드리를 구축해 자동화·고속화·표준화를 추진하는 한편, 바이오 파운드리에서 개발한 후보물질의 제조기술·공정·스케일업·실증 등 바이오 제조 전 주기를 지원하는 'K-바이오 메이드'(가칭) 프로젝트를 개시한다. 바이오산업에 대해 메말라버린 자금줄도 다시 이어주겠다는 게 정부 의지다.

기업의 초기 투자와 스케일업을 위해 K-바이오·백신 펀드 등 1조원 규모 이상의 바이오 전용 펀드를 신속히 조성하고, 정책금융 등 자금 지원도 확대해 바이오 기업의 성장 사다리를 구축하기로 했다. 또 기업의 R&D 활동 촉진을 위해 인수·합병(M&A)을 활성화하고, 바이오 버퍼, 바이오 항공유 등 바이오 관련 기술을 국가전략기술에 추가해 세액공제 혜택을 확대한다는 계획이다.

정부는 2032년까지 국내 바이오 의약품 위탁 개발생산(CDMO) 능력을 현재의 2.5배로 확대해 생산·매출 기준 세계 1위로 자리매김할 수 있도록 기업의 애로 사항을 적극 해결해나가겠다는 구상을 세웠다.

국가바이오위원회 개요

•**위원장**	대통령
•**부위원장**	이상엽 KAIST 교수
•**비전**	2035년까지 글로벌 바이오 5대 강국 실현
•**기능**	바이오 기술 및 산업 전반 국가 역량 결집. 정책수립, 연구개발, 산업육성, 규제해소 등을 심의·조정
•**목표**	2032년 CDMO 생산·매출 세계 1위 달성 AI로 기간·비용 절반으로 단축 1조원 제약바이오 민관펀드 조성 신규 일자리 1만개 달성

체계

•**구성**	민간위원 24명+정부위원 12명
•**민간위원**	**고한승** 삼성전자 미래사업기획단장, **노연홍** 한국제약바이오협회장, **천종식** CJ바이오사이언스 대표, **허은철 GC녹십자 대표, 황희** 카카오헬스케어 대표, **김태경** 포스텍 교수, **윤인찬** 한국과학기술연구원 박사, **한수봉** 한국화학연구원 박사, **정재호** 연세대 의대 교수, **김빛내리** 기초과학연구원 RNA연구단장, **김영태** 서울대병원장 등 24인
•**정부위원**	바이오 관계부처 장관, 대통령실 과학기술수석 국가안보실 제3차장 등 12인

출처: 매경DB

이와 관련해 글로벌 파운드리(반도체 위탁생산) 1위인 TSMC를 보유한 대만이 '바이오판 TSMC'를 키우겠다고 나서고 있고, 이 시장 후발 주자인 인도 역시 관련 사업을 육성하는 단체를 설립하는 등 본격적인 추격 모드를 보이고 있다는 점에서 한국의 CDMO 전략에 발 빠른 대처가 요구되고 있다.

아울러 정부는 현재 80대 바이오 소부장 핵심 품목을 100대 이상으로 확대해 바이오 소부장의 단계적 국산화를 지원하고, 글로벌 규격 공인 시험 분석·테스트를 지원해 국내 소부장 자립화율을 2030년 15%까지 끌어올리겠다는 전략이다.

시장에선 이제 출발 신호탄을 쏜 국가바이오위원회에 대해 큰 기대감을 표하고 있다. 바이오 정책 수립의 구심점인 위원회가 나서 업계의 애로사항을 적극 수렴하고 K바이오산업의 육성을 주도해달라는 목소리가 크다.

우려의 시선도 있다. 기존 국무총리실 산하 바이오헬스혁신위원회 등 유사 위원회가 중복으로 존재해 옥상옥 논란이 끊이지 않는다. 또 국가바이오위원회가 2027년까지 한시적으로 설치됐다는 점에서 '영속성'을 걱정하는 인사도 많다.

국가바이오위원회가 출범한 2025년 초 이창윤 과학기술정보통신부 1차관은 "바이오헬스혁신위원회는 보건·의료 분야의 산업 진흥 및 규제 완화에 초점을 두고 있는 전문위원회이지만 국가바이오위원회는 보건·의료뿐만 아니라 바이오 제조, 농수산식품, 에너지까지 정책 영역이 넓다"고 설명했다. 다만 그는 "앞으로 운영하는 과정에서 두 위원회 간의 기능에 대한 차별성 등은 면밀하게 살펴볼 것"이라고 강조했다.

바이오와 융합하는 빅테크

바이오 무대가 넓어지고 있다. 인간의 질병을 진단·치료·예방하기 위해 의약품 등을 개발하는 '레드 바이오'만 하더라도 전통 제약 업계를 넘어 이제는 글로벌 빅테크들도 참전하는 바이오 최대 격전지로 급부상하고 있다.

단적인 예로 인공지능(AI) 신약 개발이 있다. 기존 글로벌 빅파마가 지배하고 있는 제약·바이오 시장에서 빅테크들은 정보기술(IT)을 제공하는 조력자가 아닌, 이제는 개발 과정에서 떼려야 뗄 수 없는 핵심 파트너로 주목받고 있다. 신약 개발의 시간을 대폭 줄이고 성공 확률을 높일 수 있는 전용 AI 모델을 구축하는 데 있어 빅테크의 힘이 절대적이게 됐다.

빅데이터 분석으로 질병의 위험도를 예측하는 '바이오인포매틱스(생물정보학)'부터 '디지털 트윈' 기술을 통해 세포, 단백질 등 생체 구성 요소를 가상의 모델로 만들어 인체를 탐구하는 영역도 테크 기업들의 행보가 두드러진 대표적인 바이오 분야다. 시장에선 이를 바이오테크놀로지와 정보통신기술(ICT)을 융합한 '디지털 바이오'로 칭한다.

오픈AI, 구글, 마이크로소프트(MS), 엔비디아 등 빅테크들의 최근 행보에서 눈에 띄는 공통점이 하나 있다. 바로 '바이오'를 미래 먹거리로 삼았다는 점이다. 막대한 자금을 투입해 생성형 AI와 같은 원천 모델을 확보하는 데 성공한 빅테크들은 이제 AI로 소위 돈이 될 수 있는 산업 영역으로 바이오를 겨냥하고 있다.

이유는 명확하다. 인구 고령화와 만성 질환의 증가, 개인 맞춤형 의료 수요 급증 등 헬스케어 시장 확대가 필연적이라는 점에서 바이오는 빅테크에 매우 매력적인 투자 대상이다. 또 바이오 시장 자체가 유전체 정보, 임상 데이터 등 대규모 데이터를 기반으로 한 산업이라는 점에서 빅테크가 갖고 있는 AI, 머신러닝, 빅데이터, 클라우드, 그래픽처리장치(GPU) 등 강력한 디지털 자산과 큰 시너지를 낼 수 있다.

질병 발병 후 치료에 집중했던 기존 의료 시스템에서 벗어나 예방과 관리 중심으로 헬스케어의 축이 이동하고 있다는 점도 빅테크에는 매력적인 요소다. 웨어러블 디바이스, 사물인터넷(IoT) 기기 등 빅테크의 소비자 기술과 접목

판 커진 바이오, 빅테크 속속 참전

스타게이트 vs 딥시크
美中 인공지능 전쟁

AI, 사상 첫 노벨화학상
인류 질병 설계도 확장

빨라진 신약 개발속도
생명공학 혁명기 도래

해 일상 생활 속 디지털 헬스케어로 사업 영역을 확장할 수 있는 가능성이 무궁무진해졌다.

특히 미국, 유럽연합(EU), 중국, 일본 등 대다수 국가가 바이오를 최대 역점 산업으로 키우고 있다는 점도 빅테크에는 장기적으로 시장 주도권을 확보하기 위한 전략적 선택으로 분석된다.

그렇다면 첨단 바이오산업에서 앞장서는 빅테크 첨병으로는 누구를 꼽을 수 있을까. 대표적으로 구글이 있다. 알파벳(구글 모회사) 산하에서 AI를 연구하고 있는 구글 딥마인드는 2018년 생명과학의 역사를 바꿀 혁신을 선보였다. 단백질의 입체 구조를 AI로 예측하는 '알파폴드'의 등장이다. 기존 단백질 구조 분석 방식은 수개월에서 최대 수년이 걸리기도 했지만, 알파폴드는 수일에서 심지어 수시간 내에 높은 정확도로 구조를 예측했다.

2년 뒤인 2020년 구글 딥마인드는 더욱 발전된 알파폴드2를 발표했다. 이 모델은 세계 과학자들이 오랜 시간 풀지 못했던 단백질 구조를 놀라운 정확도로 규명하며 생명과학과 의학 연구의 속도를 크게 앞당겼다는 평가를 받았다.

이 같은 혁신을 인정받은 구글 딥마인드의 데미스 허사비스 최고경영자(CEO)와 존 점퍼 수석연구원은 2024년 노벨 화학상을 수상하는 영예를 안았다. 이는 AI 기술이 과학 연구의 근본적인 도구로 인정받은 역사적인 사건이다.

같은 해 딥마인드는 또 한 번의 도약을 이뤘다. 알파폴드3가 공개된 것이다. 이 최신 모델은 단백질 구조를 넘어 DNA와 RNA는 물론 다양한 생체 분자 간 상호 작용까지 예측할 수 있게 됐다. 생명체의 복잡한 메커니즘을 해석하고 신약 개발과 질병 치료에 실질적으로 기여하는 단계로 진입한 것이다.

딥마인드는 같은 해 알파폴드3의 소스코드를 무료로 공개해 전 세계 과학자들이 자유롭게 연구를 진행할 수 있도록 지원했다.

이와 관련해 2021년 노벨 생리의학상 수상자인 아뎀 파타푸티언 스크립스연구소 교수는 "알파폴드는 내가 경험한 가장 놀라운 과학적 진보 중 하나"라며 "25년 전에는 한 단백질의 구조를 밝히는 데 박사과정 학생이 5년을 투자해야 했지만, 이제는 서열만 입력하면 구조를 알려준다"고 말하기도 했다.

눈여겨봐야 할 대목은 구글이 AI 신약 개발을 위한 솔루션을 제공하는 데 그치지 않고 자체 신약 개발에도 뛰어들었다는 것이다. 구글 모기업 알파벳이 2021년 설립한 자회사 아이소모픽 랩스를 통해서다. 허사비스 CEO는 2025년 1월 스위스 다보스에서 열린 세계경제포럼(WEF)에서 "AI로 설계한 신약을 올해 처음 임상시험할 계획"이라고 밝힌 바 있다.

다른 빅테크 기업도 앞다퉈 AI 치료제 개발 전쟁에 합류하고 있다. 두각을 나타내고 있는 곳은 오픈AI다. 챗GPT로 생성형 AI 시대를 연 오픈AI는 회사가 보유하고 있는 강력한 AI 기술력을 바탕으로 바이오 시장에서 입지 확대에 나선 모양새다.

일례로 오픈AI는 2029년까지 최대 5000억달러(약 700조원)가 투입되는 미국의 초대형 AI 데이터 사업인 '스타게이트'를 주도하고 있다. 미국 전역에 대규모 데이터센터를 구축하는 것이 핵심인 이 프로젝트는 글로벌 AI 경쟁에서 선두 자리를 굳히겠다는 미국의 야심이 고스란히 녹아든 전략적 행보임과 동시에 신약 개발을 가속화하는 등 바이오산업에서도 패권국 지위를 공고히 하려는 국가적 전략이 반영된 행보라는 분석이다.

오픈AI는 스타게이트 프로젝트의 운영을 총괄하며 AI 모델 개발과 연구를 주도하고 있는데, 바이오산업에 특화된 솔루션을 내놓을 가능성이 높은 것으로 알려졌다.

오픈AI가 장수를 연구하는 스타트업인 레트로바이오사이언스와 함께 일반 세포를 젊은 줄기세포로 바꿀 수 있는 단백질 설계 모델 'GPT-4b 마이크로'를 개발한 것도 일맥상통하는 대목이다. GPT-4b 마이크로는 오픈AI가 생명과학 분야에 진출한 첫 번째 AI 모델로, 장기 제작이나 교체 세포를 공급하는 등 인간의 평균 수명을 연장하는 연구에 활용할 수 있을 것으로 회사는 기대했다.

특히 엔비디아의 경우 글로벌 생성형 AI 시장에서 막강한 GPU 공급자로 업계를 주도하는 것과 동시에, 최근 바이오 분야에서도 활발한 투자와 사업 확장을 통해 영향력을 키우고 있다.

일례로 엔비디아는 2023년 제약·바이오 전용 단백질 서열 생성 및 결합 구조 예측 생성형 AI 플랫폼 '바이오니모'를 공개한 바 있다. 당시 엔비디아는 바이오니모를 활용한 AI 신약 개발의 경우 시간과 비용을 기존 전통 개발 방식 대비 최대 7분의 1로 단축할 수 있다고 설명했다.

엔비디아는 이후 성능 고도화 등의 작업을 거쳐 2024년 11월 바이오니모 프레임워크를 오픈소스로 공개하기도 했다.

킴벌리 파월 엔비디아 헬스케어 부문 부사장은 "최근 노벨 화학상 수상에서 알 수 있듯이 AI, 가속 컴퓨팅, 데이터 세트 확장의 융합은 제약 산업에 전례 없는 기회를 제공한다"면서 "생물학적 시스템의 복잡성을 해소하기 위해 우리는 오픈 소스 바이오니모 프레임워크를 도입했으며, 이를 통해 전 세계 연구자들은 생명을 구하는 치료법 개발을 가속화할 수 있다"고 강조했다.

엔비디아는 2025년 1월 미국 샌프란시스코에서 열린 세계 최대 제약 바이오 투자 행사인 'JP모건 헬스케어 콘퍼런스'에서 분자 생성 플랫폼 'GenMol'과 단백질 결합체 설계 혁신 솔루션 'BioNeMo Protein Design Assistant'를 포함한 신규 개발 도구를 발표하기도 했다.

엔비디아는 2023년 미국의 AI 신약 개발 벤처 기업인 리커전 파마슈티컬스에 5000만달러를 투자해 지분을 확보한 바 있다. 이외에도 수퍼루미날메디슨, 테레이테라퓨틱스 등 혁신적인 바이오테크 기업에 지속적으로 투자하고 있다.

메타 역시 AI 신약 개발을 기업의 다음 먹거리로 선언하며 바이오산업 진출을 모색 중이다. 비즈니스 소셜미디어 링크트인의 공동 창립자이자 벤처캐피털리스트인 리드 호프만도 저명한 종양 전문의이자 퓰리처상 수상 작가인 싯다르타 무케르지 박사(미국 컬럼비아대 종양학 교수)와 손잡고 신약 개발 스타트업 마나스 AI를 설립했다. 마나스AI는 AI를 이용해 전립선암이나 림프종, 삼중 음성 유방암과 같은 공격적인 암에 대한 새로운 치료법을 시작으로 약물 발견 프로세스를 가속화한다는 계획이다.

호프만은 "초기 프로젝트 중 하나인 '프로젝트 코스모스'에선 약물 결합의 원리를 규명해 새로운 화학 물질을 역설계하는 것을 핵심 목표로 한다"고 전했다. 그러면서 그는 "신약 개발은 수십억 달러가 투입되고 10년 이상의 시간이 소요되는 복잡한 과정을 거치지만, 마나스AI는 독점적인 화학 라이브러리와 AI 기반 필터를 사용해 신약 후보를 더욱 빠르게 식별하는 등 장기간 소요되는 개발 기간을 단 몇 년으로 단축시킬 수 있다"며 "많은 사람들이 암으로 사망했거나 심각한 암 문제를 겪은 가족, 친구가 있다. 이 분야에서 큰 변화를 가져올 수 있다면 이것이 바로 AI가 인류에게 위대할 수 있는 이유일 것"이라고 설명했다.

해외 빅테크들의 분주한 모습과 달리 한국 정보통신기술(ICT) 업계에선 바이오와 접점을 보이는 곳이 많지 않다.

AI 연구개발에 막대한 자금이 투입되는 만큼 자체 모델을 보유한 토종 AI들은 당장 수익화로 이어질 수 있는 산업군에 더욱 집중하는 모양새다. 이를테면 AI를 접목해 커머스 사업을 확장하거나 기업 고객을 대상으로 AI 서비스를 제공하는 식이다.

이와 관련해 IT 업계 한 고위 인사는 "자본력 싸움에서 밀리는 한국이 빅테크가 주도하고 있는 AI 헬스케어 전쟁에 후발주자로 참여해 승산이 있을지 의구심이 큰 게 사실"이라고 말했다.

가령 자체 AI 모델 '하이퍼클로바X'를 전면에 내세우고 있는 네이버만 하더라도 제약·바이오 시장에서는 별다른 두각을 나타내지 않고

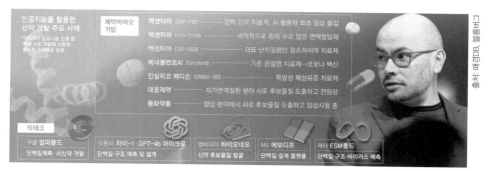

2025년 1월 21일(현지시간) 스위스 다보스에서 열린 세계경제포럼(WEF)에 참석한 데미스 허사비스 딥마인드 최고경영자가 인공지능을 활용한 치료제 개발에 대해 발언하고 있다 .

있다.

코로나19가 확산 일로에 있을 당시 AI를 적용한 치료제 개발 등을 위해 관련 유관 기관과 협약을 맺은 정도다. 이후 후속 대응은 크게 없는 것으로 파악된다. 그때보다 더 고도화된 AI 모델을 현재 갖추고 있지만 정작 AI 신약 개발 등에 대해선 소극적인 분위기다.

네이버는 또 2019년 대웅제약과 AI 신약 개발·연구를 위한 의료 빅데이터 기업 '다나아데이터'를 합작 설립했지만, 큰 시너지 효과를 내지 못하고 결국 독자 노선을 걷는 선택을 했다. 규제 일변도 상황에 의료 데이터로 수익 모델을 구축하는 것이 쉽지 않았다는 게 당시 상황을 잘 아는 관계자의 설명이었다.

상대적으로 네이버는 해외 빅테크들이 점령하고 있는 AI 제약 산업보다는 의료진과 환자를 이어주는 디지털 헬스케어 서비스에 주목하고 있다. 2024년 9월 시범 서비스로 선보인 '네이버케어'(아픈 부위나 증상을 입력하면 예상 가능한 병명과 가까운 진료 병원을 찾아주는 온라인 증상 체크 서비스)나 현재 전국 시군구에서 대거 도입한 '클로바 케어콜'(AI 안부 전화 서비스)이 대표적이다. 이외에도 네이버는 진료 때 의료진이 환자와 나눈 대화를 전자의무기록(EMR) 형태로 자동 작성해주는 '하이퍼클로바 메드', 과거 검진 결과를 요약·분석해 적절한 검진을 추천하는 솔루션 '페이션트 서머리' 등을 고도화하고 있다.

업계 한 관계자는 "AI 모델을 개발하는 것과 AI를 비즈니스로 연결하는 지점에 있어 바이오는 장기전으로 내다봐야 할 영역"이라며 "LG처럼 미래 산업을 대비하는 차원에서 적극적으로 뛰어들 수 있는 국내 기업은 많지 않다"고 귀띔했다.

실제 최근 LG그룹은 노벨 화학상의 숨은 주역으로 꼽히는 백민경 서울대 생명과학부 교수와 손잡고 단백질 구조를 예측하는 AI를 개발하겠다고 선언한 바 있다. 이를 위해 자체 초

구광모 LG그룹 회장이 2023년 8월 미국 보스턴의 다나파버 암센터를 방문해 세포치료제 생산 시 항암 기능을 강화시킨 세포를 선별하는 과정에 대한 설명을 듣고 있다.

거대 AI 모델 '엑사원'을 보유한 LG AI연구원은 백 교수와 공동 연구 계약을 체결하기도 했다. 백 교수는 2024년 노벨 화학상을 받은 데이비드 베이커 미국 워싱턴대 교수의 제자로, 그는 베이커 교수 랩에 있을 당시 단백질 구조 예측 AI인 '로제타 폴드'를 주도적으로 개발한 인물이다.

LG AI연구원은 백 교수 연구팀과 협력해 기존 기술의 한계를 뛰어넘는 단백질 다중 상태 구조 예측 AI를 연내 개발해 신약 개발은 물론 생명 현상의 비밀을 풀 수 있는 연결고리를 찾는다는 계획이다.

구광모 LG그룹 회장은 2024년 말 직원들에게 보낸 신년사를 통해 "난치병을 치료하는 혁신 신약으로 사랑하는 사람들과 오래 함께할 수 있는 미래에 도전할 것"이라며 AI 신약 개발 포부를 밝히기도 했다.

LG그룹의 경우 LG화학이 2023년 당시 약 8000억원에 글로벌 항암 신약 개발사 아베오 파마슈티컬스를 인수하며 본격적인 항암제 시장 진출에 나선 바 있다.

전통 산업의 담대한 도전

최근 바이오 시장에서는 전통 산업에 몸 담았던 굵직한 기업들의 참여가 눈에 띄게 늘어나고 있다. 과거 제약·바이오산업 판도를 잡고 있던 것은 전문적인 제약사나 생명공학 기업이다. 하지만 지금은 식음료, 화학, 자동차, 심지어 패션 기업까지 바이오 시장 진입을 확대하고 있다.

이 같은 흐름의 배경에는 산업 간 경계가 허물어지고 기술 융합이 가속화되면서 전통 산업의 기업들이 자신들이 보유한 제조 기술과 관련 경험을 바이오 분야와 결합해 새로운 사업 기회를 찾으려는 전략적 전환이 자리 잡고 있다. 제조업 중심의 사업 구조가 맞닥뜨린 한계와 전 세계 경제 환경의 불확실성 때문에 신규 먹거리를 찾기 위한 전략적 선택을 하고 있는 것으로 분석된다.

대표적으로 일본의 기린홀딩스는 전통적인 맥주 제조 기술을 기반으로 헬스케어 및 제약 분야에 뛰어들었으며, 프랑스의 안경 기업 에실로룩소티카는 광학 기술을 응용해 헬스케어 웨어러블 기기 시장에 도전장을 내밀었다. 이 외에도 화학기업들은 신약 개발과 바이오 소재 분야에, 자동차 기업들은 바이오 연료 연구로 바이오 시장 진출을 시도하는 등 산업 간 경계가 빠르게 허물어지고 있다.

이웃 나라 일본의 사례가 두드러진다. 100년 기업이자 일본 최대 맥주 회사인 기린홀딩스는 맥주 양조 기술을 기반으로 일찍이 바이오산업에 진출했다. 2007년 자사 제약 부문을 분사해 기린파마를 만들고, 이를 교와하코와 합병해 교와기린이라는 종합 제약회사를 설립했다. 이는 기린이 본격적으로 제약 산업에 뛰어든 시기였다.

특히 기린은 성장 정체기에 직면한 맥주 사업의 돌파구로 건강 과학 분야에 공을 들였다. 2019년 건강식품 및 화장품 기업 판클의 주식 약 33%(의결권 기준)를 사들인 데 이어 2024년 2100억엔을 투자해 이 회사를 완전 자회사로 편입시킨 것이 일례다. 기린은 2023년 호주 최대 건강식품 회사인 블랙모어스를 1700억엔에 사들였다. 주류 중심의 경영에서 벗어

기린홀딩스의 '전자 소금 숟가락' 이미지. 이 제품은 숟가락을 통하는 미세한 전류를 통해 실제로는 짜지 않은 음식도 소금을 넣은 것처럼 짠맛을 느낄 수 있게 해준다.

나 급성장하는 건강 식품 시장에서 승부를 보겠다는 전략에서였다.

일본을 중심으로 아시아권의 빠른 인구 고령화 추세가 두드러지는 가운데 기린은 기능성 식품과 음료로 포트폴리오를 확장하는 것이 승산이 있다고 본 것이다. 이를 보여주듯 기린은 2019년 내놓은 장기 경영 계획(기린그룹 비전 2027)에서 "식음료부터 제약, 의료에 걸친 영역에서 가치를 창조해 세계 CSV(공유가치 실현)의 글로벌 리더가 되겠다"는 목표를 제시한 바 있다.

특히 지난 2년간 약 4조원을 투자해 헬스 사이언스 영역을 강화한 기린은 블랙모어스, 판클 등을 주축으로 아태 최대 종합 건강 식품회사로 거듭나겠다는 포부다. 요시무라 도루 기린 홀딩스 헬스 사이언스 사업 부문 대표는 2025년 3월 기자간담회에서 "개인이 맞닥뜨리게 되는 건강 관련 이슈를 맞춤형으로 해결하는 제품 공급이 목표"라고 말했다.

기린은 2024년 5월 저염식을 먹더라도 소금을 충분히 넣은 음식처럼 짠맛을 느낄 수 있게 해주는 일명 '전자 소금 숟가락'을 출시하며 디지털 헬스케어 기기로 영역을 확대했다. 이 제품은 인체에 영향이 없는 미세한 전류를 이용해 숟가락의 스위치 작동만으로 짠맛의 강도를 조절한다. 이에 앞서 2023년에는 유사한 원리의 '전자 젓가락'도 선보인 바 있다.

조미료(MSG)로 유명한 일본의 식품 대기업 아

지노모토도 발효를 통해 아미노산을 대량 생산해오던 식품·화학 제조 역량을 살려 바이오 의약품 분야로의 진출을 꾀했다. 2018년 미국 바이오 의약품 위탁개발생산(CDMO) 기업 앨시어 테크놀로지스를 인수하고 벨기에 옴니켐과의 합작사를 합병해 아지노모토 바이오 파마 서비스를 출범시켰다. 이후 생물의약품 생산 서비스를 글로벌로 확장했고, 2023년에는 미국의 포지 바이올로직스를 약 5억5000만달러에 인수하는 등 유전자 치료제 위탁생산 분야

까지 진출했다.

필름 산업을 통해 아날로그 카메라 시대를 주도했던 후지필름의 변신도 놀랍다. 후지필름은 디지털 카메라와 스마트폰의 등장으로 전통 필름 산업이 급속도로 쇠퇴했던 1990년대 후반부터 2000년대 초반, 적극적인 구조개혁을 통해 사업의 중심축을 바이오로 옮겼다. 창업 70주년을 맞이한 2004년 후지필름은 '생존을 위한 제2의 창업'을 선언하며 '탈(脫) 필름' 정책을 적극 펼치기 시작했다.

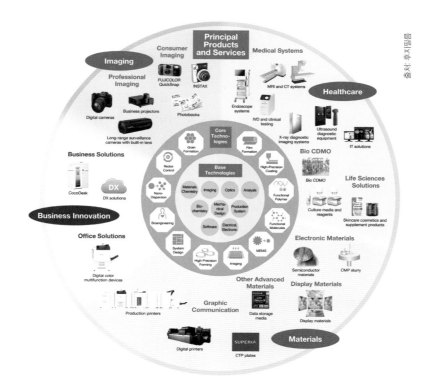

후지필름의 필름 기술을 바탕으로 확장된 다양한 사업 카테고리. 후지필름은 본업의 경험을 연결 지어 바이오로 사업의 중심축을 재편하는 데 성공했다.

2008년 일본 유수의 제약회사 도야마화학을 인수하며 의약품 개발에 발을 들였고, 2011년에는 당시 제약 업계 세계 2위였던 독일 머크의 바이오 자회사 두 곳을 비롯해 미국 초음파 진단 장비 제조 업체 소노사이트 등을 잇따라 인수하며 바이오 의약품 사업을 확장했다. 2017년엔 일본 최대의 연구용 시약 개발 업체인 와코퓨어 케미컬 인더스트리스도 사들이며 신약 개발 부문의 성장을 가속화했다.

한 발 더 나아가 후지필름은 일본 최대 바이오 CDMO 기업인 후지필름 다이오신스 바이오테크놀로지를 통해 글로벌 시장 확대에도 공격적으로 나서고 있다.

후지필름은 2021년 3월 미국 노스캐롤라이나를 북미 최대 세포배양 바이오 의약품 CDMO 생산 지역으로 선정하고, 20억달러를 투자할 계획이라고 밝힌 바 있다. 이후 2024년에는 대규모 세포배양 CDMO 사업에 12억달러를 추가 투자하기로 하면서 노스캐롤라이나에 계획된 후지필름의 총 투자 규모는 32억달러로 확대됐다.

2025년 초기 시설 가동을 시작으로 2028년에 본격 운영에 들어가는 이 시설의 경우 완공되면 북미에서 가장 큰 세포배양 바이오 의약품 CDMO 시설 중 하나가 될 것이라는 게 시장 분석이다.

의료용 화상 관리 시스템(PACS)은 후지필름이 가장 먼저 진출한 바이오산업이다. 창업 초기부터 의료용 엑스레이 필름을 개발하며 쌓아온 경험을 토대로 1999년에는 자체 기술력과 미국 항공우주국(NASA) 출신 인력 등을 적극 활용해 독자적인 PACS인 'SYNAPSE'를 내놓기도 했다. 이후 2021년 히타치제작소의 화상 진단기기 사업부를 인수하는 등의 적극적인 투자 행보를 통해 후지필름은 현재 PACS 선두 기업으로 올라섰다.

유럽에도 본업을 넘어 바이오로 보폭을 넓힌 기업들이 있다. 세계 최대 안경 제조 · 유통 회사인 에실로룩소티카가 대표적이다. 에실로룩소티카는 2017년 글로벌 시장 점유율 1 · 2위였던 안경 렌즈 제조사 에실로와 안경테 및 선글라스 등을 판매하는 룩소티카가 합병해 탄생한 거대 패션 기업이다.

최근 이 회사는 시력과 청력을 아우르는 헬스케어 웨어러블 및 안과 의료기기에 힘을 싣고 있다. 일례로 에실로룩소티카는 시력 교정용 스마트 안경과 보청기 기술을 결합한 혁신 제품인 '뉘앙스 오디오'를 개발해 2025년 3월 미국 식품의약국(FDA) 승인을 받고 유럽연합(EU)의 의료기기 규정 CE 마크를 획득해 시장 판매를 목전에 두고 있다.

세계 최대 가전 · IT 전시회 CES에서도 공개된 바 있는 뉘앙스 오디오는 사용자가 바라보는 방향에서 나오는 소리를 해당 안경에 장착된 마이크 등을 통해 증폭해서 들려준다. 이에 대해 에실로룩소티카 관계자는 "보청기 기능을 갖추고 있지만 외관상으로 보면 일반 안경과 큰 차이가 없어 패션 아이템으로 탁월하다"고 강조했다.

보쉬의 비발리틱 PCR 검사는 한 시간 이내에 세균성 수막염을 감지할 수 있다.

특히 에실로룩소티카는 2024년 독일의 의료 기기 전문기업 하이델베르크 엔지니어링의 지분 과반을 인수했다. 하이델베르크 엔지니어링은 안과 진단을 위한 첨단 영상 장비를 전문적으로 생산하는 글로벌 회사로 망막, 각막 및 녹내장과 같은 안과 질환의 진단과 모니터링을 위한 기술 개발에 주력하고 있다. 에실로룩소티카는 하이델베르크 엔지니어링의 최첨단 망막 진단 장비 '스펙트랄리스' 등을 통해 첨단 바이오 기기로 사업 영역을 확대한다는 계획이다.

에실로룩소티카는 같은 해 12월 이탈리아의 안구 건조증 치료 등 비침습 안과치료 기기 전문 업체 에스판시오네그룹을 인수하는 계약을 체결했다.

업계에선 에실로룩소티카가 디지털 검안기기, 안과 수술 가이드 장비부터 청각 보조 스마트 안경까지 확보하며 단순 안경 기업에서 광학 헬스케어 기업으로 변모하고 있다는 분석이 나온다. 특히 에실로룩소티카의 이러한 행보는 패션과 광학의 교차점에서 의료 기술의 혁신을 선도하려는 전략으로 평가되고 있다.

세계 최대 자동차 부품 기업 보쉬는 전통 모빌리티 산업을 넘어 첨단 의료기기 분야로 사업을 확장한 사례다. 보쉬는 2020년 자사의 분자진단 장비 '비발리틱'이라는 초고속 PCR(유전자 증폭) 검사 시스템을 선보였다. 이 진단 키트는 코로나19 바이러스를 39분 만에 정확히 검출해 화제가 되기도 했다. 비발리틱의 경우 다양한 코로나 바이러스 검사와 변수 분석

전략을 통해 유사한 증상을 보이는 질병에 대한 선별 검사는 물론 감별 진단 지원에 이르기까지 다양한 검사 시나리오를 제공한다. 특히 이 진단기기는 2020년 기준 세계 최초로 하나의 테스트 카트리지에서 5개의 샘플을 동시에 평가할 수 있는 역량을 갖췄다고 보쉬는 설명했다.

이에 머물지 않고 보쉬는 비발리틱 플랫폼을 통해 진단 카테고리를 노로 바이러스, 로타 바이러스, 백일해 등으로 확장했다. 특히 1시간 이내로 위장염 병원균 3가지를 동시에 자동 감지할 수 있는 세계 최초 사례를 만들기도 했다. 2025년에도 보쉬는 1시간 이내에 세균성 뇌수막염의 원인균 6종을 동시 진단하는 카트리지를 내놓으며 첨단 진단 시장 내 강력한 입지를 공고히 했다.

스테판 짐머만 하이델베르크 대학병원 감염병센터 선임 의사는 "세균성 뇌수막염은 의학적으로 절대적인 응급 상황이다. 뇌수막염으로 인한 사망과 영구적인 손상을 예방하기 위해선 병원에서 신속하고 표적화된 항생제 치료가 필수"라며 보쉬의 비발리틱 검사가 중요한 역할을 하고 있다고 강조했다.

다국적 종합 산업 기업 제너럴 일렉트릭(GE)은 별도의 헬스케어 부문(GE 헬스케어)을 통해 의료 영상 장비와 세포치료 생산장비 개발에 주력해왔으며, 독일의 기술 기업 지멘스 역시 제약 생산 공정의 자동화 솔루션을 제공하며 바이오 제조 분야와 협력하고 있다. 특히 100년이 넘는 역사를 가진 GE가 2022년 별도 법인으로 야심 차게 출범시킨 GE 헬스케어의 경우 암, 심장병, 신경 질환과 같은 질병을 조기에 진단하고 치료할 수 있는 솔루션을 제공하고 있다. GE 헬스케어는 2025년 3월 오스트리아 빈에서 열린 유럽영상의학회(ECR)에서 첨단 AI 및 디지털 기술을 접목한 최신 영상 촬영·진단 솔루션을 공개하기도 했다.

2025년 3월에는 중국 최대 통신장비 업체 화웨이가 공식적으로 '의료 보건팀'을 구성해 AI 보조 진단 솔루션 시스템 구축에 중점을 두겠다고 발표했다. 화웨이는 의료 특화 생성형 AI 모델을 활용해 빠르고 정밀한 바이오 진단 시장을 겨냥하겠다는 목표다. 특히 화웨이는 단순히 AI 의료 기술을 제공하는 공급사의 역할에 그치지 않고 중국의 AI 바이오 생태계를 주도하는 리더로서의 입지를 굳히겠다는 전략이다. 이와 관련해 시장에선 화웨이가 중국 내 기술 국산화의 중심에 있는 핵심 기업이라는 점에서 중국의 AI바이오 주권을 지킬 첨병 역할을 할 것이란 시각이 나온다.

패트릭 호버
노바티스 인터내셔널 사장

"

한국 의료 인력 우수…
5년 내 바이오 혁신 국가 가능

"

글로벌 바이오 전쟁 중심에는 다국적 제약사가 있다. 유럽 최대 바이오 클러스터가 있는 스위스는 글로벌 제약사의 메카다. 바이오 강국 스위스에서도 주축을 이루는 기업이 바로 세계 10대 제약사인 노바티스다. 전 세계 130여 개국에 진출했는데, 연 매출만 60조원이 넘는다. 패트릭 호버 노바티스 인터내셔널 사장을 만나 바이오 혁신 비결과 K바이오의 성장 가능성을 들어봤다.

▶스위스 제약 기업이 전 세계적으로 강해진 비결이 궁금하다.

—스위스가 혁신적인 것은 우리가 많은 혁신 산업을 가지고 있기 때문이다. 그중 하나가 제약 산업이다. 우리가 혁신 산업을 가질 수 있었던 배경에

는 지식재산권에 대한 강한 보호 문화가 자리 잡고 있다. 스위스 정부는 혁신과 새로운 기회에 투자하기 위해서는 지식재산권이 필요하다는 것을 인식하고 있다. 만약 그러지 않는다면 실패율이 90%에 달하는 제약 산업에서 새로운 작용 방식을 시험하거나 제품에 재투자할 수는 없을 것이다. 스위스 제약의 또 다른 강점은 많은 인재를 갖고 있다는 점이다. 우리에겐 매우 높은 수준의 대학들이 있다. R&D 측면에서 학계와 협력할 수 있는 토양이 두껍다. 파트너십 역시 중요한 요인이다. 스위스 바이오 클러스터는 혁신을 추진할 수 있는 국가의 기반이 됐다.

▶노바티스는 연 매출의 20%인 90억달러를 R&D에 투자한다. 임상 프로젝트는 100개 이상이나 진행하고 있다. 많은 사업을 진행하는데, 실패하는 것에 대한 두려움은 없나.

—실패를 걱정한다면 혁신을 시장에 내놓지 못할 것이다. (도전은) 민간 제약 회사로서 우리가 치르는 대가다. 우리의 목표는 혁신을 추구하는 것이다. 제약 산업에서 성공률은 일반적으로 봤을 때 10%다. 하지만 이는 실패한 90%가 미래의 성공에 도움이 되지 않는다는 뜻은 아니다. 많은 임상시험에서 실패하지만, 우리는 동시에 실패로부터 배운다. 이 과정에서 AI가 도움이 될 수 있다. 우리가 가진 모든 데이터를 데이터베이스에 보관하고, AI를 통해 미래 성공률을 높이는 것이다. 따라서 우리는 실패를 불안하거나 두려워하지 않는다. 실패는 우리 비즈니스 모델의 일부다.

▶한국 제약 회사들은 글로벌 빅파마에 비해 상대적으로 규모가 작다. 실패를 우려할 수밖에 없다.

이 같은 상황을 극복하려면 어떻게 해야 하나.

—한국 바이오텍 기업들에 중요한 것은 다른 대형 제약 회사들과 협력하는 것이다. 대형 제약사들은 10개 투자 중 1개만 성공하고 9개는 실패할 것임을 알면서도 투자할 의향이 있는 기업들이다. 혁신을 일구려면 90%는 실패하고 10%만 성공할 수 있다는 점을 인식해야만 한다. 현재 한국에서는 의약품의 단 13%만이 혁신적인 의약품이다. 나머지는 제네릭이나 바이오시밀러다. 이는 혁신적 의약품의 가격이 훨씬 높기 때문에 나타난 현상이다. 다만 이렇게 형성된 높은 가격은 기업이 연구에 재투자하는 데 도움을 준다. 따라서 한국 정부는 새로운 의약품에 투자하면서, 더 높은 가격을 지불할 의지가 있어야 한다. 만약 그러지 않으면 한국 제약 산업은 기대했던 것만큼 성장이 빠르게 나타나지 않을 것이다.

▶전 세계적으로 제약 회사와 빅테크 기업 간 협력이 증가하고 있다. 노바티스는 이에 대해 어떻게 준비하고 있나.

—우리는 다년간 기술 기업, 특히 AI 기업과 협력해 왔다. 마이크로소프트나 슈뢰딩거 등 다양한 파트너와 협력하며 AI를 활용하고 있다. 분자를 식별하는 데도 AI를 사용한다. 소분자 분석의 경우 마이크로소프트와 파트너십을 맺고 있고, 생물학적 제재를 식별하는 데는 일반적인 생명 과학계와 협력 관계를 이어가고 있다. AI를 사용해 임상시험을 더 빠르게 마치는 작업을 하고 있다.

▶구글 딥마인드의 알파폴드에 대한 평가가 듣고 싶다.

—구글 딥마인드는 많은 데이터를 갖고 있다. 우리가 마이크로소프트와 하고 있는 협력과 매우 유사하다. 우리는 수년간 분자를 연구개발하면서 자체 데이터베이스를 구축했다. 여기에는 당연히 단백질 구조에 대한 정보가 포함됐다. 마이크로소프트와 협력해 올바른 단백질을 식별하고, 이를 통해 더 빠르게 적절한 분자를 찾을 수 있다. 내부 데이터와 외부에서 이용 가능한 데이터를 활용하고 AI를 사용해 현재 해결책이 없는 질병을 치료할 수 있는 분자들을 훨씬 더 빠르게 식별하는 것이다. 무엇인가를 억제하거나 촉진하는 게 질병 치료 과정의 핵심이다. 이 과정은 비유컨대 열쇠를 이용해 자물쇠를 여는 것과 같다. 자물쇠는 단백질이고, 열쇠는 우리가 찾는 억제제다.

▶최근 많은 다국적 제약사들이 비만 치료 시장에 진출하고 있다. 반면 노바티스는 주로 암 치료제에 집중하고 있다. 이런 상황이 걱정되지는 않나.

—비만 치료에 집중하는 두 개의 주요 회사(일라이 릴리, 화이자)가 있다. 이들이 앞으로 비만 시장을 주도할 것이다. 노바티스는 지금 그 흐름에 뛰어들어 이미 나와 있는 것과 비슷한 제품을 내놓지는 않고 있다. 현재 출시된 GLP-1(식욕을 억제하는 항비만 물질)의 문제점은 체중이 줄지만 동시에 근육량도 줄어든다는 것이다. 이는 결국 사용자가 원하지 않는 결과를 초래할 수 있다. 우리는 비만 치료 부문에서 새로운 작용 기전을 찾고 있다. 예를 들어 투여 빈도를 조절하거나 근육이 좀 더 잘 보존되도록 돕는 식이다. 비만 분야에서 어떤 기회가 있을지 살펴보고 있다. 하지만 이게 우리의 주요 관심사는 아니다. 우리가 집중하는 분야는 방사성 치료법인데 이 부문에서 향후 노바티스가 성장을

이끌 수 있는 기회가 있다고 본다. 현재 우리가 보유한 전립선암 치료에 국한하지 않고, 뇌암, 대장암, 폐암과 같은 다른 종류의 종양에 대해서도 더 연구할 것이다.

▶방사성 의약품 치료 부문에서 한국의 강점은.

—노바티스는 한국의 여러 파트너들과 가능한 한 모든 곳에서 협력하고 있다. 방사성 치료에 대해서는 아직 협력하지 않았기 때문에 어떤 잠재적 파트너십이 가능할지 살펴봐야 할 것이다. 우리는 한국과 깊게 협력하고자 하는 의지를 갖고 있다. 예컨대 제조 측면에서는 삼성바이오로직스와 협력해 한국과 아시아를 위한 제품을 생산하고 있다. CKD라는 회사와도 라이선싱 계약을 맺고 여러 질병 치료를 위한 협력을 하고 있다. 한국은 우리의 세계 최대 시장 중 하나다. 한국은 경제적으로 성장하는 시장이면서 건강이 사회에 매우 중요하다는 사실도 잘 인식하는 시장이다. 한국 정부와 여러 의료 기업들의 좋은 파트너가 되고자 한다.

▶한국은 개발보다는 생산, 특히 바이오시밀러와 첨단 의약품 위탁개발생산(CDMO)에 중점을 두고 있다. 한국 바이오 기술 성장을 위해 조언을 해준다면.

—조언은 필요 없을 것 같다. 한국은 이미 매우 훌륭히 일을 해내고 있다. 숙련된 의료 전문가들과 과학자, 연구원들이 있어 앞으로 더 혁신적인 분자 개발로 나아갈 수 있는 기반이 마련됐다. 앞으로 5~10년 안에 한국이 더 혁신적인 국가가 될 것이라고 믿는다. 다만 한 가지 강조하고 싶은 부분은 혁신적인 의약품으로 환자를 치료하려는 정부의 의지가 중요하다는 것이다. 이미 설명했듯이 현재

한국 환자에게 제공되는 의약품 중 약 13%만이 혁신적인 의약품이다. 나머지 87%는 제네릭이나 바이오시밀러와 같은 의약품이다. 한국에서 혁신을 추진하려면 정부가 더 많은 투자를 해야 한다. 환자들을 치료하는 데 더 혁신적인 의약품을 사용하도록 해야 한다.

▶기술 개발 속도를 빠르게 하기 위해 정부이나 기업이 어떤 노력을 해야 할까.

—결국은 파트너십을 맺는 것이 중요하다. 일례로 심혈관 질환은 치료하기 가장 어려운 질병 중 하나다. 전 세계적으로 사람들이 사망하는 주요 원인이다. 암도 마찬가지다. 우리는 이 치료 영역에 모두 참여하고 있는데, 더 많이 협력할수록 더 빨리 기술이 발전할 수 있다. 정부 차원의 투자와 지식재산권 보호도 새로운 의약품 개발에 속도를 내기 위해 중요하다. 한국은 이미 이 부분에 있어서는 상당한 진전을 이뤘다.

▶현재 협력하는 회사 이외에 한국과 협력할 생각이 있는가.

—항상 기회를 찾아보겠다. 우리는 스위스, 미국, 유럽에서만 협력 관계를 찾고 있지 않다. 아시아에서도 기회를 찾고 있다. 현재 빠르게 성장하고 있는 한국, 중국과 일본이 대표적이다. 이 세 국가는 규모와 경제력 측면에서 중요한 곳이면서 엄청난 성장 기회를 보고 있는 시장이다.

김홍열
국가생명공학정책연구센터장

"
협력 생태계, 디지털 전환이
K바이오 성패
"

신약 개발 과정에서 인공지능(AI)과 빅데이터 활용은 이제 신기술을 넘어 업계 표준이 됐다. 바이오 연구의 패러다임이 급변하고 있는 지금, 한국 바이오산업이 글로벌 경쟁력을 확보하기 위한 대안은 무엇일지 고민이 필요할 때다. 2021년 생명공학육성법에 근거해 생명공학정책전문기관으로 지정된 국가생명공학정책연구센터를 이끄는 김홍열 센터장의 목소리를 들어봤다.

▶한국이 글로벌 경쟁력을 쌓을 수 있는 해법은.

−버추얼 바이오 클러스터 창출이 있다. 버추얼 바이오 클러스터는 디지털 네트워크를 기반으로 연구개발(R&D) 전 과정을 연결해 협업을 고도화하는 가상 바이오 혁신 생태계다. 기존 바이오 클러스터가 물리적·집적 중심이었다면, 버추얼 클러스터는 연구자들이 가상 공간에서 실시간으로 협력할 수 있는 환경을 조성한다. 이를 통해 연구비 절감, 속도 향상, 신약 개발의 성공률 제고 등의 효과를 기대할 수 있으며, 글로벌 연구 협력 측면에서도 장점이 있다. 바이오산업이 AI 기반으로 빠르게 디지털 전환을 하는 가운데, 버추얼 바이오 클러스터는 R&D 패러다임을 혁신하는 핵심 플랫폼이 될 수 있다.

▶한국 바이오산업의 문제점은 무엇인가.

−한국의 바이오산업은 빠르게 성장했지만 글로벌 시장에서의 입지는 여전히 미미하다. 2022년 기준 세계 바이오산업 시장 규모가 2조달러(약 2900조원)에 이르는 가운데 한국 기업들의 시장 점유율은 1.5%에 불과하다. 그리고 대부분의 바이오 기업은 영세하다. 50명 미만의 기업이 전체의 63.8%를 차지하며 1000명 이상의 대형 기업은 3.1%에 불과하다. R&D 투자 규모 역시 글로벌 대형 제약사 한 곳의 투자 규모에도 미치지 못하는 수준이며, 전체 바이오 기업 중 80~85%는 비임상 단계에서 머물러 있어 신약 개발의 실질적인 성과를 내기 어려운 구조적 문제를 안고 있다.

이러한 현실에서 한국의 바이오 클러스터는 전국적으로 분산된 형태로 운영되고 있다. 이는 R&D 자원의 집중을 어렵게 만들고, 글로벌 기업과의 협력 기회마저 제한하는 결과를 초래하고 있다. 선도국 미국에서조차도 보스턴 등의 바이오 클러스터에 역량이 집중되고 있는 것과 대비된다. 한국은 물리적 분산화로 연구자 간 협업이 제한되고, 생태계의 규모가 충분히 형성되지 못하고 있다. 지금과 같이 간다면 글로벌 바이오산업에서 경쟁력을 갖는 클러스터를 확보하기 어려워 보인다.

▶ **한국 바이오산업에 유리한 변화는 없는가.**

−디지털 혁신이 가속화되면서 롱테일 경제학이 바이오산업의 구조적 변화를 촉진하고 있다. 롱테일 경제는 일부 대형 히트 상품에 의존하는 기존 시장 논리와 달리 다양한 틈새시장과 기술 축적으로 작지만 지속적인 수익 창출이 가능하다. 대형 기업 중심의 시장에서 벗어나 중소 규모 다양한 기업들에 새로운 성장 기회를 제공하는 산업 구조의 근본적 변화가 일어난다는 의미다.

이는 바이오산업에서도 유효하다. 신약 개발이 저분자 화합물 중심에서 바이오 신약(항체, 유전자 치료제 등)으로 이동하는 가운데, 다국적 제약사들은 특허 만료에 따라 신규 성장 동력 확보가 절실한 상황이다. 이에 신기술 등을 보유한 중소 바이오 기업과의 협력이 증가하고 있다. 특히 바이오 분야에서도 디지털 전환으로 규모의 경제보다는 기술과 데이터 역량이 중요한 요소로 부상하고 있다. 대형 제약사 중심의 신약 개발 패러다임을 넘어 소규모 바이오 기업도 혁신의 주체가 될 수 있다는 말이다.

▶ **한국의 중소 바이오 기업에 필요한 지원은.**

−디지털 바이오 시대에도 AI · 데이터 자원 확보와 글로벌 규제 대응은 중소기업이 독자적으로 감당하기 어렵다. 희귀 질환 치료제와 맞춤형 의약품 시장은 높은 의료적 필요성 · 가격으로 상당한 사업 기회를 제공하지만 환자 데이터 부족, 복잡한 규제, 개발 비용 부담은 중소기업에 진입 장벽으로 작용해왔다. 하지만 분산된 연구 역량을 통합하고 개발 비용을 분산시키는 디지털 협업 플랫폼 지원으로 중소 바이오 기업도 이 유망 시장에 도전할 기회를 확장해줄 수 있다.

▶ **보다 구체적으로 설명해달라.**

−버추얼 바이오 클러스터가 바이오산업의 롱테일 전략을 실현하는 핵심 인프라가 될 수 있다. 개별 기업이 감당하기 어려운 디지털 자원을 공동 활용하고, 실험 데이터를 실시간으로 공유하며, 글로벌 네트워크와 연결될 수 있도록 함으로써 혁신의 문턱을 낮춘다. 또 규제 대응을 지원하고 신약 개발의 속도를 높이며, 개별 기업이 자체적으로 구축하기 어려운 혁신 요소들을 통합적으로 제공해 바이오산업의 디지털 전환을 촉진할 수 있다.

결국 버추얼 바이오 클러스터는 기존 바이오 클러스터 전략의 진화된 모델이다. 이는 물리적 공간을 기반으로 한 집적 연구 단지의 '가상 버전'에 해당하며, 개별 기업이 아니라 하나의 강력한 R&D 생태계로 작동하도록 지원한다. 롱테일 경제가 중소 바이오 기업들에 새로운 가능성을 열어주었다면 버추얼 바이오 클러스터는 이들을 연결해 보다 강력한 협력 모델을 창출한다는 점에서 의미가 있다. 결과적으로 버추얼 바이오 클러스터를 통해 한국의 바이오산업은 대기업 중심 모델을 넘어 지속 가능하고 경쟁력 있는 개방형 혁신 생태계로 발전할 수 있을 것이다.

▶ **다른 산업과 달리 바이오산업에서 특히 가상 클러스터가 유용한 이유는.**

−하버드 비즈니스스쿨의 게리 피사노는 바이오산업이 일반적인 기술 산업과 달리 긴 R&D 주기, 높은 불확실성, 다학제적 융합 요구, 지식 단절이라

는 네 가지 핵심 특성을 지닌다고 분석했다.

버추얼 바이오 클러스터는 이러한 과학 비즈니스의 구조적 한계를 디지털 혁신으로 극복할 수 있다. 바이오산업의 긴 R&D 주기와 대비해 버추얼 클러스터는 유연하다. 바이오산업의 신약 개발은 평균 10~15년의 긴 주기와 막대한 비용이 요구된다. 버추얼 바이오 클러스터는 이러한 시간적 제약을 효과적으로 관리할 수 있는 새로운 접근법을 제시한다. 물리적 장벽을 넘어 여러 지역의 연구자들이 데이터와 통찰력을 실시간으로 공유하며, AI 기반 분석으로 후보 물질 평가를 가속화하고, 클라우드 기반 협업 도구로 연구 진행 상황을 투명하게 관리하기 때문이다. 주목할 점은 개별 기업에서는 단순 실패로 간주됐을 실험 결과도 가상 클러스터에서는 새로운 의미를 가진다. 통합 데이터베이스에 축적돼 산업 차원의 학습 자원으로 활용됨으로써 장기적으로는 신약 개발 주기를 단축하고 성공률을 개선하는 데 기여할 수 있다는 것이다.

높은 불확실성 문제는 개방형 개발로 해결한다. 바이오산업은 R&D의 성공 가능성이 극도로 낮고, 제품화까지 도달하지 못하는 경우가 빈번하다. 신약 개발 과정에서 후보 물질이 최종 시장 출시까지 도달하는 확률이 0.01% 수준에 불과하다는 점은 이 산업의 불확실성을 극명하게 보여준다. 버추얼 바이오 클러스터는 개방형 협업을 통해 불확실성을 분산하는 기능을 수행한다. 기존의 폐쇄적인 R&D 방식과 달리 다양한 연구기관과 기업이 서로의 데이터를 공유하고 검증한다. 개발 속도 가속과 함께 실패 경험도 공유해 동일한 실험이 반복되는 비효율성을 줄일 수 있다.

▶유연성 · 개방성 외 또 다른 장점은 없는가.

ㅡ가상 클러스터는 학제 융합을 장려하는 기능도 있다. 바이오산업은 생명과학, 화학, 데이터과학, 공학 등 다양한 학문이 융합돼야 하는 대표적인 다학제적 산업이다. 그러나 개별 기업이 자체적으로 모든 학문적 역량을 갖추는 것은 현실적으로 불가능하다. 이를 해결하기 위해서는 다양한 분야의 연구자들이 효과적으로 협력할 수 있는 체계가 필요하다.

버추얼 바이오 클러스터는 다학제적 융합이 원활하게 이루어질 수 있는 네트워크 기반 연구 환경을 제공한다. 연구자들은 물리적 거리의 한계를 넘어서 다양한 분야의 전문가들과 협력할 수 있으며, 필요할 때마다 특정 분야의 기술을 보유한 연구팀

과 보다 쉽게 모일 수 있다. 이러한 유기적인 협력은 R&D의 생산성을 높일 수 있다.

지식 단절을 막고 조직적으로 지식을 축적할 수도 있다. 바이오산업에서는 R&D 과정에서 축적된 경험과 데이터가 매우 중요한 자산이다. 그러나 기존의 R&D 모델에서는 개별 기업이 축적한 지식이 외부로 공유되지 않으며, 기업이 도산하거나 연구자가 이직하면 중요한 연구 노하우가 손실되는 문제가 발생한다.

버추얼 바이오 클러스터는 R&D 데이터를 체계적으로 축적하고 공유할 수 있는 구조를 제공함으로써 조직적 학습을 촉진하는 역할을 한다. 연구자들은 플랫폼을 통해 과거 연구 데이터를 검색하고 활용할 수 있으며, 개별 기업이 실패한 연구도 산업전체의 자산으로 전환될 수 있다. 이처럼 데이터와 경험이 축적될수록 R&D의 성공 가능성이 높아지고 연구 속도 역시 향상될 수 있다.

결국 버추얼 바이오 클러스터는 기존 클러스터 모델과 경쟁하는 개념이 아니다. 과학 비즈니스의 특성을 반영해 R&D의 효율성을 제고하고, 혁신적 바이오 생태계를 조성할 수 있는 새로운 플랫폼으로 자리 잡을 수 있다.

▶최근 AI 기반 바이오 혁명이 화제다. 가상 클러스터가 AI 관련해 가지는 장점은.

-버추얼 바이오 클러스터는 AI 기술의 바이오산업 적용을 통합적으로 지원하는 플랫폼이다. 미국, 중국, 유럽연합(EU) 등 주요국은 국가 경쟁력의 핵심으로 첨단 바이오 파운드리에 투자하고 있는데, 그다음 단계가 버추얼 바이오 클러스터로 생각된다.

미국 에너지부(DOE)의 애자일 바이오 파운드리는 7개 국립 연구소의 전문성을 결합했다. 민간 바이오산업의 연구 상용화 시간과 비용을 절감하도록 지원하며, 사물인터넷(IoT) 기반으로 실험 장비와 연구 데이터를 공유한다. 이와 같이 버추얼 바이오 클러스터도 지역별 특화된 연구 시설을 연계하고, 연구자가 거리 제약 없이 첨단 장비와 데이터를 활용하도록 지원할 수 있다. AI가 지원하는 실험으로 데이터를 축적하고 활용하는 이상적인 환경을 구축할 수 있는 셈이다.

종합해서 버추얼 바이오 클러스터는 AI 기반 자동화 실험이 R&D의 표준이 되는 환경을 조성한다. AI 역량을 공유 자원으로 제공해 개별 기업의 한계를 뛰어넘는 집단 지능을 구현할 수 있다.

▶규제 부문에서 개선해야 할 점은.

─디지털 전환 시대에 바이오산업은 혁신과 함께 새로운 불확실성에 직면해 있다. 바이오 분야가 규제 산업이라는 특성상 유전자 편집과 같은 첨단 기술의 급속한 발전은 기존 규제 체계의 한계를 드러내고 있다. 이러한 상황에서 사후적 규제보다는 예측적 거버넌스 방식의 접근이 필요하다.

예측적 거버넌스의 성공은 강력한 전략적 싱크탱크 기능에 달려 있다. 기존 물리적 클러스터의 핵심 한계 중 하나가 전략적 싱크탱크 기능의 약화다. 특히 수도권을 벗어난 지방 클러스터일수록 정책 결정 중심부와의 거리, 전문 인력 확보의 어려움, 정보 접근성 제한으로 인해 전략적 통찰력이 저하되는 경향이 있었다. 버추얼 바이오 클러스터는 지리적 한계를 초월해 전국의 연구 역량과 데이터를 하나로 통합함으로써 국가 전체를 조망하는 확장된 싱크탱크 기능을 구현할 수 있다. 이는 단순한 기존 기능의 보완이 아니라 분산된 지식을 집단 지성으로 전환해 글로벌 수준의 전략적 사고를 가능케 하는 질적 도약이다.

버추얼 바이오 클러스터는 신기술의 발전 방향과 영향을 실시간으로 분석하고, 불확실성을 줄여 적절한 정책 대응을 가능하게 한다. 이러한 데이터 생태계는 기술 평가, 정책 수립, 규제 설계 과정을 실시간으로 최적화할 수 있다. AI와 빅데이터를 활용해 기술 발전 궤적을 예측하고, 신기술의 사회적 수용성과 규제 적합성을 사전에 검토해 혁신과 안전을 동시에 확보할 수 있다.

▶끝으로 하고 싶은 말이 있다면 해달라.

─AI가 단순한 도구를 넘어 독립적인 연구 주체로 진화하고 있다는 점에 주목하고 있다. 이제 AI는 스스로 데이터를 학습하고 최적의 해석을 생성하며, 연구자와 협력하는 기능을 수행한다. 버추얼 바이오 클러스터에서 이러한 AI의 발전은 전체 시스템의 역량을 기하급수적으로 증폭시킬 것이다. 버추얼 바이오 클러스터는 한국 바이오산업이 글로벌 시장에서 경쟁력을 확보하기 위한 핵심 인프라로, 디지털 혁신과 집단 지성을 통해 현재의 구조적 한계를 극복하고 지속 가능한 성장 모델을 구축하는 전략적 무기가 될 수 있다.

2부

맞춤형 바이오가 뜬다

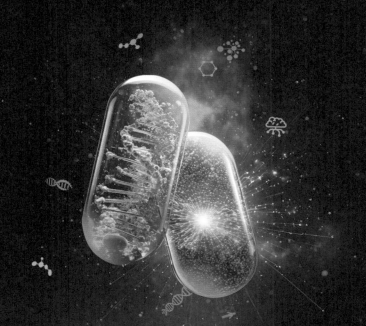

2025년 CES 휘어잡은 디지털 헬스

전 세계 디지털 헬스케어 시장 규모

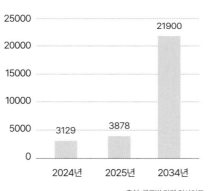

단위: 억달러

출처: 글로벌 마켓 인사이트

2025년 1월 미국 라스베이거스에서 개최된 세계 최대 정보기술(IT)·가전 전시회 'CES 2025'는 '디지털 헬스케어'를 중심으로 한 혁신 기술들이 대거 등장하며 전 세계의 이목을 집중시켰다.

이번 행사에서는 인공지능(AI), 사물인터넷 (IoT), 웨어러블 디바이스 등 첨단 기술이 융합된 다양한 헬스케어 솔루션이 공개됐는데,

특히 '맞춤형 바이오' 분야의 성장이 두드러졌 다. CES 2025에서 가장 눈에 띈 흐름은 AI와 IoT를 융합한 예측형 헬스케어 시스템이었다. 개인의 건강 데이터를 지속적으로 모니터링하 고 분석해 질병 발생 가능성을 사전에 파악하 고 예방하는 데 초점을 맞춘 기술들이 다양하 게 공개됐다.

가령 스마트워치나 스마트링, 웨어러블 패치 등 몸에 착용할 수 있는 스마트 기기를 통해 심장 박동, 체온, 산소 포화도, 호흡수 등 다 양한 생체 신호를 측정하고, 실시간으로 심혈 관 질환 등을 예방하는 기술이 대표적이다. 특 히 이런 시스템을 집, 사무실 등 자주 사용하 는 공간에 배치된 가전제품 등과 연동해 최적 의 건강 관리 환경을 제공하는 솔루션도 주목 도가 높았다. 궁극적으로 예측형 헬스 시스템 의 고도화가 24시간 건강 모니터링을 가능하 게 해 의료비 절감과 삶의 질 향상에 기여할 것 이란 전망이 나오는 대목이다.

개인의 특성을 정밀 분석해 맞춤형 의료 서비 스를 제공하는 초개인화된 헬스케어 솔루션을

2025년 1월 미국 라스베이거스에서 열린 세계 최대 IT · 가전 전시회 'CES 2025' 모습. 이번 연도의 메인 테마 중 하나로 디지털 헬스케어가 선정됐다.

선보인 기업도 많았다. AI와 빅데이터를 활용해 사용자의 건강 상태를 실시간으로 분석하고, 이에 기반한 맞춤형 치료 및 관리 방안을 제시하는 서비스가 주류를 이뤘다. 예를 들어 스마트거울을 통해 비춰진 사용자의 얼굴을 본 AI가 불과 수십 초 만에 스트레스 지수, 혈압, 심박수 등 건강 관련 지표를 수집 · 분석해 심장 관련 이상 징후를 감지해내는 식이다.

CES 2025에서는 '뉴로 테크(신경과학 기술)'와 같은 첨단 기술이 정신 건강 관리에 접목되는 모습도 중요하게 다뤄졌다. 개막식 당일 '인지 능력 향상: 뇌 컴퓨터 인터페이스의 미래'를 주제로 별도의 콘퍼런스가 열렸을 정도다. 이 행사에선 뉴로 테크가 신경 영상의 진단과 신경 장애 치료에 긍정적인 영향을 미칠 수 있는 가능성에 대해 논하는 자리가 마련됐다.

CES 2025는 디지털 헬스케어의 기술적 성장을 넘어 개인의 삶과 의료 시스템 자체를 근본적으로 바꿀 수 있는 가능성을 보여줬다는 평가를 받는다. 치료 중심의 의료 패러다임을 예방과 관리 중심으로 전환하는 흐름을 분명히 했으며, 개인이 주도적으로 건강을 관리할 수 있는 환경을 조성하는 것이 중요하다는 시사점도 제시했다. 디지털 헬스케어 기술이 우리의 삶을 어떻게 변화시키고, 건강하고 지속 가능한 미래를 어떻게 만들어갈지를 보여준 중요한 무대였다.

시장 조사 기관 글로벌 마켓 인사이트에 따르면 전 세계 디지털 헬스케어 시장의 가치는 2024년 기준 3129억달러로 평가됐다. 전체 시장 규모는 2025년 3878억달러에서 2034년 2조1900억달러로 성장할 것이란 전망이 나온다. 이 기간 연평균 성장률은 21.2%에 달한다. 보고서는 "의료 부문에서 첨단 디지털 기술의 채택이 증가하고 빅데이터 분석, AI 등에 대한 투자가 증가함에 따라 디지털 헬스케어 시장의 성장을 강화하고 있다"고 설명했다.

WHAT IS CES?

CES는 미국 소비자기술협회(CTA)가 매년 1월 미국 라스베이거스에서 주최하는 세계 최대 규모의 전자제품 및 정보통신기술 전시회다. 스페인의 MWC, 독일의 IFA와 함께 세계 3대 IT 전시회로 꼽힌다. 이 행사는 1967년에 처음 시작돼 50년이 넘는 역사를 자랑하며, 전 세계 다양한 기업들이 자사의 혁신적인 신기술과 제품을 공개하고 소개하는 장으로 자리 잡았다.

2025년 1월 열린 CES에는 전 세계 160여 개국에서 4500여 개의 기업이 참가했다. 참가국별로는 미국이 1500여 개 기업으로 가장 많았고, 중국이 1300여 개로 그 뒤를 이었으며, 한국은 1000여 개 기업이 참가해 세 번째로 많았다.

2025년 CES의 주제는 '몰입(dive in)'으로, 기술을 통해 연결하고 문제를 해결하며 새로운 가능성을 발견하자는 메시지를 담았다. 전년도 CES가 AI 성능 경쟁에 집중했다면 2025년에 열린 CES는 여기에서 한 발짝 더 나아가 인간과 사회문제 해결에 중점을 뒀다.

이 같은 흐름에서 CES 2025의 메인 테마 중 하나로 디지털 헬스케어가 선정됐다. 대기업군의 참여도 두드러졌다. 일본의 파나소닉이 행사 키노트에서 기존 컨슈머 테크 사업에서 벗어나 디지털 헬스케어로 포트폴리오를 확대하고 있음을 강조했다. 삼성그룹도 '에이징 인 플레이스'(노년기에도 자신이 살아온 거주 공간이나 지역 사회를 벗어나지 않고 여생을 보내는 것)를 위한 스마트홈 AI를 언급하며 헬스케어 사업 참여 확대를 시사했다.

CES 2025 혁신상에는 33개 부문에 걸쳐 총 3400여 개의 제품이 출품됐다. 이 중 AI와 디지털 헬스 분야가 핵심 키워드로 부상했다. 가령 AI와 로보틱스가 결합해 시각, 청각, 거동의 문제 등 신체적 약자들을 위한 접근성을 획기적으로 개선하는 기기와 서비스 개발 기업들이 혁신상을 수상했다.

시간·장소 초월한
'메드 테크'의 진화

헬스케어 산업은 규제의 영향으로 보수적이고 변화가 느린 특성을 지니고 있다. 인간의 몸과 정신에 직접적인 영향을 주는 디바이스, 약물 등을 다루는 영역이기 때문에 의료 데이터 처리나 신약 개발, 심지어 의료 행정을 다루는 전반적인 분야에서 여전히 비효율성이 크다.

상대적으로 규제 허들이 낮고 사용처가 범용적인 섹터는 '웰니스'(건강의 균형 잡힌 상태 추구)와 '에이지 테크'(고령자 대상 기술 산업)다. CES 2025에서는 이러한 각 영역에서 일상 속 헬스케어를 실현할 수 있는 다양한 기술과 제품이 대거 등장했다.

침대, 자동차, 스마트폰 등 매일 사용하는 것에 적용돼 개인의 건강 관리를 도와주는 제품이나 체내 변화를 지속적으로 모니터링해 식습관 및 생활 습관 등 개인 건강 관리사를 자처하는 제품들이 주류를 이뤘다.

대표적으로 '슬립 테크' 시장을 정조준한 기업들이 있다. 불면증에 시달리는 현대인이 많아지면서 수면 데이터를 확보해 생활의 질적 개선을 도모하는 솔루션이다.

가령 한국의 세라젬은 CES 2025에서 개인 맞춤형 건강 관리 침대 '홈 메디케어 베드 2.0'을 선보였다. 혁신상을 받은 이 제품은 척추 온열 마사지 기술과 생체 신호 측정 센서를 결합해 최적의 수면 환경을 조성한다. 향후에는 수면 상태를 모니터한 결과 값을 토대로 위기 상황 여부를 판별하고 의료진과의 실시간 연결을 통해 원격 의료를 실현할 수 있을 것으로 기대된다.

세라젬 외에도 CES 2025에선 슬립 테크를 선보인 수면 분석 AI 기업 에이슬립(소리로 수면 패턴 분석 및 진단)과 비알랩(무구속·비접촉 방식의 수면 솔루션) 등 한국 기업의 약진이 두드러졌다. 이들은 삼성전자, LG전자 등이 내세우고 있는 '스마트홈'(모든 가전이 연결돼 사용자 맞춤형 주거 환경 구현)과 밀착돼 보다 최적화된 수면 환경을 지원한다.

5년 연속 CES 혁신상을 받은 텐마인즈의 경우 2025년 행사에선 '핏버틀러 AI'라는 종합 건강 관리 솔루션을 선보였다. 이 제품은 낮 동안 수집된 운동 등 활동 데이터와 밤 시간대의 수면 데이터를 종합적으로 비교 분석해 건강 상태 변화를 제공한다. 또 이 회사의 코골이 방지 베개는 사용자 머리 위치와 움직임을 자동으로 조정해 기도를 확보함으로써 무호흡증 등을 완화하는 기능을 갖췄다.

거울을 통해 몸 상태를 한눈에 볼 수 있는 제품군도 눈에 띄었다. 프랑스의 헬스케어 기업 위딩스는 AI 스마트거울 '옴니아'를 선보였다. 이 제품은 AI가 전신을 스캔해 주요 생체 데이터를 분석하고 건강 점수 측정과 함께 개선 사항을 제안하며, 의사 방문 일정을 잡아 비대면 진료 서비스까지 제공하는 방식으로 이뤄진다. 매일 건강 상태를 체크할 수 있는 것은 물론, 의료기관과 멀리 떨어져 있는 지역에서도 원격으로 진료가 가능하게 돕기 때문에 의료 접근성을 끌어올릴 수 있는 혁신 기술로 거론됐다. 현장에서 만난 위딩스 관계자는 "(2025년 1월 기준) 개발 단계에 있는 제품이지만 디지털 헬스케어의 미래 모습을 간접 체험해볼 수 있다는 점에서 시장 반응이 뜨겁다"고 전했다. 비슷한 헬스케어 제품군으로 대만 페이스하트가 선보인 '카디오미러'도 주목도가 높았다. 카디오미러는 사용자가 AI 거울 앞에 서면 불과 수십 초 만에 심장 관련 다양한 건강 관련 지표를 수집·분석해 심부전 등의 발생 가능성을 사전에 감지해낸다. 이 회사에 따르면 카디오미러는 미국 식품의약국(FDA) 승인을 받은 원격 광혈류 측정 기술과 딥러닝 모델을 활용해 얼굴 영상에서 비접촉 생체 신호를 측정하는

출처: 고민서 기자

2025년 1월 미국 라스베이거스에서 열린 세계 최대 IT·가전 전시회 'CES 2025' 모습. 이번 연도의 메인 테마 중 하나로 디지털 헬스케어가 선정됐다.

방식이다. 이 제품도 의료 서비스가 제대로 닿지 않는 격오지에서 손쉽게 심장 건강을 확인할 수 있게 돕는 기술로 꼽힌다.

이들 제품과 비슷하게는 원격 의료 스테이션이 있다. 미국의 헬스 테크 기업 온메드는 '버추얼 케어스테이션'을 소개해 의료 접근성 문제를 해결했다는 평가를 받았다. '전기만 있다면 어디든지 병원이 될 수 있다'라는 혁신적인 콘셉트를 현실화한 이 시스템은 기본적으로 고해상도

카메라와 원격 진단 장비 및 실시간 영상 통화 기능을 갖췄다. 부스에 사용자가 들어가면 단순 비대면 상담에 그치지 않고, 기본적인 건강 데이터를 수집한 뒤 이를 실시간으로 의료진에게 전달해 사용자에게 맞는 적절한 진단과 처방을 제공할 수 있도록 돕는 역할을 한다. 필요하다면 근방에 있는 약국에 처방전을 전송하거나 추가적인 병원 검사를 권유하는 등 보다 세밀한 원격 진료를 지원한다.

온메드에 따르면 이 시스템을 통할 경우 일반 1차 진료의 80~85% 수준의 진료가 가능하다. 별도의 예약을 하지 않고도 방문할 수 있고 15~20분 만에 진료를 완료할 수 있어 지리적인 제약과 시간의 한계를 극복한 혁신 사례로 꼽힌다.

이 시스템은 미국 내 여러 지역에서 실제로 운영되고 있다. 슈퍼마켓 속 병원 콘셉트로 방문객들이 쇼핑을 즐기면서 동시에 의료 서비스를 받거나 대학 캠퍼스 내에 자리 잡아 학생과 교직원은 물론 지역 주민들도 치료를 받을 수 있게 버추얼 케어스테이션을 구축한 사례가 다수 있다.

카르틱 가네시 온메드 최고경영자(CEO)는 이에 대해 "모든 커뮤니티는 일상적인 의료 서비스를 이용할 자격이 있다"면서 "온메드의 케어스테이션은 소외된 지역 사회 어디에서나 고품질의 의료 서비스를 제공해 건강 불평등의 근본 원인을 해결한다"고 강조했다.

135년의 역사를 가진 글로벌 헬스케어 기술 회

CES 2025에서 공개된 온메드의 이동식 원격 의료 진료 시스템 '버추얼 케어스테이션' 모습. 슈퍼, 대학 등 어디든지 전기만 있으면 병원이 될 수 있다.

사 애보트는 CES 2025에서 AI 웨어러블 센서를 활용해 환자를 모니터링하고 실시간으로 건강 데이터까지 분석할 수 있는 플랫폼 '링고'를 공개했다. 링고는 피부에 웨어러블 장비를 부착하면 분 단위로 혈당 수치가 스마트폰에 전달돼 일과 중에도 언제든지 모니터링을 통해 각 음식과 식습관이 혈당에 미치는 변화를 파악할 수 있다. 이후 해당 데이터를 기반으로 맞춤형 식습관을 개선할 수 있도록 정보까지 제공받는다. 이 기술로 애보트는 CES 2025에서 혁신상을 수상했다.

CES 2025에서는 그 어느 연례행사 때보다도 지속 가능성을 지향하는 '메드 테크'의 약진이 두드러졌다는 평가가 나온다. 메드 테크는 의료 서비스, 진단, 치료 및 환자 관리 개선에 첨단 기술을 활용하는 분야를 말한다. 최근에는 특히 AI, 빅데이터, 클라우드 및 IoT 등 디지털 기술과 융합해 질병의 예방·진단·치료·사후 관리의 전 과정을 혁신하는 기술을 뜻한다. CES 2025를 참관한 임지용 NH투자증권 해외기업 · 글로벌IT 담당 연구원은 "스마트홈은 이제 단순히 똑똑한 가전이 아니라 개인화와 효율화를 제고하는 핵심 시스템"이라며 "이용자의 80%가 사용자의 건강 상태 체크가 가능한 스마트홈을 실버 테크 관점에서 고려할 만큼 스마트홈은 실버 테크의 핵심으로 부상했다"고 말했다.

전미은퇴자협회(AARP)는 CES 2025 전시관 내에 '에이지 테크 컬래버레이티브' 부스를 운영해 고령층의 건강 관리 중요성을 피력한 바 있다. 에이지 테크 컬래버레이티브는 AARP가 고령화 사회에서 현 세대가 직면한 사회 문제를 해결하기 위해 스타트업, 투자자, 대기업, 테스트베드 등을 연결한 협업 모델로 2021년 말 출범했다. 신기술로 노년층의 삶을 개선할 아이디어를 발굴 · 육성한다는 목표하에 유망한 에이지 테크 스타트업을 지원하고 있다. 2024년 기준 이 협업 생태계에는 약 600개의 기업이 참여하고 있다. 이 가운데 200여 개사는 AARP 액셀러레이터 프로그램을 거친 스타트업이다.

한국이 전 세계에서 가장 빠른 속도로 고령화가 진행되고 있다는 점에서 에이지 테크 산업에 대한 AARP의 에이지 테크 합작 모델은 참고할 만하다는 진단이다.

더 빠르고 더 정확해진
진단 AI

AI가 의사를 대신할 수 있을까. 환자를 보고 몸 상태를 확인하며 진단을 내리는 일련의 과정에서 AI가 어느 정도의 역할을 할 수 있을까. 2025년 초 미국 라스베이거스에서 열린 CES 2025 현장에선 이러한 물음표를 갖고 미래 의료 모습을 예견해 볼 수 있는 다양한 AI 솔루션이 등장해 눈길을 끌었다.

이른바 '디지털 처방전'으로 불리는 진단 AI는 수많은 디지털 헬스케어 서비스 중에서도 가장 속도감 있게 현장에 안착하고 있는 대표적인 솔루션이다. 환자 데이터를 기반으로 학습된 AI를 진단에 사용해 그 결괏값을 정확하면서도 신속하게 의료진에게 전달함으로써 의료 효율성을 도모할 수 있기 때문이다. 이에 따라 한정된 의료 인력과 고품질의 병원 서비스를 원하는 환자 수요 등을 함께 고려할 때 진단 AI는 의료진의 든든한 조력자로서 자리매김하고 환자들에게는 더 나은 예후와 편의를 제공하는 방향으로 나아갈 것으로 전망된다.

일단 의료 영상 분야에서 AI가 방사선학 진단 속도와 정확도를 크게 향상시키며 큰 주목을

출처: 김민석 기자

CES 2025에서 한국의 스마트사운드 관계자가 자사의 AI 기반 스마트 청진기 '스키퍼'를 선보이고 있다. 스키퍼는 AI가 심장과 폐의 이상 소리를 자동으로 감지해 심잡음과 비정상적인 폐음 등 이상 징후를 포착해낸다.

받았다. 병원에서 쏟아지는 방대한 양의 X선, CT, MRI 영상을 AI가 실시간으로 분석해 이상 징후를 빠르게 포착하고 방사선 전문의들이 환자를 더 신속하고 정확하게 진단할 수 있도록 돕는 사례들이 등장했다. 이 같은 기술은 인간에게만 의존하면서 발생할 수 있는 영상 판독의 오진 위험을 줄이고 효율을 높여 한정된 인력으로 더 많은 영상을 처리할 수 있게 해 준다.

이 시장에서는 특히 한국 기업들의 약진이 두드러졌다. 일례로 한국의 체외 진단 전문 기업 노을은 CES 2025에서 디지털 자궁경부세포 분석 솔루션 '마이랩'을 공개했다. 마이랩은 로보틱스, 의료 AI, 바이오 기술이 융합된 혈액, 암 진단 분야의 온 디바이스 AI 솔루션으로, 검체의 염색부터 이미징, AI 분석까지 진단의 전 과정을 완전 자동화한 혁신 의료 기기다.

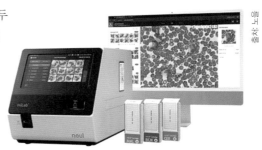

AI 기반 혈액 및 암 진단 솔루션 '마이랩'

또한 엠티에스컴퍼니는 자궁경부암 등 암 진단 예측 AI 소프트웨어인 'AI닥'을 선보여 AI 부문 혁신상을 수상했다. 프리베노틱스는 AI 위암 예방 솔루션 '프리베노틱스-지프로'를 통해 인간안보 부문 혁신상을 받았고, 아프스는 AI 기반 정밀 탈모 진단 장치 'AFS 3D'로 AI 부문 혁신상을 수상했다. AFS 3D는 치과 엑스레이처럼 360도 회전하면서 머리를 촬영한 다음 AI가 탈모 상태를 정밀 분석한다.

병리학 분야도 AI 도입으로 진단 속도와 정밀도가 획기적으로 개선되고 있다. 과거 현미경과 유리 슬라이드에 의존해 더디고 수작업적이었던 병리 진단이 디지털 스캐너와 AI 분석으로 전환되면서 복잡한 질병 진단이 한층 빨라지고 있는 것이다.

이와 관련해 CES 2025에선 풀스택 디지털 병리 솔루션도 주목받았다. 가령 한국의 디지털 헬스테크 기업 큐리오시스의 MSP 시리즈는 CES 혁신상을 수상한 자동 슬라이드 스캐너로, 최대 320장의 병리 슬라이드를 초고해상도로 신속히 스캔해 병리적인 해석 과정에 혁신을 던져줬다. 이 콤팩트한 기기에 적용된 정교한 AI 알고리즘은 디지털화된 조직 이미지를 분석해 인간의 오류를 최소화하고 진단 정확도를 향상시키며, 원격 컨설팅까지 지원한다는 게 회사 설명이다.

큐리오시스는 물리적 표본을 고품질 디지털 이미지로 전환함으로써 병리 데이터의 안전한 관리와 글로벌 협진이 가능해지고, 실험실 효율 개선은 물론 환자 진료의 표준을 한 단계 끌어올렸다는 평가를 받았다.

원격 진료와 AI 모니터링의 결합도 진단 AI의 대표적인 사례다. CES 2025에서는 환자와 의사의 물리적 거리를 극복하기 위한 다양한 AI 솔루션이 등장했는데, 지능형 휴대형 진료 키트가 큰 주목을 받았다. 대만 ITRI의 'iMAS'는 여러 경량 진단 기기를 하나로 통합한 휴대용 원격 진료 가방으로, 내장된 AI 의료 영상 기술이 의사의 판독을 도와 원거리에서도 신속한 진단과 처치를 가능하게 한다. 의사는 원격 영상 진찰 시 이 가방을 휴대하며 환자 데이터를 실시간으로 확인하고, 현장에서처럼 즉각적이고 정확한 진단 판단을 내릴 수 있다. '홈스피털' 개념의 iMAS 솔루션은 가정과 병원을 연결해 재택 환자도 전문의 진료를 받도록 지원한다. 또 AI 챗봇을 통한 초기 문진이나 증상 분석 서비스도 등장해 환자가 증상을 입력하면 즉각적인 조언이나 전문의 연계를 제안하는 디지털 문진 플랫폼들도 눈길을 끌었다.

심장 건강 모니터링 분야에서도 AI가 빠른 진단을 가능하게 하고 있다. 일례로 한국의 스마트사운드는 CES 2025에서 AI 기반 스마트 청진기인 '스키퍼' 시리즈를 선보였다. 스키퍼는 AI가 심장과 폐의 이상 소리를 자동으로 감지해 심잡음과 비정상적인 폐음 등 이상 징후를 포착해낸다. 또한 노이즈 캔슬링 기능을 통해 주변 소음을 효과적으로 제거하고, 청진 데이터를 저장·분석하는 기능을 갖추고 있다. 이 회사 관계자는 "서울대 등 주요 대학 병원의 임상 데이터를 활용해 AI의 정확도를 90% 수준으로 끌어올렸다"고 말했다.

폴란드 기업 스테소미도 CES 2025에서 AI 기반 스마트 청진기를 선보였다. 이 제품은 가슴에 대면 심장과 폐의 소리를 측정한 뒤, AI가 자동으로 분석해 감기와 천식 등 호흡기 질환 여부를 파악한다.

혈당 확인 등을 위한 가정용 진단 기기도 주목도가 높았다. 의료 기기 전문 기업 라메디텍은 바늘 대신 레이저 기술을 활용해 채혈을 도와주는 기기 '핸디레이' 시리즈를 선보였다. 이 솔루션은 체감할 만한 통증이나 눈에 띄는 상처가 없는 데다 살균 기능까지 겸비해 자주 채혈해야 하는 당뇨 환자와 피부가 약한 신생아 등에게 각광받아 왔다.

라메디텍의 자체 기술력으로 다져진 레이저 채혈·혈당 측정 및 혈당 앱 복합기 '핸디레이 글루'는 2년 전 열린 CES 2023에서 '디지털 헬스' 부문 혁신상을 수상했다. CES 2025에선 핸디레이 시리즈의 업그레이드 버전을 선보였다. 이 제품은 통증이 거의 없고 2차 감염의 위험이 작아 병원이나 개인이 위생적으로 사용할 수 있는 것이 특징이다.

한국아이티에스도 비침습 방식의 당뇨 진단 솔루션인 '퀵글리'를 공개했다. 이 제품은 바늘을 사용하지 않고 최근 3개월간의 평균 혈당 수치를 반영하는 당화혈색소(HbA1c)를 측정하며, 내장된 머신러닝 알고리즘을 통해 정확한 측정을 지원한다. 한국아이티에스는 퀵글리를 통해 CES 2025에서 디지털 헬스, 모바일 기기·액세서리·앱, 인간안보 부문 혁신상 3관왕을 차지했다.

이 밖에 미국의 재뉴어리AI는 혈당 측정기 없이도 매일 섭취하는 음식을 촬영하면 AI가 이를 분석해 혈당 변화를 예측하는 솔루션을 선보였다.

웨어러블 의료기기 '퀀텀점프'

CES 2025에서는 헬스케어와 웨어러블 테크놀로지의 융합이 더욱 두드러졌다. 특히 사용자의 건강 데이터를 실시간으로 모니터링하고 관리할 수 있는 다양한 웨어러블 의료 기기와 헬스테크 제품들이 크게 주목받았다.

기기 형태도 다변화됐다. 스마트워치, 스마트반지, 스마트글라스, 웨어러블 패치 등 여러 폼팩터에서 혁신적인 건강 모니터링 기능과 AI 기술이 접목된 제품들이 대거 등장했다.

우선 CES 2025에서는 손가락에 착용하는 스마트반지가 웨어러블 헬스케어의 신흥 강자로 부상했다. 작은 크기에도 사용자의 스트레스 레벨, 수면 상태, 체온, 산소 포화도 등을 종합적으로 분석해 건강 상태를 정밀하게 진단하는 능력을 선보였다. 특히 개인 맞춤형 AI 코칭 시스템이 탑재돼 건강 개선을 위한 실질적인 조언까지 제공하는 것이 특징이다.

특히 CES 2025에서는 수면 모니터링과 스트레스 관리를 혁신적으로 지원하는 제품들이 눈에 띄었으며, 주요 업체들은 기존 강자인 오우라 링이나 향후 출시될 삼성 갤럭시 링 등에 대응하는 차별화 포인트를 선보였다.

중국 링콘의 '젠2' 스마트반지는 수면 무호흡증 감지 기능으로 두각을 나타냈다. CES 2025에서 공개된 이 제품은 90.7%의 높은 수면 무호흡 감지 정확도를 시현해 웨어러블 반지로는 최초로 수면 무호흡증을 추적할 수 있음을 강조했다. 또 12일간 지속되는 배터리 수명과 추가 센서를 탑재한 업그레이드 모델 '젠2 에어'도 함께 소개됐다. 링콘은 수면 데이터와 연계한 AI 헬스 파트너 기능을 선보여 사용자의 수면 상태에 따른 개인 맞춤 건강 정보와 조언을 제공해 눈길을 끌었다.

프랑스 테크 스타트업 서큘러는 CES 2025에서 '서큘러 링2'를 선보였다. 이 제품은 ECG(심전도) 측정을 위한 미국 식품의약국(FDA) 승인을 획득한 최초의 스마트반지로, 경쟁사인 오우라나 삼성도 달성하지 못한 중요한 규제 인허가를 받아냈다. 이를 통해 부정맥 탐지 등 심장 건강 모니터링에 있어 신뢰도를 갖추게 됐다는 평가를 받았다. 또 심박수, 수면, 활동 추적 등 기존 기능 역시 개선돼 호

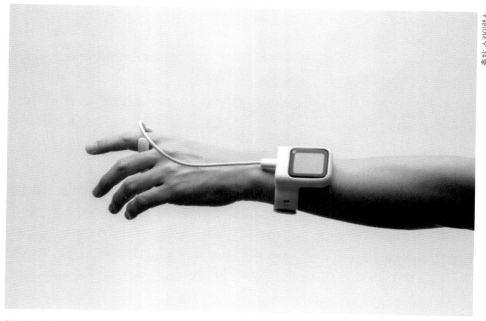

한국 스카이랩스의 웨어러블 디바이스 '아폴론'.

평을 받았다. 디자인 면에서는 4가지 마감(골드, 로즈골드, 실버, 블랙)으로 제공돼 패션성을 높였고, 디지털 사이징 키트를 도입해 손가락 사이즈 측정 문제를 해결했다.

인도의 울트라휴먼 헬스케어는 CES 2025에서 '울트라휴먼 링 에어'를 선보였는데, 자체 AI를 활용한 연속 혈당 센서(CGM) 프로그램과 혈당 데이터베이스 관리 등 전반적인 헬스케어 분야 라인업을 확대하고 있음을 강조했다.

한국도 CES 2025에서 수면 질 향상에 초점을 맞춘 스마트반지 '비브링'을 공개했다. 비브링의 경우 바이오 피드백 기반의 오디오 테라피를 제공하는 것이 경쟁 장비들과 구별되는 특

장점이다. 이 반지는 심박수, 산소 포화도, 스트레스 지표 등 여러 생체 신호를 측정·분석하고, 이를 기반으로 개인 맞춤형 수면 유도 사운드를 재생해준다. 이는 단순히 수면 상태를 추적하는 것을 넘어 직접 수면 개선을 돕는 액티브 솔루션이라는 점에서 혁신적이라는 게 시장 평가다.

의료 기기로 진화하고 있는 스마트반지의 발전된 모습도 나타났다. 한국의 스카이랩스는 CES 2025에서 웨어러블 디바이스인 '아폴론'(가칭)으로 혁신상을 수상했다. 이 기기는 손목 시계와 반지 형태의 장비를 결합한 의료 기기로 개발 중인데, 기본적으로 산소 포화도

와 비규칙적인 맥박, 혈압, 호흡률, 체온 등을 점검할 수 있다. 이 가운데 스마트반지를 통한 혈압 측정 기능은 스카이랩스가 세계 최초다. 스카이랩스 관계자는 "아폴론은 반지와 손목 밴드가 선으로 연결된 제품으로, 디스플레이가 부착된 손목 밴드와 연결된 반지는 실리콘 커버를 적용해 손가락 크기와 관계없이 착용 가능하다"면서 "의료진은 손목 밴드에 부착된 디스플레이를 통해 착용자의 건강 데이터를 확인할 수 있다"고 설명했다.

특히 24시간 동안 혈압 측정이 가능한 스카이랩스의 스마트반지 '카트 비피 프로'는 2024년 6월 국내에서 보험 수가 적용을 받기 시작했다. 2024년 8월 말부터 병의원 처방이 가능해지면서 시장성을 입증하고 있다는 평가다.

스마트안경도 돋보였다. 미국 뷰직스는 CES 2025에서 의료 현장에서 쓸 수 있는 증강현실(AR) 글라스를 선보였다. 기본적으로 이 기기는 AI 음성 인식과 실시간 번역, 자막 기능 등이 지원된다. 또 특히 프로 모델의 음성 인식 컨트롤 기능 등은 사용자가 화면을 터치하거나 보지 않고도 디지털 콘텐츠와 상호 작용하거나 작업을 수행할 수 있게 해준다. 특히 흥미로운 점은 의료 분야 응용으로, 뷰직스 스마트 글라스는 실제 무릎 수술에서 외과의가 핀을 정밀하게 위치시키는 것을 지원하는 데 사용되고 있다. 수술 시 AR로 정확한 지침을 제공함으로써 기존 방식 대비 환자의 수술 후 회복률을 크게 향상시켰다는 게 회사 측 설명이다.

중국 TCL도 약 85g의 무게로 매우 가벼우면서도 고성능의 AR 환경을 지원하는 차세대 스마트안경을 내놓았다. 이 기기는 의료 교육에서 수술 부위를 AR로 표시하거나, 재활 환자에게 운동 가이드를 시각적으로 제공하는 등 전문적 헬스케어 활용에서 AR 글라스의 잠재력을 보여주는 사례가 될 수 있을 것이란 전망이다.

한국의 셀리코는 황반변성 환자를 위한 시력 보조용 AR 안경을 선보였다. 이는 안경에 탑재된 카메라가 이미지를 인식하고 모바일 앱을 통해 이미지를 처리한 다음 AR 형태로 스크린에 보여줘 노인성 황반변성 환자의 시력을 보조한다. 비디랩스의 '시커'는 안경에 심어진 카메라를 통해 인식한 시각 정보를 음성으로 안내하는 기능을 갖고 있다. 시각 장애인이 촉각에 의존해 사물을 구분하지 않더라도 안경이 이 사람의 눈을 대신해 주는 셈이다.

출처: 셀리코

셀리코의 황반변성 환자를 위한 시력 보조용 AR 안경.

세계 최대 안경 제조사 에실로룩소티카도 CES 2025에서 보청기 기능이 탑재된 스마트안경을 공개했다. 이 제품은 시각과 청각을 결합해 사용자가 쳐다보고 있는 대상이 내는 소리의 볼륨은 높이고, 그외 배경 소음은 차단함으로써 경미하거나 중간 정도의 청력 손실을 가진 사람들의 청력 기능 회복을 돕는다. 이와 관련해 에실로룩소티카는 스마트안경과 보청기 기술 융합에 대한 사업 확장에 속도를 내기 위해 2025년 초 AI 기반 보청기 제작 스타트업 펄스오디션을 인수하기도 했다.

CES 2025에서는 연속적인 생체 데이터 모니터링을 위한 웨어러블 패치와 부착형 바이오 센서들도 대거 등장했다. 특히 CGM과 커프(공기를 주입해 팽창시킬 수 있는 탄력성 소매 형태 기구) 없이 혈압을 측정하는 기술이 큰 관심을 끌었다. 이들 소형 패치형 기기는 의사 처방 없이도 소비자가 사용할 수 있을 정도로 접근성이 높아지고 정확도도 향상돼 만성 질환 관리나 건강 상태의 상시 모니터링을 새로운 수준으로 끌어올렸다는 평가를 받았다.

가령 미국의 헬스케어 기업 덱스콤은 CES 2025에서 세계 최초의 OTC(비처방) 연속 혈당 모니터 '스텔로'로 혁신상을 수상했다. 이 제품은 몸에 부착된 작은 바이오 센서를 통해 24시간 내내 지속적으로 포도당 수치를 자동 측정해 당뇨 환자나 당뇨 전 단계에 있는 사람들의 건강을 관리한다. 손가락 채혈 없이 혈당 추이를 쉽게 추적할 수 있다는 게 최대 장점이다. 이러한 OTC 혈당

센서의 등장은 당뇨 관리의 진입 장벽을 낮춰 보다 많은 사람들이 조기에 대사 건강을 모니터링하고 생활 습관을 개선하는 데 기여할 것으로 평가된다.

미국 애보트의 '링고' 역시 CES 2025에서 선보인 소비자용 연속 혈당 센서로, 덱스콤의 스텔로와 함께 디지털 건강 부문에서 주목받았다. 링고는 14일간 부착해 사용하는 센서로, 18세 이상 비인슐린 사용자를 대상으로 한다. 특히 링고는 혈당 데이터를 바탕으로 맞춤형 코칭과 생활 습관 개선을 제안하는 것이 특징이며, 전용 앱을 통해 식습관 조절이나 운동 등 일상 관리 팁을 안내한다. 애보트도 링고로 CES 2025에서 혁신상을 받았다.

CES 2025를 찾았던 신민수 키움증권 의료 기

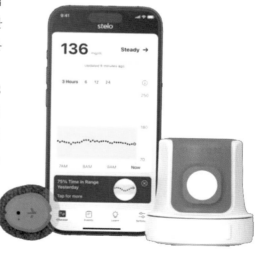

덱스콤의 OTC 연속 혈당 측정기 '스텔로'.

기 담당 연구원은 "AI를 통해 혈당 추이를 분석한 다음 1~2시간 후의 혈당을 예측할 수 있는 CGMS들이 등장하고 있다"면서 "덱스콤과 애보트의 경우 현재 AI 혈당 예측 기능을 직접 활용하진 않으나, 수백만 건의 데이터를 통해 향후 제공할 예정"이라고 분석했다.

더 나아가 의료 등급을 받은 웨어러블 패치 형태의 디바이스는 만성 질환 환자의 상태를 원격으로 실시간 모니터링하며, 의료진과 바로 데이터를 공유할 수 있다는 점에서 병원 외부에서도 지속적인 건강 관리가 가능하다는 점을 보여준다. 그만큼 이들 웨어러블 패치 기기는 미래 의료 서비스의 중요한 축으로 자리 잡을 것으로 전망된다.

캐나다의 마이앤트는 이번 CES 2025에서 가슴에 찰 수 있는 심장 모니터링 스마트 의류를 공개했다. 전류가 흐르는 첨단 소재로 이뤄진 이 의류를 가슴에 두르고 있으면 최대 14일 동안 심전도(ECG)는 물론 혈압, 체온, 산소포화도 등을 측정할 수 있다. 마이앤트 관계자는 "AI를 기반으로 부정맥 모니터링이 가능해 심장 질환 발병을 사전에 파악하고 적극적으로 건강 관리를 돕는다"고 말했다. 마이앤트는 이 스마트 의류로 CES 2025에서 혁신상을 받았다.

에이치에이치에스(HHS)도 생체신호처리가 가능한 안전 관리 헬멧으로 CES 2025에서 혁신상을 수상했다. 이 스마트 헬멧은 고위험의 작업 환경에서 근로자의 뇌파와 심박수를 실시간으로 모니터링하고 근로자의 위치뿐만 아니라 졸음, 집중력 저하 등도 확인할 수 있게 한다. 이를 통해 산업 현장 작업자의 안전과 건강 관리를 지원함으로써 안전사고를 어느 정도 예방할 수 있을 것이란 전망이다.

"게임도 약이 된다"
디지털 치료제 세계

디지털 치료제(DTx)는 기존 먹는 알약이나 주사제와 같은 의약품이 아닌 소프트웨어를 활용해 질병이나 장애를 예방하고 관리·치료하는 새로운 형태의 의료 기기를 의미한다. 주로 모바일 앱, PC 기반 애플리케이션, 게임, 가상현실(VR), 증강현실(AR), 챗봇 등 다양한 형태로 구현될 수 있다. 이러한 소프트웨어는 환자의 행동 변화나 생활 습관 교정, 인지행동치료(CBT), 신경 재활 등의 방식으로 작용하며, 특히 CBT에 기반한 전략을 많이 사용한다. 세계 최초로 FDA 승인을 받은 디지털 치료제는 2017년 미국 페어테라퓨틱스가 약물 중독 치료를 목적으로 개발한 '리셋'이다. 약물 중독 환자를 대상으로 하는 12주 프로그램인 리셋은 기본적으로 기존 외래 치료와 병행해 사용하는 형태다. 모바일 앱을 통해 환자에게 행동 중재 및 평가를 알려주고, 의료진에게는 환자의 진행 상황을 모니터링할 수 있는 분석 및 대시보드를 제공한다.

CES 2025에서도 다수의 디지털 치료제가 등장했다. 김기범 한양대 ERICA소프트웨어융합대학원 HCI학과 교수의 게임연구실(Play Lab)은 VR을 활용한 이명 완화 기기 'TD 스퀘어'로 최고 혁신상을 수상했다. 이 장치는 청각·시각·촉각 등 감각 피드백 시스템을 통해 CBT 기법으로 이명 환자를 돕는다. 사용자는 VR 속에서 일명 '이명 아바타'와 상호 작용하며, 개인별 증상에 맞게 생성형 AI가 음향을 스테레오 사운드로 만들어내 이명 소리를 제거하거나 조절해 줌으로써 증상을 경감시킨다.

이 몰입형 다중 감각 환경 덕분에 환자는 자신의 이명을 보다 잘 인지하고 관리하는 법을 학습할 수 있다. 특히 AI로 환자별 이명 증상을 분석해 맞춤형으로 치료 계획을 수립할 수 있다는 게 주된 장점이다. CES는 이 디지털 치료제가 약물에 의존하던 전통적 이명 치료의 부작용 문제를 해결하려는 혁신이라고 강조했다. 향후 한양대는 TD 스퀘어의 상용화 단계를 진행하는 한편 VR을 활용한 정신건강 치료나 감각 장애 보조 분야로 연구를 확대할 계획이다.

한국의 기술 기업 뉴다이브도 이번 행사를 통해 디지털 치료제 '버디-인'을 공개했다. 이 치

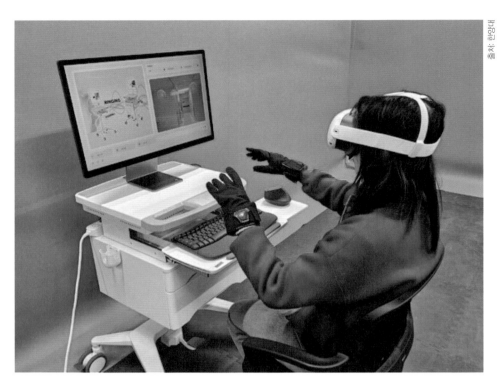

한양대 연구진이 VR을 활용한 이명 완화 기기 'TD 스퀘어'를 시현하고 있다.

료제는 자폐 스펙트럼 장애(ASD) 및 사회적 의사소통 장애(SCD)를 가진 아동과 청소년을 위한 디지털 사회성 훈련 앱이다. 이용자는 학교 환경을 배경으로 한 소셜 시뮬레이션 게임을 통해 상황별 대화와 행동을 연습할 수 있는데, 과정에 따라 사용자 진행도에 맞춰 난이도가 조절되고, 게임화된 설계로 아이들의 흥미와 참여도를 높일 수 있는 게 주된 특징이다. 뉴다이브는 이 기술로 CES 2025에서 혁신상을 수상했다.

디지털 헬스케어 산업 가운데 디지털 치료제는 아직까지 본격적으로 개화하지 않은 시장으로 분류된다. 유통이 간단하고 가격이 저렴한 형태의 치료제라는 장점은 있지만, 치료 지침 내에서의 모호한 위치와 RWE(실제 임상 근거) 부족, 보험 등재의 어려움 등 여러 허들이 존재하기 때문이다. 현재 시장에선 디지털 치료제를 '기회'와 '어려움'이 공존하는 분야로 보고 있다.

현실로 걸어 나온 상상 속 기술, 휴먼 디지털 트윈

세계 최대 제약·바이오 투자 행사인 'JP모건 헬스케어 콘퍼런스'의 2025년 행사에서 가장 주목받은 이슈는 단연 글로벌 반도체 시장 패권을 장악한 엔비디아의 협업 발표였다. 엔비디아는 아이큐비아(IQVIA), 일루미나, 메이오클리닉, 아크 인스티튜트 등 4개 기업 및 연구 기관과 의료 데이터, 기술 활용 등과 관련해 협업하겠다고 선언했다.

그간 엔비디아는 자체 인공지능(AI) 신약 개발 플랫폼을 앞세워 헬스케어 분야에서 입지를 넓히고 있었다. 이번 발표에서 엔비디아는 기존에 AI를 활용한 신약 후보물질 발굴 사업에서 한 걸음 더 나아가 치료용 단백질을 설계하고, 최종적으로는 헬스케어 분야의 '디지털 트윈'을 이루겠다는 포부를 밝혔다.

디지털 트윈이란 현실 세계의 사물을 가상세계에 똑같이 구현한 뒤 시뮬레이션을 통해 현실에서 발생 가능한 문제점을 예측해 구현하고 해결 방법을 찾는 것을 의미한다. 이를 헬스케어 분야에 도입하면 개별 환자의 유전체 정보와 인체 데이터, 병력 등을 통합해 가상 시뮬레이션 모델을 구축하고 결과적으로는 개인 최적화 치료가 가능해진다. 킴벌리 파월 엔비디아 헬스케어 부문 부사장은 "우리의 최종 목표는 의료 영상, 병리학, 건강 기록, 웨어러블을 포함한 역동적인 디지털 표현인 휴먼 디지털 트윈을 만드는 것"이라고 강조했다.

디지털 트윈 생태계를 구축하기 위해 엔비디아가 꾸린 '어벤져스'는 세계 의약품 시장 조사 기관이자 임상 연구 서비스 기업인 아이큐비아, 유전체 분석 기업 일루미나, 미국 대표 의료 기관 메이오클리닉, 연구 기관 아크 인스티튜트 등이다.

엔비디아는 우선 AI를 활용한 임상 시험에 집중한다는 계획이다. 파월 부사장은 "시간이 가장 많이 걸리고 비용도 많이 드는 워크플로와 약물 및 의료 기기 개발 과정에 AI가 개입할 수 있는 여지가 매우 크다"며 "이번 파트너십을 통해 임상 시험 실행을 가속화하는 동시에 여러 부담을 크게 줄일 수 있을 것"이라고 강조했다. 아이큐비아는 맞춤형 생성 AI 모델을 구축할 수 있는 서비스인 엔비디아의 AI 파운드리를

글로벌 디지털 트윈 시장 전망

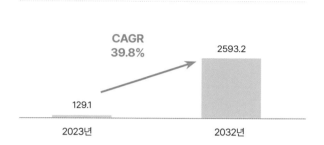

단위: 억달러

CAGR
39.8%

2593.2

129.1

2023년　　　　　2032년

출처: 포천 비즈니스 인사이트

사용해 임상 연구 워크플로에서 새로운 솔루션 개발에 나선다. 이 회사는 연구 및 임상 개발을 가속화하는 에이전트 AI 솔루션을 개발하고 있다.

인간 유전체 분석도 고도화한다. 일루미나는 멀티오믹스 분석 및 워크플로를 위해 엔비디아의 가속 컴퓨팅 기술과 AI 플랫폼을 사용할 예정이다. 일루미나의 유전체 데이터 분석 전문성과 엔비디아의 강력한 AI 플랫폼이 결합하면 제약사와 바이오 테크 기업이 자체 멀티오믹스 데이터를 활용해 혁신적인 인사이트를 발견하고 생명을 구하는 치료법 개발의 성공률을 높일 수 있을 것으로 기대된다.

파월 부사장은 "일루미나와의 파트너십은 차세대 유전체학을 활용해 신약 개발과 인류의 건강을 증진하는 것이 목표"라고 전했다.

지역별 인구 특성을 반영해 유전체 데이터를 구축하겠다는 계획도 전했다. 엔비디아가 공개한 데이터 구축 지역을 보면 아시아에서는 중국과 일본만 포함됐다. 엔비디아는 미국 국립생물정보센터(NCBI)와 앙상블 게놈 브라우저 등에 있는 오픈소스 데이터를 기반으로 학습하는데, 한국은 여기에 참여하고 있지 않아 한국인 데이터는 빠진 것으로 알려졌다.

디지털 병리학 분야에서는 전 세계 최고로 꼽히는 미국 메이오클리닉과의 협업 수준도 한층 끌어올린다. 조직학 슬라이드 분석 속도를 높이고 정확도를 개선해 질병 진단 수준을 획기적으로 향상시키겠다는 목표다.

메이오클리닉은 로봇 스캐닝을 사용해 2000만장의 슬라이드 이미지와 1000만개의 환자 관련 기록으로 구성된 데이터 세트를 생성한 플랫폼을 구축했다. 이렇듯 방대한 데이터를 처리하는 데에 엔비디아의 블랙웰 칩과 이미징 오픈소스 의료 AI 플랫폼 모나이(MONAI)를 활용할 예정이다.

메이오클리닉은 개인별 진료 시간이 평균 1시간30분으로, 여러 전문의들이 함께 환자 한 명을 위한 진료를 동시에 진행하는 맞춤형 의료 서비스 부문에서 선두를 지키고 있다. 이에 엔비디아와 메이오클리닉의 협력을 통해 맞춤형 의료 서비스 시장 성장에 불이 붙을 것이란 기대감이 나온다.

팰로앨토에 본사를 둔 연구 기관인 아크 인스티튜트는 엔비디아의 바이오네모(BioNeMo) 플랫폼과 DGX 클라우드 인프라를 통해 오픈소스 생체 의학 AI 모델 개발을 가속화하고 있다. 이 연구소의 연구원들은 합성생물학 및 신약 개발 연구를 위해 DNA, RNA 및 단백질을 포함한 다양한 생물학적 구조를 통합하는 대규모 모델을 개발 중이다.

글로벌 시장 조사 기관인 포천 비즈니스 인사이트에 따르면 글로벌 디지털 트윈 시장 규모는 2023년 129억1000만달러에서 2032년 2593억2000만달러로 성장할 것으로 예상된다. 연평균 성장률은 39.8%로 예측된다. 급성장이 기대되는 글로벌 디지털 트윈 시장은 현재 다쏘시스템, 앤시스, 지멘스 등 글로벌 대기업들이 과점 중이다.

다쏘시스템은 산업 현장의 설계와 제조, 엔지니어링 전 과정을 3D 디자인을 중심으로 바꿔온 기업이다. 기업들은 자동차부터 전투기까지 가상 공간에서 설계하고 시뮬레이션함으로써 개발 기간과 비용을 줄이고 추후 발생 가능

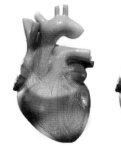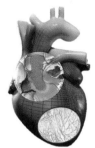

다쏘시스템 리빙 하트.

성이 있는 품질 문제를 예방한다. 플랫폼 위에서 제품 설계·테스트·엔지니어링 관련 조직이 협업하는 만큼 업무 단절로 인한 비효율도 피할 수 있는 구조다.

다쏘시스템이 특히 강조하는 키워드는 '버추얼 트윈'이다. 3D 설계 기반 협업 플랫폼 '3D익스피리언스 플랫폼'이 핵심이다. 디지털 트윈은 이미 존재하는 공장 등 실제 형상을 가상화해 과거를 읽어 현재의 문제에 대한 인사이트를 이끌어낸다면, 버추얼 트윈은 존재하지 않는 형상을 먼저 가상화시킨 다음 싱크를 맞춰 운영한다는 점에서 보다 더 미래 지향적 개념이다.

다쏘시스템은 버추얼 트윈을 사용해 임상 시험 가속화 방안을 담은 세계 최초의 의료 기기 업계용 가이드도 발표했다. 인실리코(in silico) 임상시험(시뮬레이션을 통한 가상 환경에서의 임상시험)에 관한 이 '강화된 플레이북(ENRICHMENT Playbook)'은 환자 안전, 규정 준수 및 혁신 속도 향상에 대한 요구에 대

응해 버추얼 트윈을 규제 프로세스에 통합하는 데 진전을 이뤘다는 평가를 받는다.

우수한 정확도로 환자 집단을 시뮬레이션하는 버추얼 트윈을 생성해 인간 및 동물 실험을 개선하거나 축소·대체할 수 있는 혁신적인 접근 방식이 포함됐다. 이를 통해 업계는 임상 시험 실행, 환자 집단 구축, 결과 해석 및 측정에 대한 지식을 활용해 기기가 환자에게 전달되기 전 그 효과를 더 잘 이해할 수 있게 됐다.

다쏘시스템은 '버추얼 동반자'의 개념도 내놨다. 버추얼 동반자는 버추얼 트윈의 상위 버전이다. 다쏘시스템은 버추얼 동반자에 대해 "쉽게 말해 사람이 컴퓨터에 대화하는 것이 아니라 컴퓨터가 사용자에게 말을 거는 것"이라고 설명한다. 컴퓨터로 작업할 때 시스템에서 느끼는 가장 큰 불만은 대부분 작업을 스트림(시간이 지남에 따라 사용할 수 있게 되는 일련의 데이터 요소)에 맡겨야 한다는 것인데, 이를 고쳐야 한다는 점에서 문제 인식이 시작됐다.

활용도는 높다. 기업이 신약을 테스트한다고 가정하면 언젠가는 사람을 대상으로 약물 효과와 독성을 측정해야 한다. 약을 복용한 집단과 복용하지 않은 집단의 차이를 평가하고 분석해야 한다. 다쏘시스템의 버추얼 트윈에선 AI를 사용해 해당 연구를 재현할 수 있다. 매우 적은 수의 사용자만을 대상으로 실험을 진행하거나 가상에서 실험을 대체할 수 있다. 다만 이 작업을 수행할 때 연구자는 지속해서 가상 공간을 관찰하고 문제점을 찾아야 한다.

반면 버추얼 동반자는 문제점과 개선점, 사람이 생각지 못한 부작용 등을 먼저 알려주고 기존 학습한 데이터를 토대로 실험을 가이드할 수 있다. 그만큼 실험 시간은 줄어들고 정확도는 높아진다.

AI 의사가 온다…수술 로봇의 시대

2025년 JP모건 콘퍼런스 행사를 통해 AI 헬스케어 분야에서의 대대적인 협업 소식을 알린 엔비디아는 향후 의료 분야의 노동력 부족 문제도 AI로 해결하겠다는 포부를 밝혔다. 엔비디아는 글로벌 의료 산업 규모를 약 10조달러로 추산했다. 킴벌리 파월 엔비디아 헬스케어 부문 부사장은 "AI의 최종 단계인 '물리적(physical) AI'는 수술용 로봇 등 의료 산업의 전 분야에 변화를 가져올 것"이라고 말했다.

그는 엔비디아의 코스모스와 같이 피지컬 AI 개발 도구가 미래 의료 산업의 핵심이 될 것이라는 전망도 내놨다. 파월 부사장은 "로봇 내시경과 수술 보조 장치, 소형 로봇 수술용 기술을 꾸준히 개발하고 있다"며 "머지않아 모든 병원, 병실이 피지컬 AI로 통합돼 전 세계 수술실과 병실에 로봇이 도입될 것"이라고 말했다.

피지컬 AI는 휴머노이드 로봇·자율주행차와 같은 물리적 기기에 탑재되는 AI를 의미한다. 기기에 채택된 AI가 실제 물리적 거리감을 인식해 다양한 활동이 가능하다. AI가 실제 물리적 기기에 이식된다는 점에서 'AI의 실물화'로

여겨진다. 2022년 오픈AI가 생성형 AI 시대를 열었다면, 미래 AI 시대는 피지컬 AI가 이끈다는 분석이 잇달아 나왔다.

글로벌 의료 로봇 시장은 2024년 160억달러에서 2029년 338억달러로 두 배 이상 커질 것으로 예상된다. 의료 로봇은 통상 △수술 로봇 △텔레프레전스 로봇 △살균 로봇 △배달 및 물류 로봇 △재활 로봇 △소셜 로봇 등 크게 6개 유형으로 구분된다. 전체 의료 로봇 시장에서 수술용 로봇 시장만 따로 떼어 본다면 이 시장 규모는 같은 기간 76억달러에서 117억6000만달러로 커질 전망이다. 이 기간 연평균 성장률은 9%에 달한다. 인튜이티브 서지컬의 '다빈치'는 대표적인 수술 로봇 제품으로 꼽힌다.

현재 로봇 수술 시장을 주도하는 인튜이티브 서지컬은 JP모건 2025를 통해 2024년도 실적을 발표하고 가장 최신 수술 로봇인 '다빈치 5'의 시장 확대 현황과 계획에 대해 밝혔다. 1995년 설립된 인튜이티브 서지컬은 2000년 미국 식품의약국(FDA)으로부터 세계 최초

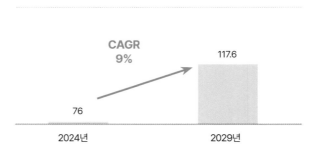

글로벌 수술 로봇 시장 전망

단위: 억달러

CAGR
9%

76
2024년

117.6
2029년

출처: 모도 인텔리전스

로 복강경 수술 로봇 다빈치 수술 시스템을 승인을 받은 기업이다. 이후 소프트웨어 및 영상 기술을 개발해 수술 로봇 명가로 자리 잡았다. 현재 인튜이티브의 다빈치 로봇은 각종 내시경 연조직 시술에 활발하게 활용되고 있으며, 시장 점유율은 80% 안팎으로 추산된다.

수술용 로봇은 특히 복강경 수술에서 큰 역할을 해왔다. 복강경 수술은 작은 구멍을 뚫은 뒤 이산화탄소를 주입해 공간을 확보하고 도구를 삽입해 수술을 진행한다. 배를 칼로 절개해 복강 내 장기를 치료하거나 제거하는 방식의 개복 수술보다 통증과 상처가 적고 회복 기간이 짧아 선호도가 높다. 복강경 로봇 수술은 1~2㎝ 크기만 절개하는 '최소 침습'과 '정교함'이 강점으로 꼽힌다. 로봇 팔은 인간의 손보다 섬세하고 손떨림도 없어 보다 정밀하고 안전한 수술이 가능하다.

다빈치는 초기 기본 모델을 거쳐 현재 5세대 제품까지 진화했다. 2024년 3월 FDA 승인을 받은 5세대는 기존 4세대 제품보다 수술 적용 범위가 넓어졌고 정밀도는 높아진 점이 특징이다. 다빈치 5세대의 기세는 매섭다. 2024년의 경우 미국 시장에서만 출시됐음에도 362대가 팔렸다. 이미 2500명 이상 외과 의사가 40종 이상 시술에 이용하는 등 빠르게 시장을 키워가고 있다. 수술 수행 건수도 3만2000건이 넘는다.

다빈치 5세대는 세계적으로 약 700만건의 수술에 사용된 4세대 다빈치를 다각도로 개선했다. 기존 제품보다 데이터 처리 능력 등 컴퓨팅 성능을 1만배 높였고, 수술 도구가 조직을 밀고 당기는 힘을 의료진이 정확하게 인지할 수 있는 '포스 피드백' 기술을 적용해 조직에 발생할 수 있는 외상을 줄였다. 이에 인튜이티브는 다빈치 5세대 확대에 박차를 가하기 위해 공급 능력도 강화하는 중이다. 2025년부터는 정기적으로 하드웨어 및 소프트웨어 업그레이드도 제공할 방침이다.

게리 구타트 인튜이티브 CEO는 "증강 현실, 데이터 분석, 기계 학습 및 원격 의료에서 인튜이티브의 점진적인 개선 노력을 살펴볼 수 있을 것"이라며 "외과의사와 환자들의 이익을 위해 자사가 확보한 엄청난 컴퓨팅 성능을 활용하기 시작할 때"라고 강조했다. 이어 "우수한 수술 기법과 결과 간 상관관계를 찾는 것이 자동화 기회를 열어줄 것"이라고 덧붙였다.

인튜이티브의 뒤를 추격하기 위해 또 다른 대형 의료기기 회사인 '메드트로닉'도 빠르게 움직이고 있다. 메드트로닉은 JP모건 행사에서 시장 2위를 노리고 있다고 천명한 바 있다. 2021년 유럽에서 출시한 휴고 로봇에 대해서는 2025년 미국에서도 비뇨기과에 승인을 신청하고, 탈장 및 부인과학에도 임상 시험을 추진 중이다. 메드트로닉의 경우 인튜이티브와의 경쟁에서 저렴한 가격을 경쟁력으로 내세운다. 하지만 제한적인 수술 부위 등으로 한계가 있다는 평가를 받는다.

또 다른 추격자로는 글로벌 빅파마 존슨앤드존슨이 꼽힌다. 다만 존슨앤드존슨 역시 2024년 말에야 '오타바' 수술 로봇이 미국에서 임상 시험 허가를 받는 등 이미 개발에 2년 이상 뒤쳐져 있어 인튜이티브와 유의미한 경쟁 구도를 이루기에는 역부족이다.

당분간은 경쟁사들이 인튜이티브의 아성을 뒤흔들기는 어려울 것이라는 게 대체적인 평가다. 경쟁 제품의 기술력이 올라오더라도 장벽은 있다. 다빈치가 이미 견고한 설치 기반을 확보한 만큼 의료기관들이 다빈치에 대한 의존을 거부하기 어렵다는 점이다. 여기에는 보수적인 성향이 강한 의료계의 특성이 크게 작용한다. 또 10만달러 안팎의 높은 가격대를 보이는 수술 로봇을 구입할 때에는 '전 세계에서 얼마나 사용됐느냐'가 주요 지표가 된다는 점에서 선점 효과도 상당하다.

5~10년 사이 대다수의 의료기관이 로봇 수술의 비중을 압도적으로 높일 것이란 전망이 나오는 가운데 10년 뒤에도 인튜이티브가 로봇 수술의 70%를 지배할 것이란 관측도 나온다. 메드트로닉과 존슨앤드존슨이 각각 10%를 점유하고 나머지는 소규모 업체들이 차지할 것이라는 의미다.

인튜이티브가 채우지 못한 틈새의 전문 분야를 겨냥한 신제품 출시도 가속화하고 있다. 최근 CMR 서지컬의 베르시우스 로봇이 담낭 제거 수술 분야에서 처음으로 승인을 받았다. 이외에도 버츄어 인시즌, 문 서지컬, 메디컬 마이크로인스트루먼츠 등이 2024년 처음으로 FDA 허가를 획득했다.

니치마켓 잡는 치료제 러시

2025년 JP모건은 완전히 새로운 방식의 모달리티가 주목받기보다는 기존에 이목을 끌던 분야가 꾸준히 흐름을 주도하는 양상을 보였다. 오랜 기간 생명공학 분야의 대표 화두였던 중추신경계(CNS) 질환에 대한 도전이 계속됐고, 비만 치료제에 대한 뜨거운 관심도 여전했다. 하지만 기존 치료제와 유사한 '자기 복제'가 아닌 새로운 기전 등을 통해 시장의 '빈틈'을 모색하려는 제약사들의 도전이 확인됐다.

현재 제약 업계의 뜨거운 감자인 비만 치료제는 새로운 기전의 경구형 치료제에 대한 수요가 확인됐다는 평가다.

먼저 화이자가 GLP-1 기반의 '다누글리프론(Danuglipron · 개발코드명 PF-06882961)'에 대한 임상 파이프라인을 공개하며 경구용 비만 치료제 시장 진출을 본격화했다. 다누글리프론은 화이자가 자체 개발한 GLP-1 작용제로 알려져 있다. 혈당을 건강한 수준으로 유지하고 인슐린 분비량을 늘려 체중 감량에 영향을 미치는 작용 기전을 보유하고 있다. 2025년 하반기 해당 파이프라인에 대한 후기 연구 단계를 개시한다는 계획이다. 화이자는 해당 분야의 전문가를 추가 영입 중이라는 사실도 알렸다.

화이자의 다누글리프론을 활용한 비만 치료제 개발은 이번이 두 번째 도전이다. 앞서 화이자는 2023년 12월 비만인 성인 환자 600명을 대상으로 진행한 1일 2회 제형의 임상 시험을 한 차례 중단한 바 있다. 임상2B상 시험에서 통계적으로 유의미한 체중 감소 효과를 보였지만, 동시에 메스꺼움, 구토, 설사 등 높은 수준의 부작용 발생 빈도도 나타났다는 이유에서였다.

하지만 화이자는 하루에 한 번만 먹어도 되는 새로운 비만 치료제로 다누글리프론의 개발 경로를 바꿔 경구용 비만 치료제 개발을 재개했다. 미카엘 돌스텐 화이자 최고과학책임자(CSO)는 "비만은 화이자의 핵심 치료 분야"라며 "1일 1회 제형 역시 경구용 GLP-1R 분야에서 경쟁력 있는 프로파일을 가질 것으로 믿는다"고 말했다.

암젠 역시 GLP-1 및 GIP 이중 작용제 '마리

글로벌 수술 로봇 시장 전망

화이자	다누글리프론	2025년 후기연구 개시
암젠	마리타이드	GLP-1/GIP 이중 작용제
리제네론	트레보그루맙	근육 감소 문제 해소 기대

타이드' 임상 3상 프로그램 착수를 공식화했다. 위고비는 식욕 및 혈당을 낮추는 GLP-1 호르몬 수용체를 표적으로 하고, 젭바운드는 GLP-1 호르몬과 또 다른 장 호르몬인 GIP를 자극한다. 암젠의 마리타이드는 GLP-1 수용체를 활성화하는 동시에 GIP 수용체를 차단하는 항체다.

리제네론(Regeneron)은 고용량 미오스타틴 항체인 '트레보그루맙'을 이용해 비만 치료제를 개발 중이다. 리제네론의 비만 치료제가 주목받는 것은 바로 현재 시장을 주름잡는 위고비나 젭바운드가 해결하지 못한 근육 감소 문제를 해결할 열쇠를 쥐고 있다는 점에서다. 미오스타틴은 근육 성장을 조절하고 근육 발달을 억제하는 중요한 단백질이다. 트레보그루맙은 미오스타틴을 차단함으로써 근육 성장을 촉진하는 동시에 잠재적으로 지방량을 감소시킨다. 리제네론은 미오스타틴 항체인 트레보그루맙을 GLP-1 계열인 세마글루타이드와 병용해 평가하는 임상 2상의 이니셜 결과를 2025년 하반기 발표할 방침이다.

CNS 분야에서의 도전도 이어졌다. 애브비와 중국 제약 기업 심시어파마슈티컬그룹의 자회사인 심시어자이밍은 현재 개발이 진행 중인 신약 후보물질 'SIM0500'과 관련한 선택권 행사를 포함한 라이선스 제휴에 합의했다. SIM0500은 현재 미국과 중국에서 임상 1상 단계의 시험이 진행 중인 재발성 또는 불응성 다발성 골수종 치료제 후보물질이다.

'SIM0500'은 심시어자이밍 측이 보유한 T세포 관여자 다중특이성 항체 기술 플랫폼을 적용해 독자적으로 개발했다.

마리아나 코타 스터너 애브비 부회장은 "애브비가 부단한 연구개발 노력과 제휴를 통해 다발성 골수종과 같이 복잡한 암들에 대응하는 혁신 치료제들을 개발하는 데 사세를 집중하고 있다"며 "심시어자이밍과 긴밀한 협력을 진행해 다발성 골수종 환자들의 미충족 의료 수요에 대응할 새로운 삼중특이성 항체 개발을 진행할 것"이라고 말했다.

바이엘은 파킨슨병 치료제로 1상을 성공적으로 마친 도파민 뉴런 세포치료제 '벰다네프로셀'이 2상을 건너뛰고 곧바로 3상에 진입한다는 소식을 전했다. 당초 임상 2상을 준비했으나 FDA와의 논의를 거쳐 바로 임상 3상에서 평가하기로 결정했다.

바이엘이 임상 3상을 시작하게 되면 동종 유래 만능줄기세포 약물로는 처음으로 진행되는 파킨슨병 임상 3상이 된다.

뱀다네프로셀은 파킨슨병에서 손실된 도파민 분비 신경세포를 대체하기 위해 설계된 세포 치료제다. 배양된 다능성 줄기세포에서 유래한 도파민 신경 전구세포를 뇌에 이식하는 방식으로 작동한다. 전구세포는 이식 후 성숙한 도파민 신경세포로 발달해 손상된 신경망을 재구성하고 운동 및 비운동 기능을 회복시키도록 고안됐다. 2021년 FDA로부터 패스트트랙 지정을 받았고, 2024년에는 재생의학첨단치료(RMAT)로 지정됐다.

3상은 중등도 파킨슨병 환자 약 102명을 대상으로 샴수술(Sham Surgery · 위약수술) 대조군과 비교 평가할 예정이다. 1차 평가 지표로는 78주간 환자가 16시간 동안 깨어 있는 시간을 기준으로 비운동성 이상증상이 없는 시간의 변화를 살필 예정이다.

과거 진행된 임상 1상에서는 12명의 환자를 대상으로 뱀다네프로셀 이식 후 24개월간 관찰이 이루어졌다. 그 결과 약물 관련 심각한 부작용이 없음이 확인됐다. 운동 장애와 관련된 2차 지표에서도 긍정적인 경향이 관찰됐다. 이를 바탕으로 FDA와의 논의를 통해 임상 3상 설계가 확정됐다.

로슈와 아일랜드 생명공학 기업 프로테나가 개발 중인 파킨슨병 치료제가 임상 2b상 시험에서 주요 목표 달성에 실패했음에도 관련 파트너십을 이어가겠다는 소식을 전했다. 로슈는 안정적인 증상 치료를 받고 있고 최소 18개월 이상 치료를 받은 초기 파킨슨병 환자 586명을 대상으로 프라시네주맙의 임상 2b상 시험을 진행해왔다. 프라시네주맙은 1차 평가 변수인 운동 진행 확인까지의 시간에서 잠재적인 임상적 효능을 보였지만 통계적 유의성을 확보하는 데는 실패했다.

로슈는 임상에서 관찰된 프라시네주맙의 효과를 더 조사하기 위해 추가 임상 연장 연구를 계속할 계획이다.

글로벌 빅딜 가속,
판 키우는 빅파마

매년 JP모건 행사는 첫날 글로벌 빅파마들의 대형 인수 · 합병(M&A) 소식으로 포문을 연다. 통상 JP모건의 '빅딜' 소식을 살펴보면 그해 제약 · 바이오 업계의 핵심 화두가 무엇인지를 알 수 있다는 평가다. 2024년의 경우 메인 트랙 발표 무대에 섰던 거의 모든 제약 · 바이오 기업들이 항체-약물접합체(ADC) 기술을 언급했으며 실제 존슨앤드존슨이 앰브릭스 바이오파마 인수를 선언하기도 했다. 이외에도 항암제, 당뇨 및 비만 치료제 등에 대한 투자 열기가 뜨거웠다. 2024년 전체 M&A 거래의 약 40%와 투자액의 45%는 고형암 치료제에 해당한다. 2025년에도 이들 분야에 대한 빅파마들의 관심은 계속됐다.

2025년에는 JP모건의 개막과 함께 존슨앤드존슨이 조현병 치료제를 개발한 미국 바이오 기업 '인트라 셀룰러 테라피스'를 146억달러, 무려 20조원이 넘는 금액에 인수하겠다고 발표해 시장을 놀라게 했다.

이는 2024년 2월 덴마크 노보노디스크가 165억달러에 미국 CDMO 기업 카탈런트를 인수한 이후 진행된 제약 · 바이오 분야 M&A 중 가장 큰 거래 가격으로 기록됐다. 존슨앤드존슨은 직전 해인 2024년도 JP모건 행사에서 ADC 기술을 보유한 앰브릭스를 20억달러에 인수한다고 발표했는데 1년 만에 7배 넘는 규모의 M&A를 추가로 단행했다.

이번 인수로 존슨앤드존슨은 인트라 셀룰러 테라피스의 조현병 · 양극성 장애 관련 치료제 '카플리타(Caplyta · 성분명 루마테페론)'를 포트폴리오에 추가하는 한편, 주요 신경계 질환 치료 후보물질을 확보했다. 카플리타는 2019년 조현병 치료제로 미국 FDA에서 시판 승인을 받은 신약이다. 신경 전달 물질인 세로토닌, 도파민, 글루타메이트 수용체 길항제로 작용하며 하루에 한 번 먹는 경구용 치료제다. 2021년에는 양극성 장애 치료제로도 추가 승인을 받았다. 인트라는 이외에도 불안 장애 · 알츠하이머병 관련 불안 치료제, 파킨슨병 치료제 등에 대해 임상을 진행하고 있다.

존슨앤드존슨에 이어 일라이릴리는 유방암 치료제 후보물질 'STX-478'을 개발 중인 스콜피온테라퓨틱스를 인수하겠다고 공표했다. 스콜피온테라퓨틱스는 미국 매사추세츠주 보스턴에 소재한 차세대 저분자 정밀의학 항암제 개발 전문 기업이다.

주력 파이프라인인 STX-478은 경구 형태의 유방암 및 각종 진행성 고형암 치료제로 현재 임상 1·2상 시험이 진행 중이다. 변이 선택적 PI3K-α 저해제의 일종이다. 회사에 따르면 STX-478은 암성을 나타내고 건강하지 못한 세포들의 작용 경로를 선택적으로 표적해 현재 사용 중인 PI3K-α 경로 표적 치료제의 핵심 한계를 극복한 차세대 PI3K 표적 치료제로 기대된다. 현재 출시된 PI3K-α 표적치료제는 건강한 세포에도 영향을 미쳐 고혈당 같은 대사 기능 장애을 일으키는데 STX-478은 이러한 우려를 줄일 수 있다는 의미다.

두 회사의 합의에 따라 스콜피온 주주들은 선급금 10억달러와 특정 규제 및 판매 마일스톤 달성에 따른 후속 지급금으로 최대 15억달러를 현금으로 수령한다.

이와 함께 스콜피온은 분사를 단행해 임직원들의 고용을 승계하고 PI3K-α 파이프라인을 제외한 자산을 보유한 기업으로 새출발하기로 했다. 스콜피온은 STX-478 외에 5개 파이프라인을 더 보유하고 있다. STX-721(엑손20 삽입 EGFR 변이 표적치료제), STX-241(엑손 19 결손, 엑손21 변이) 등이 대표적이며, 나머지 파이프라인도 베스트인클래스 또는 퍼스트인클래스 신약을 목표로 후보물질 발굴 또는 전임상 단계에 있다. 새 회사는 기존 스콜피온 주주들이 보유하되, 일라이릴리가 소수 지분 투자를 통해 경영에 참여한다.

GSK도 미국 바이오 테크 IDRx를 11억5000만달러에 인수하며 위장암 등 소화기계 항암 파이프라인을 확보했다. IDRx는 위장관기질종양(GIST)을 표적하는 차세대 KIT 저해제 IDRX-42를 보유하고 있다. 이 신약 후보 물질은 임상 1·2상에서 상용화 가능성을 확인하고 임상 3상 진입을 앞둔 상태다.

KIT 유전 변이는 위장관에서 종양 세포를 발생시키는 요인이다. GIST 환자의 80%에서 KIT 변이가 확인된다. 이로 인해 1차 치료 이후 환자의 90%가량이 저항성 변이를 겪어 내성 등이 발생할 위험이 높다. 하지만 2차 치료 옵션은 제한적인 탓에 미충족 수요가 높다. IDRX-42로는 1·2차 표적 치료 전략을 만들 수 있다.

IDRX-42는 IDRx가 2022년 8월 독일 머크로부터 라이선스를 받은 후보 물질이다. GIST 진행을 담당하는 '활성화 변이'와 기존 치료에 대한 반응을 둔화시키는 '저항성 변이'를 모두 억제시키는 것으로 알려졌다.

루크 밀스 GSK 최고상업책임자는 "IDRX-42가 지속 성장 중인 자사의 위장암 포트폴리오를 보완할 수 있을 것"이라면서 "이번 인수는 검증된 목표를 달성하고 기존 승인 제품이 있음에도 미충족 의료 요구가 명확한 자산을 확보하려는 자사의 접근 방식과 일치한다"고 밝혔다.

길리어드는 염증 분야의 포트폴리오를 강

인수 기업	피인수 기업	최대 거래 금액	인수 기술
존슨앤드존슨	인트라 셀룰러	146억달러	중추신경계 질환 치료제
일라이릴리	스콜피온테라퓨틱스	25억달러	유방암 치료제
GSK	IDRx	11.5억달러	고형암 치료제
바이오젠	세이지	4.7억달러	신경계 질환 치료제

화하기 위해 레오파마와 손을 잡았다. 전략적 파트너십을 통해 표적 단백질 분해제를 포함한 레오파마가 보유한 전임상 단계의 경구용 STAT6(Signal Transducer and Activator of Transcription 6) 프로그램의 개발 및 상용화를 가속화한다는 계획이다.

STAT6은 아토피성 피부염, 천식, 만성 폐쇄성 폐질환 등 Th2 매개 염증성 질환의 임상적으로 검증된 표적인 IL-4와 IL-13 사이토카인 신호 전달에 필요한 특정 전사 인자다. 이를 표적함으로써 광범위한 범주의 환자들을 치료하고, 현재 주사제 치료를 받고 있는 환자에게 경구 투여 대안을 제공할 수 있을 것으로 기대된다.

계약에 따라 길리어드는 레오파마에 선급금 2억5000만달러를 포함해 총 17억달러를 지급한다. 길리어드는 경구용 프로그램의 추가 개발을 주도하며, 레오파마가 국소 제형에 대한 STAT6 억제제 개발을 이끈다.

길리어드는 경구용 저분자 STAT6 프로그램의 개발·제조·상업화에 대한 글로벌 권리를 갖게 된다. 레오파마는 미국 외 지역에서 피부과

용 경구용 프로그램을 공동 상업화할 수 있는 옵션을 갖는다. 또 피부과용 STAT6 국소 제제에 대한 전 세계 독점권도 갖는다.

플라비우스 마르틴 길리어드 연구 담당 부사장은 "염증 치료제 포트폴리오를 지속 확장해나가며 염증성 질환 환자의 장기적인 완화를 지원하는 차세대 치료법을 개발하는 데 전념하고 있다"면서 "레오파마와의 파트너십을 통해 만성 염증성 질환으로 고통받는 환자를 위한 경구 투여 옵션을 개발하고자 STAT6 경로의 잠재력을 모색하겠다"고 말했다.

이외에도 바이오젠이 파트너사인 세이지테라퓨틱스에 인수 제안을 하기도 했다. 2020년 체결된 15억달러 규모의 파트너십 계약의 일환으로 바이오젠은 세이지에 6억5000만달러 지분 투자를 단행해 현재 10%가량의 지분을 보유하고 있다. 이번엔 30% 프리미엄이 붙은 주당 7.22달러, 총 4억6900만달러에 나머지 지분을 인수하겠다는 계획이다.

바이오젠과 세이지는 산후우울증(PPD)에 대한 주주베(Zurzuvae·성분명 주라놀론)와 본태성 떨림 및 기타 신경장애에 대한 SAGE-

324 개발을 위해 협력해왔다. 하지만 주주베는 추가 적응증 승인에 실패하고, SAGE-324의 경우 2024년 임상 2상에서 1차 평가 변수를 충족하지 못했다. 다만 주주베는 PPD에 대해 최초이자 유일한 승인 의약품으로 계속 판매되고 있다.

JP모건 행사 당시 세이지는 바이오젠의 인수 제안에 대해 "제안한 내용을 신중하게 검토하고 평가해 회사와 모든 주주에게 최선의 이익이 될 것으로 판단되는 결정을 하겠다"고 밝혔다. 다만 세이지는 이후 "세이지를 상당히 과소 평가한 것으로, 주주들의 최선의 이익이 아니라고 생각한다"며 바이오젠의 인수 제안에 대해 거부 의사를 전했다.

이렇듯 빅파마가 M&A에 적극적인 것은 새로운 먹거리 발굴이 절실해서다. 글로벌 빅파마들 다수가 현재 매출에서 중요한 비중을 차지하는 블록버스터 의약품의 특허 만료를 앞두고 있다. 미국 헬스케어 전문 투자사 리링크파트너스에 따르면 2030년까지 머크, 암젠, BMS 등 주요 빅파마들의 매출 30~60%를 차지하는 블록버스터 의약품 특허가 만료된다. 향후 10년간 약 170개 의약품이 특허권 만료를 앞두고 있으며, 이는 연간 매출 4000억달러에 육박하는 규모라는 분석도 있다. 이에 특허 만료에 따른 매출 공백을 채우기 위해 빅파마들이 실질적인 성과를 기대할 수 있는 기업 인수에 적극 나서고 있다는 평가가 나온다.

앞서 리링크파트너스는 세계 17대 제약사의 2025~2030년 예상 매출이 10억달러 이상인 제품에 대한 특허 만료 노출도를 평가해 발표했다. 그 결과 BMS와 MSD, 암젠, 노바티스, 아스트라제네카 등이 바이오시밀러와의 경쟁에 가장 많이 노출돼 신약 후보물질을 적극적으로 끌어당길 가능성이 높은 것으로 분석됐다.

일단 BMS는 2025년 매출의 64%가량이 2030년까지 특허 만료를 앞두고 있었다. 특히 2025년도 매출의 3분의 1 가까이를 차지할 것으로 보이는 엘리퀴스가 미국에서 2028년, 그 외 국가에서는 2026년까지 제네릭이 나올 예정이다. 옵디보 역시 미국에서 2028년 말, 포말리스트는 2026년 초 특허가 만료될 예정이다.

이어 MSD도 2025년 매출의 절반가량이 2030년까지 특허가 순차적으로 만료된다. MSD 매출의 상당 부분을 차지하는 블록버스터 의약품 키트루다의 특허가 2028년 만료된다. 또한 미국에서 2026~2027년 자누비아, 브리디온, 린파자가 특허 만료를 앞두고 있다. 다음으로 암젠의 프롤리아, 엔브렐, 엑스지바 등 2025년 매출의 42%를 차지하는 의약품이 2030년까지 특허가 만료될 예정이다. 노바티스 역시 2026년 매출의 37%에 해당하는 의약품이 동 기간 특허가 만료될 예정이다.

2030년 이후로는 일라이릴리, 길리어드, 노보노디스크 등도 리제네론, 바이오젠과 함께 특허 만료의 영향권에 들 것으로 예상된다.

3부

왜 K바이오인가

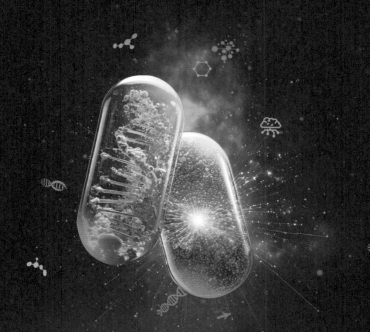

전통 제조업으로는 답 없는 한국

한국 경제에 울린 저성장 경고음은 어제오늘 일이 아니다. 문제는 한국 경제가 벼랑 끝으로 치닫는데, 더 이상 경제를 끌어올릴 수단이 남아 있지 않다는 점이다.

주요국 간 기술 선점 경쟁과 견제가 치열해지며 종전까지 한국을 이끌었던 제조업 위주 성장 공식이 들어맞지 않게 됐기 때문이다. 여기에 한국 주요 기업들의 혁신 에너지까지 점차 소멸되고 있다. 기존 제조업에만 의지해서는 생존을 장담할 수 없는 상황에 몰렸다. 새로운 도약을 모색해야 하는 절박한 순간이다.

매일경제신문이 경제협력개발기구(OECD) 성장률 데이터를 분석한 결과 연평균 잠재 성장률(물가 상승을 일으키지 않고 달성할 수 있는 성장률)은 2010~2020년 3.09%에서 2020~2030년 1.89%까지 줄어든 뒤 2050~2060년에는 -0.03%로 사실상 경제가 후퇴하는 상태에 빠지게 된다. 2001~2005년 잠재 성장률이 5.1%였던 데 비하면 불과 20여 년 사이에 반 토막이 난 셈이다.

한국 잠재 성장률 추락은 2008년 금융위기 이후 총요소생산성(0.9%포인트)이 1%포인트 이내에서 정체된 게 이유다. 쉽게 말해 아무리 자본과 노동력을 쏟아부어도 기술, 경영 혁신 등이 약해지면서 한국의 장기 성장 동력이 깎여나가고 있다는 뜻이다. 저출생·고령화 속도가 빨라지는 가운데 뚜렷한 기업 경쟁력 강화 방안마저 나오지 않는다면 한국 경제 후퇴는 불가피하다. 성장 함수가 거꾸로 가고 있다.

제조업의 성장 에너지도 예전 같지 않다. 한국 경제에서 제조업이 차지하는 위상과 성장 기여도 모두 하락하고 있다.

한국경제인협회와 산업연구원에 따르면 2010년 29.9%에 달했던 국내 총부가가치 중 제조업 비중은 점진적으로 줄어 2022년 26.2%까지 낮아졌다.

제조업이 경제 성장에 기여한 비율도 동반 하락세다. 한국은행에 따르면 2000~2004년 35.6%에 이르렀던 제조업의 성장 기여율은 점차 낮아져 2021~2023년 29.3%까지 하락했다. 성장 기여율은 연도별 편차가 크기 때문에 5년 단위 평균값을 기준으로 분석했다.

제조업 맏형인 반도체 산업 성장률은 꼭지를 찍고 둔화하고 있는데, 한국 경제가 반도체에 의존하는 비중은 거꾸로 늘었다. 그만큼 국가 산업 포트폴리오가 불안해지고 있다.

2003~2013년 12%에 달했던 반도체 산업 성장률은 2013~2023년 7%로 대폭 낮아졌다. 반면 전체 수출에서 반도체가 차지하는 비중은 2010년 11%에서 2015년 12%, 2020년 19%, 2024년 21%로 점차 늘고 있다.

한국의 수출 집중도는 10대 무역국 가운데 최대로 치솟았다. 전기장치, 기기(수출 비중 20.2%·2020~2022년 평균), 자동차(10.5%) 등 특정 품목 의존도가 높은 한국의 수출 구조가 반영된 결과다.

한국경제연구원이 2023년 한국무역협회 통계와 유엔의 국제무역 통계를 활용해 주요 국가의 수출 품목 집중도를 산출한 결과 한국은 779.3포인트로 세계 10대 수출국(평균 548.1포인트) 중 가장 높은 것으로 조사됐다. 한국 다음으로 일본(753.0포인트), 중국(640.2포인트), 캐나다(621.5포인트), 벨기에(584.1포인트), 독일(529.7포인트) 순으로 수출 품목 집중도가 높았다. 10대 상위 수출 품목의 수출액이 전체 수출에서 차지하는 비중은 한국(68.7%)이 세계 10대 수출국(평균 58.8%) 가운데 가장 높게 나타났다. 국가 산업 포트폴리오를 다각화하고 특정 경기 사이클을 덜 타는 업종 성장이 절실해진 것이다.

이런 가운데 경제에 미치는 입김이 가장 큰 인구 충격이 엄습했다. 이미 한국은 2024년 말 65세 이상 노인 인구가 전체의 20%를 넘는 초고령사회에 진입했다. 인구 위기에 일손 부족 상황이 심해지면서 학교, 국방, 고용 분야 곳곳에서 누수가 커질 전망이다. 통계청은 국내 인구가 2023년 5171만명에서 2072년 3622만명으로 1549만명 줄 것으로 봤다. 경제 활동 주축인 생산연령인구(15~64세)는 2023년 3674만명에서 2039년 2955만명으로 줄어든 후 2072년 1685만명으로 반 토막날 전망이다.

그나마 이는 합계출산율(여성 1명이 평생 낳을 것으로 예상되는 출생아 수)이 2023년 0.7명에서 2036년 이후 1.0명을 웃돌 것을 가정한 중위 추계다. 출산율이 0.7~0.8명으로 정체된 최악의 시나리오(저위 추계)에서 2033년 인구 5000만명 선이 무너지고, 2072년 인구는 3017만명으로 2024년보다 2153만명 급감한다.

최근 20년간 한국, 중국, 일본이 성장한 궤적을 따라가보면 흥미로운 결과가 나온다. 매일경제가 세계은행(WB) 데이터를 추출해 각국이 성장한 요인(단일 국가 성장회계)을 살펴보니 인적 자본, 취업자, 자본 투입이 국민 소득 증가에 기여한 정도가 천차만별이다. 전체 국가 성장률을 100%라고 봤을 때 일본은 인적 자본, 취업자, 자본 등 생산 요소가 성장에 기여한 정도가 무려 92%포인트에 달했다. 다만 한국보다 한 발 먼저 움직인 저출생·고령화 현상에 일손 부족 사태가 심해지며 성장 동력이 깎이는 상황이다. 취업자의 성장 기여도가 −4%포인트로 경제를 짓누르고 있다.

중국은 생산 요소의 성장 기여도가 50%포인트로, 의외로 총요소생산성 비중(50%포인트)이 높다. 한국과 일본 등 선진 기술을 공격적으로 흡수하는 추격형 전략으로 지금까지 성장을 일궈왔다는 해석이 가능하다.

한국은 중국과 일본의 중간 지점에 서있다. 생산 요소의 성장 기여도가 68%포인트, 총요소생산성 기여도가 32%포인트다. 중국만큼 총요소생산성이 높지는 않지만 인적 자본이 성장에 기여한 정도가 월등하다. 또 일본만큼 자본 투입 정도가 우수하지는 않지만 일손이 상대적으로 더 많다.

각자의 성장 스토리를 가진 한·중·일은 동아시아 역내 교류를 밑천 삼아 동반 성장했다. 이를 가능하게 했던 것은 인구다. 한국과 일본은 뛰어난 인적 자본을 바탕으로 기술 혁신을 일궜고, 중국은 풍부한 노동력과 내수 시장을 바탕으로 세계 경제 지분을 넓히며 3국이 시너지를 냈다.

이제 급속한 저출생·고령화 현상에 한·중·일 인구 붕괴 속도가 빨라지며 이 같은 성장 공식이 무너지기 시작했다. 유엔에 따르면 2023년 한·중·일 인구는 전 세계에서 차지하는 비중이 19.9%를 기록해 사상 처음 20% 선이 무너졌다. 지금까지 3국은 인구 성장세와 비슷한 수준으로 경제 위상을 다졌다. 2022년 기준 한·중·일 인구는 20.1%, 상품 수출액은 20.2%, 국내총생산(GDP)은 23.5%다. 세계

총부가가치 대비 제조업 비중

단위: %

29.5 29.9 29.5
28.5 28.0
26.2

2000년 2005년 2010년 2015년 2019년 2022년

제조업 성장 기여율

단위: %

35.6 34.4
33.1
29.3
20.8

2000년~2004년 2005년~2008년 2010년~2014년 2015년~2019년 2021년~2023년

출처: 한국경제인협회, 한국은행, 산업연구원

한국 잠재 성장률 추이

단위: %

5.4
4.6
3.7
3.1
2.4 2.2

2000년 2005년 2010년 2015년 2020년 2023년

출처: OECD

인구는 늘지만 유독 3국 인구는 줄며 경제 격차가 커지고 있다. 인도, 아프리카 등 인구 강국 등장에 2024년 80억명이었던 세계 인구는 2040년 92억명, 2058년에는 사상 처음 100억명을 돌파할 전망이다.

저출생·고령화 인구 충격이 한국 경제를 직접적으로 때리는 부분은 일자리 시장이다. 인구 충격을 이대로 방치하면 먼저 취업자와 생산가능인구가 고꾸라지고 이어서 성장률 한파가 몰려올 것으로 관측됐다. 매일경제가 분석한 결과 2010~2020년 연평균 1.15%씩 늘었던 잠재 취업자 증가율은 2020~2030년 0.12%로 급감한다. 이에 따라 OECD 38개국 가운데 12위였던 취업자 증가율 순위도 22위로 추락할 것으로 전망됐다. 잠재 취업자는 우리 경제가 잠재 성장률 수준을 달성했을 때 경제 부문에서 발생하는 고용량으로 전반적인 일손 표정을 가늠하는 지표다.

문제는 앞으로 사정이 더 안 좋아진다는 점이다. 2030~2040년 취업자 증가율은 −0.82%(OECD 36위)로 뒷걸음질치고 2040~2050년 −1.35%(38위), 2050~2060년 −1.41%(38위)로 OECD 꼴찌로 처진다.

우리 경제를 떠받치는 생산가능인구도 함께 쪼그라든다. 2010~2020년 연평균 0.55%씩 성장했던 잠재 생산가능인구는 △2020~2030년 −0.21% △2030~2040년 −1.1% △2040~2050년 −1.41% △2050~2060년 −1.39%로 가라앉는다.

중장기 취업자 및 잠재 성장률 전망

구분	취업자 증가율(%)	잠재 성장률 (%)
2010~2020년	1.15	3.09
2020~2030년	0.12	1.89
2030~2040년	-0.82	0.69
2040~2050년	-1.35	0.05
2050~2060년	-1.41	-0.03

*해당 기간 연평균 증감률 기준. 잠재 성장률은 물가 상승을 일으키지 않고 달성할 수 있는 성장률.

출처=OECD·한국경제연구원

더 큰 문제는 위기에 강한 한국 특유의 경제 복원력이 급격히 약해지고 있다는 점이다. 한국은 외환위기 직후인 1999년 기저효과를 감안해도 큰 폭인 11.5% 성장을 일궈냈다. 환란 이후 5년간 평균 성장률은 7.3%에 달해 위기를 기회로 바꿨다. 글로벌 금융위기 이후도 마찬가지다. 0%대 성장 이후 2010년 국내총생산(GDP)은 6.8% 늘었고 이후 5년간 평균 3.9%의 안정적인 성장이 이어졌다.

하지만 최근 상황은 사뭇 다르다. 코로나19 사태로 인한 역성장 이후 2021년 성장률은 4.1%로 반짝 반등했지만 2022년 2%대 중반으로 처졌다.

2025년 2~3월 한국은행과 OECD는 잇달아 2025년 한국 경제가 1.5% 성장하는 데 그칠 것으로 내다봤다. 특히 OECD는 2024년 12월 한국 성장률 전망치를 2.2%에서 2.1%로 낮췄는데, 또다시 0.6%포인트 내렸다.

이제 바이오가 경제 판도 바꾼다

한국은 전통적인 제조업에만 의존해서는 저성장 늪에서 빠져나오지 못한다. 활로는 바이오 산업이다. 전 세계적으로 급속히 규모가 커지는 산업인데, 앞으로 잠재력은 더 크다. PwC · Strategy&에 따르면 2025년 글로벌 바이오 산업 규모는 2조4000억달러로 반도체(7000억달러)의 세 배를 넘어설 것으로 분석된다. 2030년 전 세계 바이오 시장 규모는 3조3000억달러로 앞으로 성장세가 더 빨라질 전망이다.

바이오산업이 빠르게 성장하는 직접적인 이유는 전 세계가 일제히 이 시장을 향해 질주하고 있어서다. 공격적으로 투자 속도를 높이면서 경쟁국을 집중 견제하고 있다.

미국은 생성형 인공지능(AI)과 생명공학을 융합해 신약 개발에 박차를 가했고, 중국은 국가 주도 전략으로 미국 추격에 나섰다. 일본은 고령화 충격을 완화하기 위해 연구개발(R&D) 지원을 늘리며 줄기세포 강국으로 부상했다.

반도체 전쟁인 '칩 워' 뒤를 이어 '바이오 워'가 터졌다. 도널드 트럼프 미국 대통령은 2025년 초 의약품에 25%의 관세를 부과하겠다며 전 세계를 상대로 세금 전쟁에 불을 지폈다. 관세를 내기 싫으면 미국 바이오에 투자하라며 압박하고 있다.

중국도 대응 수위를 높이고 있다. 시진핑 중국 국가주석은 2024년 말 미국 일방주의를 배격해야 한다며 아시아 · 태평양 국가들이 바이오 협력을 강화하자고 촉구하고 나섰다. 중국의 2025년 국가 중점 과제도 바이오 생산 능력 증대에 맞춰져 있다.

바이오 패권경쟁은 확전 일로다. 미국은 관세 전쟁에 이어 중국 기업 규제를 대폭 강화하는 생물보안법을 재추진할 전망이다. 중국은 '바이오 경제 발전 5개년 계획'을 통해 미국 추격에 속도를 내고 있다. 유럽연합(EU)은 560억달러 규모 R&D 사업을 가동하고 있고, 일본은 2030년까지 세계 최고 바이오 경제 강국으로 발돋움하겠다고 천명했다.

빅테크 기업 역시 바이오 산업에 속속 진출하고 있다. 미국 오픈AI는 5000억달러가 투입되는 초대형 데이터 사업인 '스타게이트'를 주도

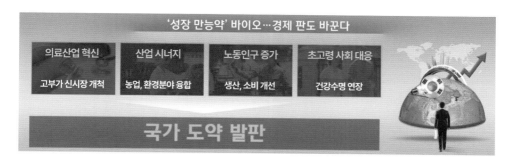

'성장 만능약' 바이오 ··· 경제 판도 바꾼다

의료산업 혁신	산업 시너지	노동인구 증가	초고령 사회 대응
고부가 신시장 개척	농업, 환경분야 융합	생산, 소비 개선	건강수명 연장

국가 도약 발판

하고 있다. 중국의 AI 업체 딥시크도 이에 맞불을 놨다. AI 기술 경쟁 다음 순서는 AI와 생명공학이 융합된 디지털 바이오 전쟁이다. 2024년 데미스 허사비스 구글 딥마인드 대표가 질병 경로를 AI로 분석해 노벨화학상을 받은 것도 의미심장하다. AI 기술이 접목되면 몇 년이 걸리는 약물 발굴 작업을 단 며칠 안에 할 수 있게 된다.

현 인류에게 반도체는 산업의 쌀로 통한다. 앞으로는 바이오가 우리 먹거리를 좌우할 '생명의 쌀'로 통할 것이다. 국내 바이오 의약품인 자가 면역 질환 치료제 '짐펜트라'의 1mg당 판매가는 3만3000원이다. 첨단 반도체로 불리는 HBM은 1mg당 128원이다. 앞으로 더 유망한 바이오 의약품이 탄생한다면 더 놀라운 부가가치를 창출할 수 있다.

국내 바이오산업을 키우면 고용 창출 간접 효과도 크다. 한국경제인협회와 산업은행에 따르면 2023년에 비해 2024년 반도체 설비 투자는 8조7000억원 확대됐으며 국내 경제에 1만6000개 일자리를 창출하는 효과를 낸 것으로 분석됐다.

만약 동일한 자금이 바이오, 헬스케어 산업에

글로벌 바이오-반도체 시장 규모

단위: 조달러

바이오·제약: 2024년 2.2, 2025년 2.4, 2026년 2.4, 2027년 2.6, 2028년 2.8, 2029년 2.9, 2030년 3.3

반도체: 2024년 0.6, 2025년 0.7, 2026년 0.8, 2027년 0.9, 2028년 0.9, 2029년 0.9, 2030년 1.0

2024년 2025년 2026년 2027년 2028년 2029년 2030년

━ 바이오·제약   ━ 반도체

출처: Strategy&Korea

투자됐다면, 평균 약 6만개의 일자리 창출 효과가 발생할 것으로 추산됐다. 반도체 산업의 3.7배에 달하는 고용 효과가 나타나는 것이다. 다른 5대 주력 업종으로 범위를 확대해봐도 바이오산업의 취업 효과는 월등했다. 2024년 반도체 설비 투자에 투입된 금액과 같은 금액이 반도체, 자동차, 철강, 조선, 석유화학 등 제조업 5대 주력 업종에 투자됐다면 일자리 창출 효과는 평균 3만3000명으로, 바이오산업의 절반 수준에 그칠 것으로 분석됐다. 2023년 한 해 취업자는 전년 대비 32만7000명 늘었다. 바이오에서 반도체만큼 설비 투자가 단행되면 전체 취업자 수 증가분의 18% 수준의 취업 효과를 더할 수 있을 것으로 평가됐다.

제네릭에서 바이오텍까지
양적 성장

국내 바이오산업은 레드 바이오(생명공학, 의료 분야 융합 산업)를 위주로 '폭풍 성장'했다. 제조업 강국 DNA를 발휘해 글로벌 제약사 의약품 특허가 만료되면 발 빠르게 바이오시밀러와 같은 복제약을 만들었다.

한국 특유의 제조업 강점을 십분 활용해 몸집을 키웠다. 그 덕에 매출 1억달러 이상 기업이 2013~2023년에 걸쳐 두 배 넘게 늘었다.

대형 제약사가 제품 개발을 의뢰하면 이를 공장에서 만들어주는 위탁개발생산(CDMO)으로도 몸집을 키웠다. 국내 바이오 업계 양대 산맥인 셀트리온과 삼성바이오로직스가 이렇게 컸다. 지난 10년간 대형 상장사 매출 증가폭을 보면 한국은 2.8배가 늘어 중국(1.8배), 미국(1.6배), 일본(1.2배)을 앞질렀다.

바이오산업이 무르익기 시작한 시기는 2000년대부터다. 제네릭을 기반으로 산업이 육성되기 시작한 때다. 고령화 속도가 빨라지고 의료비 절감 요구가 강해지면서 약가 인하를 위한 복제약 수요가 크게 늘기 시작했다. 이 때문에 내수 위주로 산업이 형성됐다.

2단계 전기는 2010년대부터다. 셀트리온의 램시마와 같은 대표적인 바이오시밀러가 수출되고 삼성바이오로직스가 CDMO 생산능력을 배가하는 시기다.

3단계는 2020년대 이후 본격화했다. 이른바

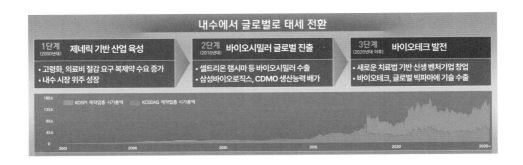

바이오테크 발전기다. 새로운 치료법에 기반한 신생 벤처기업 창업이 잇따르며 국내 기술 기업이 글로벌 빅파마와 협력을 확대하며 신약 개발, 기술 수출 성과가 가시화했다. 유한양행의 항암제 렉라자가 FDA 승인을 받고, 알테오젠 SC 제형 변경이 기술 수출된 것이 대표적이다.

K바이오는 이제 내수용 복제약 생산에서 탈피해 수출 시장을 확대하고 있다. 글로벌 제약 회사를 상대로 대형 기술 수출을 잇달아 성사시키며 몸집을 키워가고 있다.

2023년 K바이오의 포트폴리오 현황을 살펴보면 대웅제약, 광동제약, 종근당, 유한양행 등 합성제약을 주로 생산하는 업체 매출 비중이 전체의 46%에 달해 바이오 주력으로 활약하고 있다. 삼성메디슨, 세라젬, SD바이오센서, 오스템임플란트를 비롯한 의료 기기 매출 비중이 전체의 28%로 뒤를 잇는다.

셀트리온, 삼성바이오에피스, 한미약품, 녹십자 등 바이오 의약품 제품 라인을 갖춘 기업 비중이 18%이며 삼성바이오로직스, 롯데바이오로직스 등 CDMO 업체의 비중은 8%다.

합성제약 분야는 제네릭을 위주로 안정적인 수익원을 확보하면서 대형사가 최근 신약 성과를 내고 있다.

인구 고령화로 인한 꾸준한 의약품 수요 증가로 내수 기반이 성장하고 있다. 또 의료 분업 이후 의약품 유통 구조 체계화로 전문의약품 시장이 확대됐다. 대형 제네릭 제품을 중심으로 성장했지만 최근에는 대형 제약사들이 수출

최근 10년간 대형 상장사 매출 증가폭

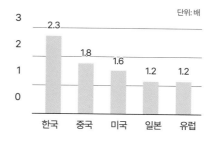

단위: 배

연 매출 1억달러 이상 기업 기준

출처: Strategy&Korea

합성 의약·바이오시밀러로 몸집 키워

출처: Strategy&Korea

증가 및 개량, 복합 신약을 자체 개발하며 체질 개선을 도모하고 있다.

의료 기기 부문은 치과와 영상 진단을 중심으로 산업군이 형성됐는데 AI 기술을 활용해 제품을 고도화하며 글로벌 수요가 증가하고 있다.

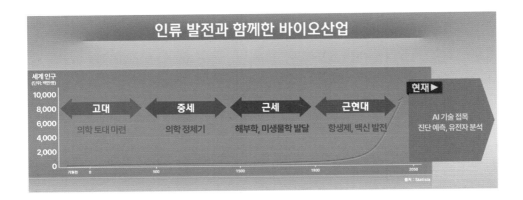

2019~2020년 이후엔 코로나19 사태 영향으로 체외 진단 분야가 급성장했지만 팬데믹 이후엔 수요가 정체됐다. 대신 안티에이징과 자기 관리 수요 증가로 메디컬 에스테틱 부문이 꾸준히 성장하고 있다.

바이오 의약품 산업 포트폴리오는 바이오 시밀러 위주로 성장하면서 최근 바이오 신약 개발 성과가 차츰 가시화하고 있다. 차세대 K바이오를 먹여 살릴 핵심 성장 동력으로 손꼽힌다. 셀트리온, 삼성바이오에피스 등 대기업이 바이오 시밀러 분야에 진입한 이후 수출이 큰 폭으로 증가하며 국내 바이오 의약 산업 성장을 견인하고 있다. 특히 코로나19 백신 위탁 공급에 따라 백신 수출액이 크게 증가하며 국내 바이오 의약 산업 성장에 기여하고 있다. 제약·바이오사들은 점차 신약 R&D 비중을 높이며 2010년 후반부터 바이오 의약품 파이프라인과 기술 수출 성과를 꾸준히 올리고 있다.

CDMO는 바이오 의약품 위탁 생산 수요와 대규모 설비 투자를 기반으로 성장해나가고 있다. 삼성바이오로직스를 필두로 자본력을 기반으로 지속적인 설비 투자 증설, 효율적인 생산 체제 구축 등을 통해 글로벌 제약사 고객을 확보하고 있다. 롯데바이오로직스, SK팜테코 등 후발 주자도 시장 진출에 적극적으로 나섰다. 바이오 의약품 수요 증가에 따라 CDMO 수요도 덩달아 늘고 있다.

세계 무대에선 우물 안 개구리···
中에도 밀리는 경쟁력

K바이오에 호재만 있는 건 아니었다. 잠재력이 큰 기업들이 좌절하는 일도 빈번했다. 코오롱 인보사 사태가 대표적인 사례다. 식품의약품안전처는 코오롱이 세계 첫 골관절염 치료제 성분을 속였다며 회사를 형사 고발했는데 2024년 11월, 1심 재판부가 회사에 대해 무죄를 선고했다. 1심 재판부 판결이 나오기까지 K바이오는 혁신적인 의약품을 내놓고도 5년의 세월을 허비해야 했다. 반면 미국은 안전성에 문제가 없다며 2020년에 임상을 허가했다. 앞으로 내달려야 할 K바이오가 국내 당국의 태클로 주저앉은 것이다.

신약 인허가 '병목 현상'도 심하다. 한국은 신약 인허가 신속심사제를 미국보다 19년이나 늦은 2021년에야 도입했다. 그나마 허가에 걸리는 시간도 400일가량 되는 사례가 속출하고 있다. 목표 심사 기간을 크게 넘어선다. 들쭉날쭉한 심사 기준 때문에 허가가 늦어져 신약을 개발해도 타이밍을 놓치기 일쑤다.

더 큰 문제는 국내 기업 매출 규모가 글로벌 기업과 비교할 수 없을 정도로 작은데, 고부가가

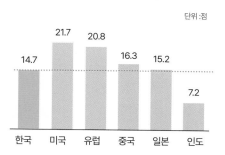

국가 바이오 경쟁력 지표

단위 :점

한국 14.7 / 미국 21.7 / 유럽 20.8 / 중국 16.3 / 일본 15.2 / 인도 7.2

*인재, 자본력, 생태계, 일상 인프라, 규제 환경 분야
종합한 경쟁력 점수

출처: Strategy&Korea

치 제품의 바탕인 R&D 투자는 부진하다는 점이다.

만성적인 R&D 결핍과 기업 간 협력 생태계 부재, 전문 인력과 자금 지원 부족이라는 4대 장벽이 한국의 도약을 가로막고 있다. 지금 K바이오에 필요한 것은 빠른 질적 성장이다.

고성장한 K바이오 경쟁력을 해부해보면 한국이 '우물 안 개구리'에 머무르고 있는 상황이 단적으로 드러난다.

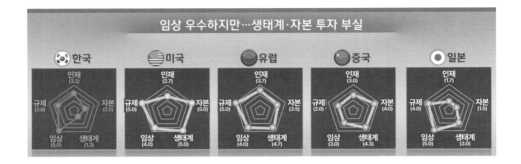

임상 우수하지만…생태계·자본 투자 부실

한국
인재 (3.3)
규제 (3.0)
자본 (2.0)
임상 (5.0)
생태계 (1.3)

미국
인재 (2.7)
규제 (5.0)
자본 (5.0)
임상 (4.0)
생태계 (5.0)

유럽
인재 (3.7)
규제 (5.0)
자본 (3.5)
임상 (4.0)
생태계 (4.7)

중국
인재 (3.0)
규제 (2.0)
자본 (4.0)
임상 (3.0)
생태계 (4.3)

일본
인재 (1.7)
규제 (4.0)
자본 (1.5)
임상 (5.0)
생태계 (3.0)

매일경제 비전코리아 프로젝트팀이 글로벌 컨설팅사 PwC·Strategy&와 함께 주요국 '바이오 경쟁력 지표'를 산출한 결과 한국의 평점은 14.7점으로 미국(21.7점)은 물론 중국(16.3점), 일본(15.2점)에도 밀리는 것으로 나타났다. 생명과학 논문 피인용 수, 인구 100만명당 연구 인력 등 인적 자원과 임상 현황, 규제 현황, 산업 생태계, 자본 조달 능력 등 5개 잣대를 추려 종합 평점을 매긴 결과다.

한국은 인적 자원과 의약품을 시험할 수 있는 임상 인프라스트럭처는 우수했다. 특히 '빅5' 병원이 주축이 된 임상 환경은 주요국 가운데 최고 수준을 기록했다. 하지만 산업 간 시너지 효과를 낼 수 있는 생태계는 주요국 가운데 가장 부진했다. 바이오 헬스케어 분야 스타트업이 크게 적은데, 바이오 클러스터 효율성까지 낮아 산업 발목을 잡았다.

자금 조달 환경도 고질병이다. 기업 R&D 투자율과 바이오 관련 정부 R&D 예산이 저조했다. 2024년 미국 '톱10' 바이오·제약 기업들은 R&D에만 1029억달러를 쏟아부은 데 비해 한국은 이의 100분의 1밖에 안되는 9억달러를 투자했다. 유럽(684억달러), 일본(171억달러)과 비교해도 격차가 크다. 정부 R&D 예산 중 바이오 비중의 경우 한국은 9%에 불과해 20%가 넘는 미국, 중국에 크게 밀렸다.

바이오 투자 온기를 엿볼 수 있는 벤처캐피털(VC) 활동도 열악하다. 한국에선 지난 5년간 66억달러가 투자됐는데, 미국(1990억달러), 중국(730억달러), 유럽(660억달러)과 차이가 컸다.

투자 격차는 사업 성과로 직결된다. PwC·Strategy&가 연 매출 10억달러 이상 블록버스터 신약 출시 상황을 분석한 결과 유럽은 36개, 미국은 34개를 보유한 것으로 조사됐다. 일본(3개)과 중국(1개)도 바이오 판도를 바꿀 의약품을 갖고 있다. 하지만 한국은 단 1개의 블록버스터 신약도 쥐고 있지 않다.

앞으로 K바이오는 어디서 활로를 찾아야 할까. 주요국별 최대 바이오 기업의 10년간 평균 매출 증가율과 R&D 투자 비중을 분석해 보면 방향이 명확히 드러난다. 국내 대표 바이오 기업은 그동안 위탁생산 위주로 고성장했다. 하지만 매출 크기는 경쟁국에 비해 턱없이 작다.

R&D 투자도 국제적 수준에 미치지 못한다. 앞으로는 R&D를 대대적으로 키우면서 블록버스터 신약을 개발해 몸집을 키워야 국제 무대에 명함을 내밀 수 있다.

정부가 지원을 대폭 늘려 기업 투자 마중물을 붓고 이를 통해 대박 신약 생산 체제 등 부가가치가 높은 분야로 전환하는 작업이 시급해졌다는 평가다.

김창래 PwC · Strategy& 전략본부장(파트너)은 글로벌 바이오 패권경쟁 현황을 통해 K바이오 현주소를 분석하며 한국의 변화를 촉구했다.

김 본부장은 "K바이오의 성장 골든타임은 3년 남았다"며 "한국은 더는 머뭇거릴 시간이 없다"고 강조했다.

K바이오 산업이 크게 의존하고 있는 바이오 시밀러(바이오 의약품 복제약) 시장은 2028년부터 글로벌 대형 제약사의 주요 특허가 순차적으로 만료되며 경쟁이 거세질 전망이다. 글로벌 의약품 매출 1위인 미국 머크의 면역항암제 키트루다와 미국 브리스톨마이어스스퀴브(BMS)의 항암제 옵디보가 대표적이다. 두 개 의약품의 지난해 매출만 50조원에 달한다.

실제 각국 대형 제약사는 특허 만료 이후를 대비해 바이오 시밀러 부문을 대폭 강화하고 있다. 독일의 베링거인겔하임은 자가 면역 질환 치료제 휴미라의 복제약을 출시하며 바이오 시밀러 시장에 진출했다. 스위스 노바티스도 휴미라의 미국 특허 만료 시점에 맞춰 일찌감치 복제약 전문 자회사를 독립 상장시켰다.

김 본부장은 대대적인 R&D와 정부 지원 확대가 시급하다고 처방했다. PwC · Strategy&가 국가 R&D 예산 중 바이오 비중과 산업 R&D 투자율 등을 5점 만점으로 환산해 분석한 결과 한국의 평점은 2점으로 미국(5점), 중국(4점)의 반 토막에 그쳤다. 국내 매출 상위 톱10 기업의 지난해 R&D 투자액은 9억달러로 미국(1029억달러), 유럽(684억달러), 일본(171억달러)과는 비교도 되지 않는다.

한국이 패권국 기업에 비해 매출 규모가 절대적으로 작은데 R&D 투자까지 뒤처지며 질적 성장에서 퇴보하고 있는 것이다. 지난해 한국 10대 바이오 기업 매출액은 141억달러로 미국의 3%, 일본의 16%에 불과하다.

김 본부장은 "국내 바이오기업은 매출 규모가 경쟁국에 비해 턱없이 작다"며 "대대적인 R&D로 블록버스터 신약을 개발해야 국제 무대에 나설 수 있다"고 말했다. 이어 "미래에 변화가 클 것으로 예상되는 디지털 바이오에 R&D에 집중해야 한다"고 역설했다.

제2 삼성전자 확보하려면 바이오만이 해법

바이오산업의 강점은 확장성이다. 생명공학이 의료와 결합하면 바이오 의약품을 만드는 레드 바이오가 된다. 환경 분야로 진출하면 신소재를 생산하는 화이트 바이오, 농업과 접목하면 차세대 종자를 양산하는 그린 바이오로 발전한다.

성장성이 레드 바이오보다 높은 화이트·그린 바이오 분야 역시 동시다발적으로 키워야 한다. 생명공학이 의료와 융합한 레드 바이오와 화학과 결합한 화이트 바이오, 농업과 접목한 그린 바이오 등 3대 산업을 집중 육성하면 K바이오 규모가 10년 새 4배 커져 반도체를 뛰어넘을 것으로 예측됐다. 대한민국에서 삼성전자급 기업이 하나 더 나와 만성적인 저성장에서 탈출할 수 있을 전망이다.

매일경제 비전코리아 프로젝트팀은 글로벌 컨설팅사인 PwC·Strategy&와 △의료 데이터 △혁신 신약 △산업 융합 △항노화 분야 제도를 대폭 개선하는 내용을 담은 K바이오 필승전략 '액션플랜 V4'가 가동됐을 때 경제 효과를 분석했다.

이 전략이 충실히 실행되면 국내 바이오산업 규모는 2024년 60조원에서 2034년 244조원으로 성장할 수 있을 것으로 기대됐다. 2034년 반도체 업종 예상 산업 규모는 240조원이다. 반도체를 넘어 K바이오가 국내 최대 업종으로 올라서는 것이다. 2024년 삼성전자 전체 매출(301조원)에 버금가는 산업이 하나 더 생기는 것이다.

2024년 국내총생산(GDP)에서 반도체 산업이 차지하는 비중은 7.9%로 제조업 가운데 가장 높았다. 반면 자동차, 화학, 기계장비, 바이오가 차지하는 몫은 2~3%에 불과했다. 그만큼 한국 경제의 반도체 의존도가 높은 것이다.

바이오산업을 집중적으로 키우면 2034년 K바이오가 국민 경제에서 차지하는 비중은 8.9%로, 반도체(8.7%)와 나란히 한국 경제를 이끄는 양대 축으로 자리매김한다.

종전까지 국내 제약·바이오 업체는 글로벌 기업의 만료된 특허를 바탕으로 바이오 시밀러를 만들거나 CDMO에 나서는 데 주력했다. 자금력과 기술력 부족으로 아직 블록버스터 신약을 손에 쥐지 못했다.

잠자는 의료 데이터를 깨워 적극적으로 사업에 활용하고, '빅5' 병원을 의료 사업화 메카로 키우면서 임상 시험 무대를 아시아권으로 넓히면 레드 바이오 분야의 100대 기업 매출은 향후 10년간 48조원에서 139조원으로 급증할 것으로 예측됐다.

또 화이트 바이오 분야에서 친환경 바이오 연료 생산 보조금이 강화되고, 생분해 플라스틱 사용 촉진 정책이 단행되면 관련 산업이 4조원에서 74조원으로 크게 성장할 것으로 관측됐다.

그린 바이오에서는 유전자 편집 연구 규제가 완화돼 고부가가치 작물 개발 등이 활발해지면 8조원에서 31조원으로 산업 규모가 커진다. 이미 전 세계 바이오 시장은 반도체의 3배가 넘는 수준으로 성장했다. 성장하는 글로벌 산업에서 레드·화이트·그린 바이오 등 삼각 편대를 키우는 집중 처방이 필수가 됐다.

김창래 PwC·Strategy& 전략본부장은 "미국, 영국 등 바이오 선진국들은 민간이 데이터를 활용해 바이오 사업을 펼칠 수 있도록 길을 터주고 있다"며 "디지털 바이오가 대세가 된 이상 한국도 이 지점을 적극적으로 파고드는 것에서 산업 성장 판을 짤 필요가 있다"고 설명했다.

매일경제신문 비전코리아 프로젝트팀 자문단의 반응도 크게 다르지 않다. 자문단은 "반도체 뒤를 이어 한국을 먹여 살릴 산업은 바이오가 유일하다"며 "처음부터 글로벌 시장을 겨냥한

전략이 필수"라고 입을 모았다. 비전코리아 자문단은 레드·화이트·그린 바이오 분야 국내외 전문가 40명으로 구성돼 바이오 패권경쟁 시대 K바이오 필승 전략 수립을 도왔다.

이들은 "기술력과 자금력으로 무장한 바이오

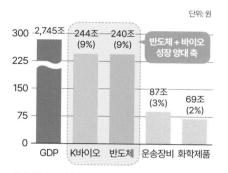

2034년 제조업 GDP 기여도

단위: 원

출처: Strategy&Korea

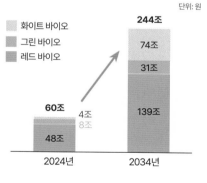

바이오 집중 육성 시 경제효과

단위: 원

출처: Strategy&Korea

패권국과 경쟁하려면 해외에서 통하는 기술, 인프라스트럭처, 인재를 갖추는 게 중요하다"며 "정부 규제를 파격적으로 없애고 인수·합병(M&A)을 촉진해 판을 키울 필요가 있다"고 강조했다.

이병건 지아이이노베이션 고문은 "국내 제약·바이오 기업 전체 연구비를 합쳐도 1년에 5조원이 되지 않는데 미국 화이자는 R&D에만 연간 17조원을 쓴다"며 "전문 인력을 육성하고 투자를 이끌려면 제도 혁신과 해외 벤처투자 유치 물꼬를 터야 한다"고 지적했다. 김덕호 미국 존스홉킨스 의대 교수는 "한국은 데이터 기반 디지털 바이오 분야에서 높은 경쟁력을 갖고 있다"며 "제조업의 강점을 살려 오가노이드(인공 장기) 등 첨단 기술 체계와 결합해 경쟁력을 강화해야 한다"고 말했다. 그는 "바이오산업에서 내수와 수출 시장을 구분하는 것은 의미가 없다"며 "개발 초기 단계부터 글로벌 시장을 염두에 두고 전략을 수립해 산업 주도권을 확보해야 한다"고 역설했다.

미국 디지털 헬스케어 기술 기업인 니드(NEED)의 윌 폴킹혼 대표는 잠자는 의료 데이터를 깨워 적극적으로 상용화에 나서야 한다고 분석했다. 그는 "양질의 의료 데이터 활용도를 넓혀 환자 맞춤형 솔루션을 강화하면 '빅5' 대형 병원의 환자 쏠림 문제도 해결할 수 있다"고 설명했다.

세계 3대 기초연구소인 이스라엘 바이츠만연구소의 모르데하이 셰베스 석좌교수는 산학 협력의 중요성을 강조했다. 그는 "파괴력 있는 신기술은 의외성에서 나온다"며 "신약처럼 부가가치가 큰 바이오 산업에서는 내부 R&D 의존도를 낮추고 외부 협력을 강화해 혁신 기회를 넓히는 게 유용하다"고 전했다.

화이트·그린 바이오 지원 확대를 주문하는 목소리도 많았다. 생분해 플라스틱 소재를 생산하는 SK리비오의 양호진 대표는 "재활용이 어려운 기저귀나 일회용 물티슈, 생리대 등 위생재에도 생분해 플라스틱 소재를 활용할 수 있도록 정부의 세심한 검토가 필요하다"고 말했다. 업계에선 산업 생태계가 안착할 수 있도록 일부 품목에 대해 생분해 소재 사용을 의무화하는 방안을 검토할 필요가 있다고 주장한다.

과일 등 농작물을 활용해 항노화 제품을 만드는 씨에스컴퍼니의 김성환 대표는 "그린 바이오는 레드 바이오에 비해 아이디어가 풍부한 스타트업이 진입하기 용이한 시장"이라며 "융합 산업에 대해 정부와 지방자치단체가 지원을 늘려 파이를 키워야 한다"고 평가했다.

김민지
크로스보더파트너스 대표

"

K바이오 글로벌 네트워킹
강화해야

"

김민지 크로스보더파트너스 대표는 글로벌 제약 · 바이오산업에서 풍부한 자문 경험과 사업 개발 및 투자 전문성을 보유한 인물이다. 현재 그는 세계 최대 바이오 클러스터인 미국 보스턴을 거점으로 한국의 우수한 바이오 기술을 글로벌 시장에 진출시키는 데 집중하고 있다.

과거 그는 다국적 제약 기업인 제넨텍과 로슈에서 글로벌 항암 비즈니스 사업 개발 그룹의 일원으로 활동했으며, 이외에도 다수의 미국 상장사 및 중국계 바이오 기업 등에서 최고경영진으로서 사업 경력을 쌓아왔다. 한국에선 2023년부터 SK바이오팜의 사외이사로 재직하며 이 회사의 글로벌 신약 상

업화와 전략 및 바이오 경영 역량 강화를 지원하고 있다.

▶K바이오가 글로벌 무대에서 경쟁력을 갖추려면 어떤 점을 개선해야 하나.

—현재 K바이오산업에서 가장 시급한 문제는 글로벌 경험이 있는 전문가가 부족하다는 점이다. 중국과 비교했을 때 한국은 신약 개발의 전체 밸류체인을 글로벌 무대에서 경험한 인재풀이 상대적으로 열악하다. 초기 연구개발은 강하지만 글로벌 임상 개발, 사업 전략, 상업화, 기술 이전을 담당할 인력풀이 풍부하지 않다.

특히 글로벌 임상을 총괄할 수 있는 전문가가 많지 않아 대부분 컨설턴트에게 의존하는 구조가 형성돼 있다. 신약이 성공하려면 최적의 임상 프로토콜을 설계하고, 적절하고 신속한 임상시험을 거쳐야 한다. 하지만 한국 기업들은 이 경험이 부족해 시행착오를 겪고 있다. 임상 개발이 초기 연구에 비해 많은 자본과 지적 지식이 필요하다는 점을 생각하면, 정부와 제약 · 바이오 업계가 함께 이 지점을 깊이 고민하고 해결책을 모색하는 것이 중요하다.

두 번째는 한국 기업들이 주로 초기 기술적 차별화에만 집중하기 때문에 장 · 단기 포트폴리오와 기업 전략, 네트워크, 전략적 노하우 등 무형 자산의 중요성을 비교적 낮게 평가하는 경향이 있다. 이는 글로벌 스탠더드와 대치되는 점이다. 이를테면 기술이 뛰어나도 시장 포지셔닝을 잘못하고 경쟁력 있는 개발 계획을 세우지 않으면 유망한 원천 기술을 가지고도 상업적 성공을 이루지 못하는 경우가 허다하다. 특허 기간이 만료되기 전에 임상

효능을 증명하고 미국과 주요 선진 시장에서 경쟁사 제품과 비교해 상업적 성공 여부를 보여주기 위해서는 기술뿐만 아니라 기업 내부와 시장 상황을 총체적으로 고려하는 사업 전략이 성공을 가르는 열쇠가 될 수 있다.

마지막으로 코스닥 상장 중심의 엑시트(Exit) 전략에서 벗어나야 한다. 한국 바이오 기업들은 글로벌 기술 이전이나 해외 상장보다는 코스닥 상장을 목표로 하는 경우가 많았다. 하지만 현재 한국 시장 상장 상황이 전과 비교해 여의치 않아 바이오 업계는 지금 흐름에 어려움을 겪고 있다. 이제는 해외 기업과 다양한 협력을 통해 기술 이전을 하거나 인수 · 합병(M&A) 등 다양한 엑시트, 펀드레이징 모델을 고민해야 한다.

한국 바이오산업은 엄청난 가능성을 가지고 있다. 다만 기술력뿐만 아니라 글로벌 시장에서 성공할 수 있는 전략적 사고가 필요하다. 이를 위해 기업, 정부, 연구 기관이 협력해 장기적인 성장 모델을 구축해야 한다고 생각한다.

▶중국, 미국, 유럽과 비교했을 때 한국이 벤치마킹할 만한 요소가 있다면.

–시장마다 장단점이 뚜렷하다. 어떤 시장을 무조건적으로 수용해 벤치마킹하기보다는 우리 생태계에 걸맞은 구조로 차용할 필요가 있다.

우선 미국은 세계에서 가장 큰 바이오 시장으로, 신약 개발 및 상업화와 관련해 시장 크기나 임팩트에서 가장 중요한 국가다. 따라서 글로벌 시장에서 성공하려면 글로벌 인재들의 노하우를 활용해 미국에서 성공할 수 있는 신약 물질을 개발하고, 궁극적으로는 미국에서의 다양한 신약 개발, 상업화

경험을 쌓는 것이 필수적이다. 예를 들어 SK바이오팜이 자체 개발한 뇌전증 치료제를 미국에서 성공적으로 독자 상업화한 것은 한국 기업들에 매우 의미 있는 사례라고 할 수 있겠다. 거듭 말하지만 한국 기업들은 기술 개발뿐만 아니라 상업적 성공을 위한 전략적 포지셔닝을 고민해야 한다.

중국처럼 글로벌 인재를 적극적으로 유치하는 전략도 들여다봐야 한다. 지난 수년간 중국은 정부 주도로 글로벌 빅파마에서 활동한 자국 인력을 대거 본국으로 유치하며 중국 바이오텍 생태계의 기술력을 끌어올렸다. 그 결과 중국 신약 임상의 질이 향상돼 최근 글로벌 무대에서 중국산 신약 물질들이 두각을 나타내고 있다. 한국도 한국 바이오 에코시스템을 향상시키기 위해 글로벌 인재를 적극적으로 영입하고, 해외 전문가와 협력하는 전략이 필요하다.

유럽의 경우에는 글로벌 빅파마를 다수 보유할 만큼 기술력이 뛰어나다. 하지만 자본 시장 자체가 작아 글로벌 확장에는 한계가 있다. 유럽에서 우리가 참고해야 할 사항은 기술 혁신이다. 기술력을 글로벌 수준으로 끌어올릴 수 있는 정책적인 지원책을 고민해보자.

▶구체적으로 어떤 정책적인 지원이 필요할까.

–단적인 예로 국가 차원의 바이오 인재 양성 프로그램을 강화해야 한다. 중국은 약 10년 전부터 글로벌 경험이 있는 인재를 적극적으로 유치했고, 이를 통해 바이오산업이 빠르게 성장할 수 있었다. 한국도 해외 경험을 가진 전문가를 국내로 유치하거나 국내 인재들이 글로벌 시장에서 경험을 쌓을 기회를 제공하는 정책을 마련해야 한다.

이를테면 바이오 스타트업을 지원할 경우 단순히 연구비를 제공하는 것뿐만 아니라 해외 시장 진출을 위한 자문 프로그램 등도 함께 줄 수 있을 것이다.

특히 정부 차원에서 해외 바이오 인프라와 협력해 한국 기업의 글로벌 진출을 지원하는 전문가 컨소시엄도 구성해볼 만하다. 이를 통해 지금뿐만 아니라 실질적으로 바이오텍에 도움이 되는 기술 이전 자문, 네트워킹 등을 지원해야 한다. 이는 성공적인 기술 사업화를 도모하는 길이기도 하다. 단적인 예로 미국의 바이오산업은 대학과 산업 간 연계가 활발하다. 주요 대학마다 기본적으로 '테크 트랜스퍼 부서'가 활성화돼 있다. 이는 학교에서 나온 기술의 상업화를 돕는 전담 기구다. 대학에서 개발된 기술이 자연스럽게 기업과 연결되는 것이 보편화돼 있다. 우리도 탄탄한 에코 시스템을 갖출 필요가 있다.

결국 한국 바이오의 핵심 전략은 글로벌 성공 사례를 하나둘 차근차근 만들어내는 것이다. 미국이나 유럽에서 한국 기술을 바탕으로 한 성공 사례가 많아질수록 글로벌 시장에서 한국 바이오 기업들의 신뢰도와 가치는 높아질 것이다.

김지수, 배진원
산업연구원 연구위원

"

中企 경쟁력 갖춘 후
亞 슈퍼 클러스터 구축을

"

바이오 육성 정책 가운데 중요하게 고려돼야 하는 부분으로 클러스터 정책이 있다. 미국, 일본 등 바이오 패권국이 기술 선점에 속도를 내는 주요 지점도 클러스터다. 일례로 세계에서 가장 혁신적인 바이오 클러스터로 명성이 높은 보스턴 바이오 클러스터에서는 하버드, 매사추세츠공대(MIT) 등 세계 톱 클래스 대학과 연구소, 세계적인 수준의 대형 병원 20여 개, 글로벌 빅파마를 비롯한 1000개 이상의 바이오 기업이 자생적으로 밀집해 교류와 협력이 활발히 일어난다. 클러스터에 미국 최대 규모의 벤처캐피털 자금이 더해지면서 신약 개발과 사업화가 빠르게 이뤄지고 있다.

일본은 미국과 달리 국가 주도로 바이오 클러스터를 육성하고 있다. 중공업 도시였던 고베는 1995년 한신 대지진 이후 도시 재건을 위해 첨단 바이오 산업을 모으며 일본 최대 규모의 의료 산업 도시로 거듭났다. 지방자치단체에서 용지를 제공하고, 정부가 대형 연구개발(R&D)을 지원하면서 관련 기업이 몰려들어 2001년에 18개사에 불과했던 클러스터 입주사가 2024년 4월 기준 364개에 달할 만큼 급성장했다.

메디컬, 바이오, 시뮬레이션으로 특화된 각 분야를 전담 기구가 유기적으로 연계해 운영하는데, 1000여 명의 산학 협력 코디네이터가 입주 기업의 주력 분야에 맞춰 인재 채용은 물론 실험실과 인큐베이팅 시설 지원, 의료 기관과의 제휴를 도우며 맞춤형 '원스톱' 서비스를 제공하고 있다. 클러스터 입주 주체들 간 정보 공유와 연결성을 중심에 두고 만든 곳도 있다. 도쿄 인근에 있는 쇼난 헬스 이노베이션 파크가 그 무대다. 일본의 글로벌 제약사 다케다제약이 자체 R&D 센터를 개방해 조성한 이 클러스터에는 현재 제약·바이오 기업 외에도 차세대 의료, AI, 대학과 벤처캐피털 등 150여 개 기업 및 단체가 입주해 있다.

한국은 최근 잇달아 바이오 클러스터 정책 계획을 발표했지만 갈 길이 멀다. 지역 정책으로 명성이 높은 산업연구원 지역균형발전연구센터의 김지수 연구위원과 배진원 부연구위원으로부터 앞으로 한국이 채택해야 할 클러스터 정책의 방향에 대해 들었다.

▶클러스터 활성화 핵심 주체는 기업이다. 이들이 주도적인 역할을 하기 위해서는 무엇을 해야 하나.

– 김지수 위원 : 클러스터 활성화에 있어서 민간의 역할은 매우 중요하다. 특히 기업과 대학은 클러스터의 지속 가능한 발전에 있어 중요한 혁신 주체다. 이들의 적극적인 참여와 주도적 역할을 이끌어 내기 위해서는 민간 중심의 거버넌스 구축과 그에 맞는 인센티브가 함께 고려될 필요가 있다. 민간 중심의 거버넌스는 정책의 우선순위와 범위를 민간이 자율성과 책임성을 가지고 결정하는 것을 의미한다. 대표적인 예로 캐나다의 슈퍼 클러스터는 민간이 주도적으로 구성한 컨소시엄 단위에서 신청과 지원이 이뤄지고 있다. 각 컨소시엄은 대기업과 중견기업, 중소기업 등 모든 규모의 기업들, 그리고 대학 및 연구기관 등이 각각 일정 개수 이상 참여할 것을 최소 요건으로 제시하고 있다.

신청 단계에서 각각의 역할과 클러스터에 대한 기여 계획을 명시하도록 돼 있다. 이를 통해 민간의 참여율과 책임성을 높이고 다양한 파트너십 구축을 도모하고 있다. 또 산업계와 정부 간 일대일 매칭 펀드 형태로 지원이 이뤄지는데, 이는 기업들이 프로젝트에 참여할 유인을 높이고 프로젝트의 실행력을 제고하는 데 기여한 것으로 평가되고 있다. 이에 비해 그동안 클러스터로 대표되는 지역 거점 정책은 입주 수요자의 요구에 맞는 차별적 지원보다는 거점 조성 자체에 초점을 두는 경향이 있었다.

거점의 설계와 운영이 중앙 중심으로 이뤄지다 보니 거점 간 지원 수단의 차별성은 크지 않고, 기업이나 대학은 너무나 많은 거점 정책으로 인해 오히려 혼란스러워하는 상황이다. 클러스터의 목적과 수요자의 요구에 맞는 차별적 지원 수단을 제시해 이들의 참여 유인을 제고하고, 지원 수단에 맞는 책임성과 역할을 부여하는 것이 중요하다. 특히 대학은 기업과 연구기관 간 간극을 메우는 역할을 하는 게 중요하다.

▶바이오산업이 발전하기 위해서는 우수 인력 확보와 자금 조달 지원이 병행돼야 한다. 문제는 지방의 경우 이 같은 자원을 공급받기가 현실적으로 매우 어렵다는 점이다. 지방으로 들어가는 인력과 자금의 물꼬를 트기 위해서는 어떤 정책이 필요한가.

– 김지수 위원 : 지방의 인력이나 자금 부족 문제는 비단 바이오 산업만의 문제는 아니다. 수도권과 비수도권 간에 나타나는 인력이나 재정 격차는 지역 균형 발전 정책이 해결해야 할 중요한 이슈 중 하나다. 하지만 현재 주요 인프라나 우수한 정주 환경이 수도권에 집중돼 있는 상황에서 수도권 인력을 비수도권으로 유입시키는 것은 현실적으로 한계가 있다. 장기적으로는 비수도권의 정주 환경이나 투자 환경 개선과 맞물려 고민해야 할 문제다. 다만 현 상황에서는 수도권이 보유한 자원을 활용하고 연계성을 강화하는 전략이 필요하다. 예를 들어 현재 수도권에 집중돼 있는 벤처캐피털의 비수도권 투자를 촉진할 수 있도록 모태펀드 형태의 정부 지원을 확대하거나 금융 규제특례 제공 등을 통해 비수도권 투자에 대한 불확실성을 낮춰

주는 식이다. 수도권과 비수도권이 함께 참여하는 공동 인재 양성 사업 등을 통해 수도권 자원을 전략적으로 활용하고 연계하는 방안을 고민할 필요가 있다.

▶바이오산업에서 AI와 빅데이터를 활용한 연구가 본격화했다. 디지털 바이오 기술 발전에 따라 앞으로 바이오 클러스터 정책은 어떻게 변화해야 하는가.

— 배진원 위원 : 세계 주요국들이 바이오산업에 촉각을 곤두세우고 있는 상황에서 우리나라도 첨단 바이오산업의 육성을 통해 바이오산업의 경쟁력을 강화하고, 글로벌 시장을 선점하는 게 중요한 시기다. 즉, 기존의 국내 바이오 클러스터들이 경쟁 위주의 산업 집적을 우선순위에 뒀다면, 향후 바이오 클러스터는 글로벌 기업 유치와 첨단 바이오 기술의 변화에 능동적으로 대응할 수 있는 혁신 클러스터로 육성해야 한다.

AI, 빅데이터 등의 디지털 기술은 바이오산업에 혁신적인 접근 방법을 제공한다는 점에서 기존에 제약이 있거나 현실화가 어려웠던 바이오 분야에서 새로운 시도를 가능하게 할 수 있다.

이를테면 바이오 파운드리, 디지털 치료제, 생물학적 시스템을 가상 모델화한 디지털 트윈 등 디지털 기술을 기반으로 방대한 생물학적 데이터를 분석하고 가상의 실험 환경을 폭넓게 이용할 수 있는 환경을 제공할 수 있다. 따라서 미래의 바이오 클러스터는 이 같은 혁신적인 활동이 공간적·제도적으로 자유롭게 이뤄질 수 있는 환경을 제공하는 것이 필수적이라고 할 수 있다.

여기저기 흩어진 바이오 데이터를 고품질화해 유용한 데이터 세트로 고도화하고, 디지털 혁신 기술을 기반으로 데이터 간 결합이 유기적으로 이뤄질 수 있는 통합 플랫폼으로서 역할을 수행하는 공간이 돼야 한다.

▶ AI, 데이터가 바이오산업 핵심 변수로 등장한 상황에서 어떤 지역군을 묶어 클러스터를 조성하는 게 가장 효율적일까.

— 배진원 위원 : 소위 'D.N.A(Data-Network-AI)' 산업은 그 자체로 산업적·기술적으로 확장되고 있다. 이런 가운데 여러 산업 분야에서 디지털 전환을 통한 산업 고도화의 핵심 수단 중 하나로서 활용성이 높다.

첨단 바이오 클러스터가 기술적·기능적으로 완결성을 지니기 위해서는 클러스터의 규모와 범위도 중요하다. 첨단·디지털 바이오를 육성하기 위해서는 고도화된 디지털 기술과 바이오 분야의 전문 기술이 결합될 수 있어야 한다. 이를 가능하게 하는 산학연과 병원의 핵심 주체와 전문 인력, 고도화된 시설 및 장비 등이 종합적으로 요구된다.

국내 지역의 상황을 보면 광역시도 단위에서 대학·대학병원, 연구기관 등이 갖춰 있기 때문에 최소 광역시도의 범주에서 클러스터 허브가 구축되는 것이 바람직하다고 할 수 있다.

실제 바이오 기업이나 대학·연구 기관들의 기술 협력 범위는 광역권을 넘어서 이뤄지는 경우도 많다. 2023년에 산업연구원에서 수행한 국내 바이오 슈퍼 클러스터에 대한 연구에 따르면 부산·울산·경남은 거대한 기술 협력권을 형성하고 있으며, 강원과 충청 북부 지역은 서울·경기와 긴밀한 협력 관계에 있는 것으로 나타났다. 요약하자면 최소 광역권 단위의 산·학·연·병 주체가 확보돼야 한다. 나아가 실제 기술 협력은 단일 클러스터의 범위를 넘어설 수 있다는 측면에서 권역별 클러스터의 역할 배분과 초(超)광역적인 협력이 고려돼야 한다.

▶국가첨단전략산업위원회가 최근 인천 송도, 대전 유성, 전남 화순, 경북 안동, 강원 춘천 등을 바이오 특화 단지로 지정했다. 최근 지정된 바이오 특화 단지가 시너지를 내기 위해서는 어떤 정책이 나와야 하는가.

– 배진원 위원 : 바이오 특화 단지로 지정된 지역들에는 각종 인프라와 편의 시설 설치 지원, 인허가 신속 처리, 세제 감면 등 다양한 인센티브와 규제 특례 등이 주어진다. 이런 지원은 기업들의 투자를 이끌어내고 바이오에 특화된 기술과 기업 집적에 유리하게 작용할 것으로 기대된다.

바이오 특화 단지의 시너지 효과를 높이기 위해서는 바이오산업의 특수성을 보다 명확히 이해해 특화 단지 운영에 반영할 필요가 있다. 우선 바이오산업은 초기 투자의 불확실성이 높고 단계가 복잡하기 때문에 충분한 R&D 지원과 테스트베드 운영을 통해 각종 규제와 리스크를 분산시키는 것이 중요하다. 또 해외 주요 바이오 클러스터들의 사례에서 보면 정부의 초기 투자 지원이나 규제 개선은 마중물 역할을 할 수 있지만, 클러스터의 성공을 위해서는 기술과 인력, 자본이 유기적으로 결합한 협업 생태계 조성을 위한 정책이 추진돼야 한다.

▶국내 클러스터를 넘어 아시아권에 있는 다른 클러스터와 연계해 초국가 바이오 클러스터를 구축하는 방안에 대해서는 어떻게 생각하나.

– 김지수 위원 : 장기적으로 글로벌 차원의 클러스터를 구축하는 것은 매우 중요하다. 다만 국내 기업들이 글로벌 기업들과의 경쟁이나 협력을 통해 실질적 이득을 얻고 클러스터 내에서 주도적 역할을 하기 위해서는 충분한 경쟁력을 갖출 필요가 있다.

현재 대기업이나 전통 제약사 등 바이오 분야를 이끄는 선두 기업들과 스타트업 같은 중소 규모의 기업 간 역량 격차가 큰 상황에서, 글로벌 클러스터 구축은 국내 중소기업에는 실효성이 낮을 수 있다. 따라서 글로벌 클러스터의 효과가 중소기업에까지 미칠 수 있을 정도의 충분한 경쟁력과 역량을 갖춘 것을 전제로 글로벌 클러스터 구축을 점진적으로 논의하는 것이 필요하다.

4부

바이오 패권 Victory 전략

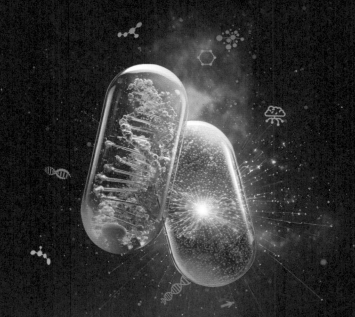

세계 첫 정부 인증 데이터 거래소 구축하자

21세기 세계 경제는 석유나 반도체와 같은 자원을 둘러싼 경쟁을 넘어 '데이터 전쟁' 시대로 접어들었다. 특히 인공지능(AI)의 발전으로 인해 데이터의 중요성은 더욱 커지고 있으며, 국가와 기업은 양질의 데이터를 확보하기 위해 치열한 경쟁을 벌이고 있다. 이 같은 경쟁이 가장 첨예하게 나타나는 분야 중 하나가 바로 의료 데이터다.

최근 몇 년간 AI 기술은 질병 진단, 치료법 개발 등 의료 영역에서 획기적인 성과를 보이며 바이오산업을 근본적으로 변화시키고 있다. 특히 미국과 중국은 의료 데이터를 활용한 AI 신약 개발, 디지털 헬스케어 등 '디지털 바이오'의 주도권을 잡기 위해 국가적 역량을 총동원하고 있다. 이 과정에서 양질의 의료 데이터는 경쟁 우위를 결정짓는 핵심 요소로 떠올랐다.

미국의 경우 병원과 민간 기업, 연구 기관들이 협력해 의료 데이터를 적극적으로 공유하고 이를 통해 혁신적인 신약과 치료법을 개발하는 선순환 구조를 구축했다. 여기에 글로벌 빅파마는 물론 빅테크까지 가세해 디지털 바이오 시장을 잡기 위한 열띤 경쟁이 벌어지고 있다.

중국 역시 국가 주도의 강력한 지원 아래 방대한 인구에서 수집된 대규모 의료 데이터를 적극적으로 활용해 AI 신약 개발 등 글로벌 의료 산업 주도권 확보에 열을 올리고 있다.

반면 한국은 상황이 다르다. 기본적으로 한국은 뛰어난 의료 접근성과 전 국민 의료보험이 체계적으로 잡혀 있는 덕에 수준 높은 의료 데이터를 축적하고 있다. 공공·민간 모두 방대한 양의 질 좋은 의료 데이터를 보유하고 있지만 그 활용에 있어서는 상대적으로 뒤처진 모습이다.

민간 기업들이 의료 데이터를 활용해 AI 기술을 상용화하거나 신약 개발을 추진하고자 할 때마다 각종 규제와 불확실한 법적 근거가 발목을 잡는다. 특히 개인 정보 유출 등에 대한 사회적 우려와 부정적 인식이 강하게 자리 잡고 있어 데이터 개방과 활용을 망설이게 만든다.

최고 의료 데이터 갖고도 활용 못 하는 한국

의료 데이터 질 OECD 2위

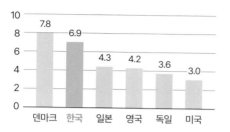

*2021년 기준 의료 데이터 성숙도 점수(8점 만점)
출처: OECD, 국가임상시험지원재단, 보건복지부

데이터 활용력은 저조

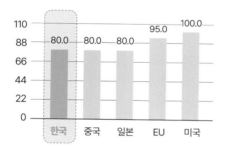

*2023년 기준 의료 데이터 활용 기술력 비교(100점 만점)
출처: 한국과학기술기획평가원

이런 현실은 글로벌 AI 의료 경쟁에서 한국이 뒤처질 수 있다는 위기감을 낳고 있다. 의료 데이터를 활용한 AI 혁신은 이제 선택이 아닌 필수이며, 앞으로의 글로벌 의료 시장을 좌우할 핵심 경쟁력이기 때문이다. 과연 한국은 이 중요한 시기에 무엇을 준비해야 할까.

시장 전문가들은 한국이 가진 잠재력을 극대화하고 글로벌 의료 데이터 경쟁에서 선두에 서기 위해서는 지금 어떤 변화를 시작해야 할지 깊이 고민해야 할 시점이라고 입을 모았다. '선택과 집중' 전략을 통해 AI와 데이터에서 승부를 봐야 한다는 진단이다.

최근 20년간 첨단 바이오 특허 출원 건수를 분석하면 지금 기업들은 디지털 데이터를 어떻게 수익화할지에 가장 큰 관심을 두고 있다. 글로벌 빅파마가 예상한 향후 밸류체인 변화 상위 분야 역시 데이터 R&D다. 매일경제가 입수한 특허청의 '첨단 바이오 글로벌 특허 분석 보고서'에 따르면 글로벌 헬스 데이터 특허 출원은 6932건(2022년 기준)으로 역대 최고치를 기록했다. 특허청이 첨단 바이오 분야의 특허 빅데이터 분석에 나선 것은 이번이 처음이다. 헬스 데이터 분야 특허는 최근 5년간 연평균 15.4% 급증해 첨단 바이오 분야에서 최대 증가율을 기록했다.

AI와 바이오가 만나면서 가장 중요해진 자원은 의료 데이터다. 미국, 영국, 핀란드 등 선진국은 정부 주도로 의료 데이터를 수집한 후 연구개발(R&D)에 활용하고 있다.

주목해야 할 점은 모두 국가 주도 사업이지만 민간 기업의 참여가 활발하다는 점이다. 미국은 영리 기업이 접근할 수 있는 데이터를 개방하기 시작했고, 민간 시장 차원에서도 의료 데이터를 상업화하는 게 자유롭다. 50만명이라는 세계 최대 바이오 빅데이터를 구축한 영국

의료 데이터 금맥 캐는 선진국들

올 오브 어스 프로젝트
2026년 100만명 데이터 확보
영리 기업에 데이터 일부 개방

UK 바이오 뱅크
50만명 인체 자원 수집 · 활용
유전체 분석에 민간 기업 참여

핀젠 프로젝트
국민 10% 유전체 데이터 확보
다국적 제약사와 민관 파트너십

은 글로벌 제약사 등과 적극적인 협력체를 구축했다. 고비용이 투입되는 유전체 분석을 민간 기업이 맡는 대신 데이터에 접근 · 활용할 수 있는 권한도 함께 부여한 것이다.

국민 10%의 유전체 정보를 확보한 핀란드도 민관 파트너십을 기반으로 정부와 시장이 함께 질병을 진단하고 예방하며 치료법을 개발할 수 있는 합동 프로젝트를 도모하고 있다.

국가별 동향을 살펴보면 가장 두드러진 움직임을 보이는 곳은 단연 미국이다. 현재 미국에선 유전체, 임상 데이터 등 다양한 바이오 데이터를 활용해 정밀한 의료 시스템을 병원에 이식하는 작업에 속도가 붙었다. 제약사들도 적극적이다. 의료 데이터를 통해 신약 개발 속도를 대폭 높일 수 있기 때문이다. 의료 데이터를 제공하고 분석하는 기술 기업의 입지가 날로 커지는 이유다.

그 선두에 있는 곳이 미국의 템퍼스AI다. 템퍼스AI는 환자의 유전체 정보부터 임상 기록, 의료 영상 등 방대한 데이터를 수집 · 분석해 맞춤형 치료 솔루션 등을 제공하는 정밀

의료 기술 기업이다. 2015년 설립된 이래 그동안 2000여 개 의료 기관과 연계된 데이터 네트워크를 구축했는데 미국 상위 제약사의 95%(2023년 기준)가 이 회사 데이터를 활용할 정도로 업계 표준이 됐다. 현재 템퍼스AI가 제공하는 데이터 플랫폼은 미국 내 의사 7000여 명과 대학병원 65%에서 사용 중이다.

템퍼스AI는 2024년과 2025년에 걸쳐 유전체 분석 기업 앰브리제네틱스에 이어 임상 데이터 스타트업(딥6 AI)을 잇달아 사들였다. 의료 현장과 임상 데이터를 결합하는 시스템 구축에 속도를 내며 사업 영토를 확장하고 나선 것이다.

에릭 레프코프스키 템퍼스AI 최고경영자(CEO · 설립자)는 "의사가 환자에게 최적화된 치료를 제공할 수 있도록 지원할 것"이라고 강조했다. 비슷한 시기 미국의 빅테크 기업 오픈AI도 미국 · 유럽 15개 주요 대학, 연구 기관과 '넥스트젠AI' 컨소시엄을 출범하며 연구비 5000만달러와 클라우드 자원을 지원하겠다고 전격 발표했다. 이 동맹에 합류한 하버드대

미국은 2025년 1월 '스타게이트'라는 인류 역사상 최대 규모의 국가 프로젝트를 공식 발표했다. 도널드 트럼프 미국 대통령과 그의 뒤로 래리 엘리슨 오라클 창업자 겸 최고기술책임자, 손정의 소프트뱅크 회장, 샘 올트먼 오픈AI 대표(왼쪽부터).

의대 등은 오픈AI의 GPT 모델을 활용해 희귀 질환 진단에 걸리는 시간을 대폭 단축하고 의료진의 의사 결정 과정을 지원하는 AI 솔루션 개발에 착수했다.

오픈AI 외에도 구글, 마이크로소프트, 엔비디아 등 미국에 기반을 둔 빅테크들은 의료 데이터를 활용한 바이오 사업 확대에 적극적인 분위기다.

이런 행보가 가능한 것은 정부 차원의 자율 규제 환경이 조성됐기 때문이다. 미국은 병원·제약사 등 당사자 간 계약을 통해 원격 진료, AI 신약 개발 등에 의료 데이터를 얼마든지 쓸 수 있다.

심지어 국가 주도로 이뤄지는 프로젝트에서도 민간 기업의 사업 참여를 장려하고 있다. 현재 미국은 정부가 나서 국민 100만명의 바이오 데이터를 확보하는 '올 오브 어스 프로젝트'를 추진 중인데, 상업적 활용을 위한 데이터 개방도 함께 이뤄지고 있다. 올 오브 어스는 미국 국립보건원(NIH)이 주도하는 대규모 정밀 의료 연구 프로젝트로, 2015년에 착수해 2018년부터 참여자를 모집했다. 목표는 100만명 이상의 미국 성인으로부터 유전체 데이터, 임상 정보(EHR), 생활 습관 및 환경 정보를 통합해 수집하고 정밀 의료와 개인 맞춤형 치료를 촉진하는 연구에 활용하는 것이다. 2025년

3월 기준 85만명 이상이 참여한 상태다. 수집된 연구 결과는 미국 내 모든 연구자에게 개방된다.

기본적으로 비식별화된 데이터를 기반으로 하며, 접근 등급에 따라 볼 수 있는 데이터 수준에 차이가 있다. 공용 데이터베이스는 연구자뿐만 아니라 대중도 접근이 가능하도록 설계돼 있고, 과학적 데이터베이스는 특별 교육을 이수하고 엄격한 윤리적 기준과 보안 절차를 거친 연구자만 사용할 수 있다.

한 발 더 나아가 미국은 2025년 1월 '스타게이트'라는 인류 역사상 최대 규모의 국가 프로젝트를 공식 발표했다. 이 프로젝트는 향후 4년간 최대 5000억달러(약 720조원)의 막대한 투자 자금을 투입해 바이오 분야의 혁신을 선도하는 것을 주된 목표로 하고 있다. 발표 현장에서 도널드 트럼프 미국 대통령과 이 프로젝트 참여사인 오픈AI, 오라클 등이 한목소리로 AI를 통한 혁신 신약 개발을 언급한 것도 이와 일맥상통하는 부분이다.

당시 트럼프 대통령이 AI 기술이 어떻게 암이나 심장병과 같은 심각한 질병과의 싸움에 기여할 수 있는지 묻자 샘 올트먼 오픈AI 최고경영자(CEO)는 "기술 발전과 더불어 질병 치료 속도가 전례 없는 수준으로 빨라질 것이고, 암과 심장병 치료에서 AI가 거두게 될 성과는 모두를 놀라게 할 것"이라고 말했다. 그러면서 올트먼 CEO는 질병에 대해 빠르고 저렴한 비용으로 고품질 의료 서비스를 제공하는 능력이 스타게이트 프로젝트가 이루고자 하는 가장 중요한 성취가 될 것이라고 강조했다. 래리 엘리슨 오라클 회장도 "오픈AI와 소프트뱅크가 제공하는 기술로 우리가 가장 주목하는 것 중 하나가 암 백신"이라며 "AI 기술을 활용하면 개개인에게 맞춤화된 백신을 48시간 내에 신속하게 개발할 수 있을 것"이라고 전했다.

국내 바이오 업계 한 고위 인사는 "미국은 현재 국가적 차원에서 임상 등 의료 데이터 공유와 활용을 적극 장려하고 있고, 특히 올 오브 어스와 같은 대규모 건강 데이터 수집 프로그램을 통해 연구자들과 민간 기업들이 의료 데이터에 보다 쉽게 접근할 수 있는 환경을 마련하고 있다"면서 "이런 행보에는 결국 AI 기반의 혁신적인 신약 개발과 개인 맞춤형 의료 서비스 분야에서 미국이 글로벌 경쟁에서 앞서나가겠다는 전략적 의도가 명확히 담겨 있다"고 진단했다. 미국은 막대한 투자와 데이터 개방 정책을 통해 AI와 의료 데이터를 결합한 차세대 의료 혁신의 선두 주자로 자리 잡겠다는 목표를 분명히 하고 있다는 분석이다.

영국과 핀란드는 각각 'UK 바이오 뱅크'와 '핀젠 프로젝트'를 통해 국가 주도의 바이오 데이터 사업을 전개하고 있다.

핀란드의 핀젠 프로젝트는 핀란드 국민의 10%에 해당하는 약 50만명의 유전체 데이터와 건강 데이터를 수집해 질병 진단과 예방, 치료법 개발을 촉진하는 것을 목표로 진행 중이다. 2017년 시작된 이 프로젝트는 이미 데이터 확보가 완료된 상태로, 2025년 현재 맞춤형 치료제 개발 등 바이오 산업에 데이터가 본격적으로 쓰이고 있다.

현재 핀젠은 8개 질환의 카테고리로 유전체 지도를 작성하고 있고, 신경과 · 호흡기내과 · 안과 · 소화기내과 · 심혈관 질환 · 류머티즘내과 · 피부과 · 종양내과 등 다양한 분야에서 활용되고 있다. 눈에 띄는 점은 이 프로젝트의 경우 핀란드 정부가 주도하지만 민관 파트너십을 기반으로 해 대학, 의료 기관 9개의 바이오 뱅크, 글로벌 제약사들이 참여한다는 것이다. 특히 글로벌 제약사들과 비즈니스 핀란드(정부 소속 기관)가 본 프로젝트의 재정을 담당하는데 전체 비용의 20%를 정부가, 나머지 80%는 글로벌 제약사가 담당하는 구조다. 이 과정에서 프로젝트 컨소시엄에 속한 파트너 기업의 소속 연구자들에 한정해 데이터 접근을 허용하고 있다.

영국은 UK 바이오 뱅크 사업을 통해 50만명의 데이터를 확보했는데, 유전체 R&D 분석 분야에서 기업이 데이터를 사용할 수 있도록 물꼬를 텄다. 핀란드의 핀젠처럼 국가 주도 사업이지만 제약사 등과 컨소시엄을 만들어 고비용이 들어가는 유전체 분석에 이들 기업이 관여해 데이터 결과물을 독점적으로 활용할 수 있는 권한을 부여하고 있다. 그만큼 민간 기업 참여가 두드러지고 있다는 방증이다.

UK 바이오 뱅크는 2006년 시작된 세계 최대 규모의 바이오 뱅크 중 하나다. 이 프로젝트는 환경 요인, 생활 습관, 유전체 등 광범위한 건강 데이터를 종합적으로 수집해 질병의 원인, 예방 및 치료법 연구를 촉진하는 목적으로 만

들어졌다. 또한 영국 국민보건서비스(NHS)의 전자 의무 기록과 연계돼 있어 입원, 일차 진료 기록, 암 등록, 사망 기록 등 참가자들의 장기적인 임상 경과 데이터까지 추적하고 있다. 수집된 데이터는 익명화돼 학계, 공공 기관, 민간 제약사 등 전 세계 연구자들에게 공개되고 있으며, 이를 통해 심혈관 질환, 암, 뇌 질환 등 다양한 질병의 위험 요인 규명과 공중보건 향상에 기여하고 있다는 평가가 지배적이다.

UK 바이오 뱅크는 2022년 발간한 기관 보고서를 통해 "우리는 오픈 액세스 전략을 표방해 공익적 건강 연구를 수행하는 모든 정상적인 연구자들에게 데이터를 제공하고 있다"며 "이는 대학, 병원, 정부 기관 연구자뿐 아니라 제약 회사 등 민간 기업 연구자에게도 동일한 조건으로 개방된다는 의미"라고 밝혔다. 어떤 특정 기관이나 기업도 독점적 접근 권한을 가지지 않으며, 연구 제안이 건강 증진을 위한 공익적 목적에 부합하고 윤리 승인을 받았다면 국내외를 막론하고 접근을 허용한다는 게 UK 바이오 뱅크의 설명이다.

영국은 정부 주도로 10만명의 희귀 질환 및 암 환자의 유전체 정보 등 바이오 데이터를 수집하는 '지노믹스 잉글랜드' 프로젝트에서도 상업 기관들이 접근할 수 있는 데이터를 제공하고 있다. 2013년 시작돼 2018년 수집 완료된 이 프로젝트의 경우 기본적으로 질병의 유전적 원인 규명과 정밀 의료 산업의 발전을 목표로 하고 있다. 상업적 연구를 장려하기 위해 영국

및 글로벌 제약·생명공학 기업들이 참가하는 산업 컨소시엄을 운영하는 한편 제약사, 스타트업 등 기업 연구자들에게도 데이터 접근을 허용하고 있다.

이에 영국 의회 과학기술위원회도 "지노믹스 잉글랜드는 데이터의 상업적 가치를 극대화하면서도 산업계와 학계가 모두 데이터에 접근해 신치료법 개발로 이어지도록 해야 한다"는 권고를 한 바 있다.

글로벌 AI·바이오 융합 경쟁의 중심에는 의료 데이터가 있다. AI와 생명과학의 결합은 방대한 양의 양질의 데이터를 기반으로 이뤄지며, 특히 의료 데이터는 AI 기술 발전과 새로운 바이오산업 창출에 필수적인 자원이다. 이런 측면에서 한국은 세계 최고 수준의 의료 데이터를 보유하고 있음에도 이를 효과적으로 활용하지 못하고 있는 실정이다. 따라서 잠자고 있는 의료 데이터를 적극적으로 활용해 새로운 부가가치를 창출하는 것이 시급한 과제로 떠오르고 있다.

글로벌 컨설팅사 PwC·Strategy&가 OECD의 자료를 기반으로 주요 국가들의 의료 데이터 가용성을 평가한 결과, 2021년 기준 한국은 6.9점으로 전체 평가 대상국 중 덴마크(7.8점)에 이어 2위를 차지했다. 이는 데이터 활용이 활발한 것으로 알려진 미국(3.0점)보다도 두 배 이상 높은 수준이다.

한국이 이처럼 높은 평가를 받은 이유는 국민 건강보험을 통해 5000만명에 달하는 전 국민의 의료 데이터를 체계적으로 축적하고 있고, 병원들의 의무 기록 시스템이 빠르게 전산화돼 데이터 접근성과 관리 효율성이 우수하기 때문이다. 공공 주도로 의료 데이터를 확보하고 있는 바이오 패권국들과 견줘 한국은 공공과 민간 부문에서 모두 방대한 양의 데이터를 갖춘 셈이다.

하지만 한국이 보유한 이 같은 의료 데이터 자산은 제대로 활용되지 못하고 있다. 정부 지원 체계가 미비해 의료 데이터를 이용해 사업을 하는 데 큰 제약이 따른다. 한국과학기술기획평가원에 따르면 2023년 기준 한국은 디지털 헬스 데이터를 분석하고 활용하는 기술 면에서 미국의 80% 수준에 불과하다.

양질의 의료 데이터를 갖고 있지만 현장에서는 제대로 활용되지 않는 사례가 빈번하다. 일례로 2025년 초 국내에 A항암제를 출시했던 다국적 제약 기업 B사는 각 병원을 통해 이 약의 유효성을 검증하는 데 진땀을 빼고 있다. 식품의약품안전처 규정상 의료 기관을 통해 처방되는 약은 반드시 사후 효과 등 안전성 검증을 필수적으로 받아야 한다. 문제는 병원마다 환자 데이터를 확인하고 취합하는 절차가 쉽지 않다는 점이다. 병원을 설득해 겨우 데이터를 구해도 그때부터가 또 난관이다.

병원별로 데이터 양식이 제각각이라 국제 기준에 맞춰 표준화하는 작업을 또 해야 한다. B사 관계자는 "병원별로 기관생명윤리위원회 승인을 받아 데이터에 접근하고 다시 국제 표준에 맞춰 재가공한 다음 분석 과정을 거치려면 2년의 시간이 소요된다"며 "해외에선 6개월이면 가능한 일"이라고 토로했다.

글로벌 대형 제약 업계에선 한국이 최고 수준의 의료 데이터를 확보하고 있음에도 제대로 활용하지 못한다는 지적이 많다. 한국의 바이오 데이터는 '신기루'라는 말이 나올 정도다. 한 업계 관계자는 "의료 데이터 활용에 있어 한국은 이용 기준이 까다롭고 비효율성이 크다"며 "막상 이를 이용해 신약 개발 등에 나서기는 어려운 상황"이라고 지적했다. 기술 활용의 가장 큰 걸림돌은 정부 지원 체계가 미비해 의료 데이터를 이용해 사업을 하는 데 큰 제약이 따른다는 점이다. 기관별로 데이터가 여기저기 흩어져 있는 데다 데이터 이용에 대한 해석이 관련 법마다 제각각이라 사업에 따른 법적 불확실성이 크다.

업계에선 한국의 고질병으로 △의료 기관 간 데이터 표준화와 통합 작업이 더디다는 점 △관련법 간 이용에 대한 해석이 엇갈려 법적 불확실성이 크다는 점 △의료 데이터 상용화에 대한 사회적 합의가 불충분하다는 점을 꼽는다. 정부가 이 같은 리스크를 서둘러 해소해줘야 한다는 의견이 많다. 시장 관계자들은 이구동성으로 의료 데이터의 상업적 활용에 대한 정부의 명확한 지침이나 정책 방향성이 부족하다고 입을 모았다.

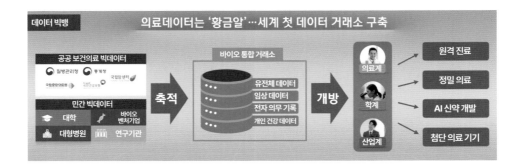

데이터 빅뱅

의료데이터는 '황금알'…세계 첫 데이터 거래소 구축

현행법상 의료 데이터는 익명화 또는 암호화해 사용할 수 있게 돼 있지만, 기업들이 이를 상업적으로 활용하기 위해서는 엄격한 법적·윤리적 기준을 충족해야 한다. 특히 환자의 개인 건강 정보를 상업적 목적으로 사용한다는 인식이 사회적 논란을 일으킬 수 있다는 우려가 커 관련 업계와 연구 기관들이 데이터 활용에 선뜻 나서지 못하는 상황이다. 의료 데이터를 적극 활용해 다양한 혁신 사례들을 쏟아내고 있는 해외 움직임과는 사뭇 다른 분위기다.

바이오 업계 관계자는 "한국은 양질의 의료 데이터를 '성스러운 상자'에 넣고 바라만 보고 있다"면서 "미국이 정부 차원에서 데이터 사업에 나서 기업에 이를 개방하는 식으로 주도권을 쥐는 모습과 대비된다"고 지적했다. 또 다른 관계자도 "정부의 기조가 명확하지 않다"며 "국민 역시 민감한 의료 데이터가 민간 기업의 상업적 목적으로 활용되는 것에 대해 여전히 부정적인 인식을 가지고 있다. 이로 인해 민간 기업이나 연구소들은 데이터에 접근하는 것 자체가 어려워 혁신적인 연구와 서비스 개발에

큰 제약을 받고 있다"고 전했다. 특히 AI와 바이오 기술이 융합된 헬스케어 분야는 잠재적 경제 효과와 부가가치가 매우 큰 분야임에도, 데이터 활용의 제약 때문에 그 잠재력을 발휘하지 못하고 있다.

이에 대해 박유랑 연세대 의과대 교수는 2025년 1월 낸 '유전체 데이터 2차 활용 관련 국가별 제도 비교' 보고서를 통해 한국의 바이오 데이터 활용과 관련된 법적 쟁점을 꼬집기도 했다. 그는 "의료법과 개인정보보호법 모두 다른 법령에서 예외를 인정하는 규정을 포함하고 있어 의료 데이터 관련 법률 간 우선순위가 불명확한 점이 문제로 제기된다"고 지적했다. 또 박 교수는 "미국의 경우 유전체 데이터의 1차 및 2차 활용을 나누고, 각각의 활용에서 고려할 수 있는 법적·기술적인 보호책을 제시한다"면서도 "그러나 한국은 일부 유전체 데이터의 비식별화만 고려하고 있고 2차 활용에 대한 정책적인 연구는 이뤄지지 않고 있다"고 덧붙였다.

한국은 의료 데이터 활용과 관련해 보다 명확

하고 구체적인 정부 차원의 지침과 법적 기준을 마련할 필요가 있다는 게 업계 전문가들의 중론이다. 개인 정보 보호와 데이터 활용의 균형을 적절히 맞춘 정책을 통해 사회적 합의와 신뢰 기반의 데이터 생태계를 구축하는 것도 중요하다. 더불어 공익적 연구 목적과 산업 혁신 목적의 데이터 활용을 명확히 구분하여 민간 기업들이 안심하고 데이터를 활용할 수 있도록 안전장치를 마련해야 한다.

매일경제 비전코리아 프로젝트팀은 2025년 3월 19일 열린 제35차 국민보고대회에서 차세대 바이오 분야에서 한국이 리더십을 확보하기 위한 액션플랜으로 세계 첫 데이터 거래소 구축을 제언했다.

정부 주도로 '바이오 통합 거래소'를 구축해 흩어진 데이터를 한데 모아 활용하는 것에서 산업 발전의 첫 단추를 끼우자는 게 골자다. 비전코리아 프로젝트팀은 정부가 나서 데이터 이용에 따른 리스크를 풀어주면서 공급자와 수요자가 자유롭게 거래하는 세계 첫 장터를 만들어보자는 데 주목했다. 기업 간 거래를 통해 원격 진료, AI 신약 등 고부가가치 산업으로 발전할 수 있는 정비된 환경을 만들자는 것이다. 정부는 의료 데이터 사용에 따른 개인 정보 유출 리스크를 감독하며 기업들이 안심하고 데이터를 거래할 수 있는 시장 조성자 역할을 맡는다.

바이오 업계 전문가는 "한국의 임상 인프라스트럭처는 글로벌 무대에서도 손에 꼽힌다"며 "기업들이 원하는 '핀셋 데이터'를 공급받을 수 있다면 현재 싱가포르가 갖고 있는 아시아 바이오 메카의 위상을 한국이 가져올 수 있을 것"이라고 말했다.

PwC · Strategy&는 한국이 의료 데이터를 발판 삼아 산업 발전에 나설 경우 레드 바이오 분야 성장이 대폭 빨라질 것으로 봤다. 데이터 활용력을 높여 신약 개발을 촉진하고, '빅5' 병원을 의료 사업화의 메카로 키우면서 임상 시장을 아시아권으로 넓히면 2024년 48조원이었던 레드 바이오 산업 규모가 2034년 139조원으로 세 배가량 불어난다는 분석이다. 만약 한국이 보유하고 있는 양질의 의료 데이터를 윤활유 삼아 바이오를 한국 경제의 제2 성장엔진으로 집중 육성한다면 2034년 K바이오가 국민 경제에서 차지하는 비중은 8.9%로 반도체(8.7%)와 나란히 한국 경제를 이끄는 양대 축으로 자리매김할 것이란 관측이다.

한국 정부는 2025년 들어 2032년까지 100만 명의 바이오 데이터를 확보하는 빅데이터 구축 작업에 착수했다.

하지만 기업 상용화 등 민간 협력에 대한 계획은 밝히지 않고 있다. 업계 고위 인사는 "영미권 빅파마가 아시아 바이오 데이터를 제대로 확보하지 못한 상태여서 지금이 시장을 선점할 수 있는 기회"라고 강조했다.

'빅5' 병원 스타트업 산파로 변신

인공지능(AI)을 이용한 의료기기와 헬스케어 시장은 매년 50%에 가까운 급성장이 기대되고 있다. 조사 기관마다 숫자에는 일부 차이가 있지만 2027년 600억달러를 넘어선 AI 헬스케어 시장은 2030년 1000억달러를 돌파할 것이란 관측이 지배적이다. 이 같은 성장세는 AI 시장의 성장률을 금융, 유통 및 소비재, 제조, 통신, 에너지 및 유틸리티 등 업종별로 나눠 보더라도 가장 높은 수준이다. AI 분야의 다른 어떠한 산업보다 빠르게 크는 AI 헬스케어 시장의 성장세에 한국도 반드시 올라타야 하는 이유다.

한국은 2000년대 초반부터 축적된 양질의 의료 데이터를 기반으로 한 정부 주도의 연구와 양질의 연구 인력을 기반으로 선도국들을 빠르게 추격하고 있다는 평가를 받는다. 하지만 의료 데이터의 부족과 제품화를 통한 실제 적용 사례가 많지 않다는 점 등에 발목을 잡히고 있다는 지적이 적지 않다.

반면 가장 빠르게 미국과의 기술 격차를 줄이고 있는 중국의 경우 정부 주도의 강력한 지원 및 방대한 인구와 데이터, 연구 인력이 모두 어우러져 의료 AI 시장의 성장을 이끌고 있다는 분석이다.

기술적 측면에서는 양질의 데이터 확보의 어려움, 임상 기회 제한 등이 가장 큰 한계로 꼽힌다. 산업적인 측면에서도 의료 데이터에 대한 과도한 규제를 지적하는 목소리가 많았다. 특히 양질의 데이터와 의료 분야 전문 인력을 확보하기 위해서는 병원과의 파트너십이 필수적이지만 구축이 쉽지 않다는 문제가 크다.

시장 분야에서는 사업화 모델 창출이 어렵다는 지적이 나왔다. 현장에 대한 이해가 떨어지는 기술 개발로 상업화에 이르더라도 제대로 된 시간 가치를 인정받기 어렵다는 것이다. 실제 제품을 개발하더라도 기존 장비들과의 호환성이 떨어져 시장에서 활발하게 사용되지 못한다는 점도 문제다. 이에 의료 AI 산업이 활성화되기 위해서는 의료 데이터를 활용한 산학연의 협력 체계(역할 분담 및 이윤 분배)가 갖춰져야 할 필요가 있다.

한국은 AI 헬스케어 시장이 성장할 환경은 충

분히 갖췄다는 게 대체적인 평가다. AI 헬스케어 산업 성장에는 우수한 5G 통신망이 반드시 확보돼야 하기 때문이다. 각종 원격 센서 기기로 환자의 생체 데이터를 실시간으로 제공받을 수 있는 환경을 조성하려면 5G 통신망은 필수적이다. 의료진은 각종 장치들을 통해 수집한 환자의 데이터를 고도화된 알고리즘으로 분석해 정확한 진단 및 처방을 내릴 수 있다. 또 의료 영상, 생체 신호, 의료 기록 등 대량 의료 데이터 처리 속도를 높이고 알고리즘 성능을 높이기 위해서도 5G 통신망은 반드시 확보해야 한다.

한국통신사업자연합회에 따르면 한국과 미국, 캐나다, 영국, 독일, 일본 등 8개 주요국 가운데 한국의 5G 업로드·다운로드 속도는 압도적으로 빨랐다. 한국은 한국을 제외한 7개국의 평균 다운로드 속도보다 4배 이상 빨랐고, 2위인 아랍에미리트(UAE)보다도 2배 넘게 빨랐다. 5G 가입자 비중도 높다. 경제협력개발기구(OECD)에 따르면 한국의 5G 가입자 비중은 2023년 기준 54%를 넘어섰다. 덴마크에 이어 OECD 국가 중 2위에 해당하는 수치다.

양질의 공공 의료 데이터가 많이 축적돼 있고, 이를 효율적으로 활용 가능한 정보기술(IT) 의료 인프라가 매우 높은 수준으로 구축돼 있다는 점도 긍정적인 요소다. 전 국민이 건강보험에 가입돼 검진 기록이 지속적으로 생성된 것이 고품질 공공 의료 데이터가 많이 축적된 비결이다. 실제로 건강보험공단과 건강보험심

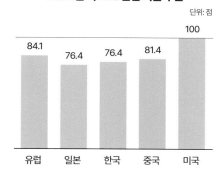

2024년 의료 AI 산업 기술 수준

단위: 점

- 유럽 84.1
- 일본 76.4
- 한국 76.4
- 중국 81.4
- 미국 100

출처: 한국보건산업진흥원, 미국 100점 기준

사평가원이 보유한 의료 빅데이터는 각각 3조 4000억건, 3조건에 달한다. 이외에도 질병관리청이 국립중앙인체자원은행, 국민건강영양조사 정보 등을 보유하고 있다.

IT 의료 인프라 수준도 높다. 국내의 대다수 의료기관은 세계적인 수준의 전자의무기록 시스템을 보유 중이다. 환자 진료 기록이 전자문서로 체계적으로 관리되고 있다는 의미다. 한국의 전자 의무 기록 보급률은 90% 이상으로 알려져 있다. 여기에 2020년 도입된 전자 의무 기록 인증제를 통해 의료 정보 공유가 활성화하고 있다. 중소 병원의 인증제 참여 비율은 여전히 낮지만 정부 차원에서 참여를 독려하기 위한 인센티브 도입 등을 검토하고 있는 상황이다.

한국 의료 기기 기업들의 성장도 주목할 만하다. 한국 의료 기기 기술이 전 세계에서 기술력을 인정받으면서 신뢰도를 쌓아가고 있다. 실제

글로벌 AI 헬스케어 시장 규모

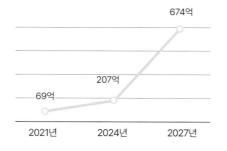

단위: 달러

674억

207억

69억

2021년 2024년 2027년

출처: MarketsansMark

국내 의료 기기 무역수지는 2022년 3조8000억원을 기록해 3년 연속 흑자를 이어갔다.

AI 기술을 활용한 엑스레이, 초음파, CT 등 의료 영상 데이터 분석 기술의 특허 출원도 가파르게 늘고 있다. 2016~2020년 5년간 누적 특허 출원량은 중국이 3400건으로 가장 많았고, 이어 미국 1490건, 한국 960건, 미국 890건 순이었다.

모든 것을 종합해볼 때 한국은 주요국 대비 AI 헬스케어 시장에서 당장 우위를 점하고 있는 상황은 아니다. 다만 성장 잠재력은 충분하다. 산업 성장을 위한 기반 환경을 갖췄음에도 각종 규제와 낮은 시장성, 데이터 부족 등에 발목이 잡혀 산업 성장이 눌리고 있다는 의미다.

미국 최고의 병원이자 AI 분야에서도 최고 수준의 의료기관으로 평가받는 메이오클리닉의 사례는 한국에 시사하는 바가 크다. 메이오클

리닉은 방대한 의료 데이터를 가진 의료 기관을 주축으로 AI 헬스케어 산업 생태계를 조성하고 있다.

메이오클리닉이 AI 헬스케어 산업 생태계를 만드는 원리를 살펴보면 이렇다. 메이오클리닉은 '메이오클리닉 플랫폼'이라는 자회사를 통해 병원의 전통적인 사업 방식 외에 AI 헬스케어 기술 회사들과 협력해 병원이 보유한 데이터와 원격 환자 모니터링 데이터를 AI 알고리즘과 연결해 신기술 개발을 장려하고 있다.

먼저 관련 스타트업들에 3000만명이 넘는 환자 의료 데이터를 제공해 의료 산업의 수요와 표준에 맞는 의료 AI 기술 개발을 독려한다. 단순히 의료 데이터를 제공하는 데서 한 걸음 더 나아가 메이오클리닉의 임상 현장 등을 중심으로 수요가 존재하는지에 대해서도 확인한다. 이렇게 개발된 기술은 자사의 임상 현장에서 검증할 수 있는 기회도 제공한다. 임상 현장에서 촘촘한 검증을 거치며 개발된 기술에 대한 의료계의 신뢰를 높여주는 셈이다.

기술 개발이 마무리된 뒤에도 메이오클리닉의 스타트업 케어 시스템은 계속된다. 기존에 의료계에서 AI 기술 도입에 소극적이었던 데는 기존 병원에서 사용하는 소프트웨어 등과의 호환성이 떨어진다는 점도 작지 않게 작용했다. 실제로 호환성에 대한 문제는 한국은 물론 미국과 유럽 등 주요국에서 공통적으로 제기돼왔다. 메이오클리닉은 새롭게 개발된 기술이 기존의 병원 시스템에 원활하게 통합되도록 기술 개발 단계에서부터 개발사와 밀접하게 소통

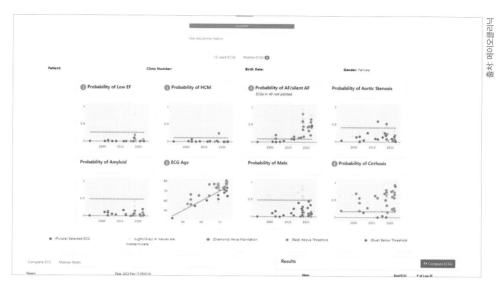

AI ECG 기술을 통해 환자의 데이터가 나타난 대시보드의 모습.

한다. 단순히 개발만 지원하는 것이 아니라 상용화까지 고려한 전 주기적인 지원 모델인 셈이다.

실제로 이 프로그램에 참여한 '루미나르(LUMINARE)'의 AI 패혈증 진단 솔루션이 현재 메이오클리닉에 도입된 상태다. 그외에도 참여 업체의 30% 이상은 지원 사업이 완료된 이후에도 메이오클리닉과 협력 관계를 이어가고 있다. AI 생태계에 발 빠르게 뛰어든 메이오클리닉은 방사선 암 치료 계획을 수립하는데 걸리는 시간을 기존 10~20시간에서 1시간 이내로 단축하는 등 성과를 올리고 있다. 의료진을 대상으로 의료 AI에 대한 수용도를 자체조사한 결과 AI가 업무 효율을 높여준다는 답변이 절반 이상으로 나오기도 했다.

메이오클리닉은 자체적으로 AI 기술을 임상현장에 도입하는 일에도 적극적이다. 2023년이후 메이오클리닉의 초기 투자 가운데 63%는 AI 관련 투자다. 장기적으로 AI의 가치를 높게 평가하고 있음을 나타낸다.

이를 통해 아예 단순 진료 및 치료에서 예방과 치유로 패러다임의 전환을 꾀하고 있다. 이에따라 모니터링 및 진단 관련 AI 투자의 비중이 47%로 매우 높다.

대표적인 사례들을 꼽아보면 헬스케어 기술 회사 아누마나와 함께 출범시킨 루셈헬스를 통해 다양한 질병 치료에 응용하는 의료 기기 소프트웨어를 개발했다. 이를 통해 데이터 분석으로 심방세동, 뇌졸중, 폐암 등 고위험군 환자를 조기 발견할 수 있게 됐다. 메디웨일의 경우 안저 사진을 통해 신장, 안과, 심혈관 질환을 증상 없이도 조기에 예측할 수 있는 기술을 갖고 있다. 이러한 투자는 아스트라제네카, 머시 등 다른 제약사 및 의료 기관들과 공동으로 진행되기도 한다.

AI를 활용해 로봇이 의료 기관 내 단순 보조 도구에서 핵심 구성원으로 발돋움하도록 하는 일에도 앞장서고 있다. 메이오클리닉은 수술용 로봇뿐 아니라 실험적인 로봇 기술에도 투자를 진행하고 있다. AI로 위장 내 병변을 자동 탐지하는 캡슐형 내시경 로봇을 개발 중인 엔디엑스, 병원 내 자율주행으로 보급품 운반이나 환경 정리 등 작업을 수행하는 로봇을 개발하는 컬래버레이티브 로보틱스가 대표적인 사례다.

미래 의료가 종국적으로 지향하는 정밀 의학, 맞춤형 의료에 대해서도 AI를 활용하고 있다. 환자마다 동일한 치료법에 대해서도 반응이 다른 만큼 AI를 활용해 치료의 안전성과 효과를 높일 수 있는 여지가 있는 것이다. 메이오클리닉은 2011년부터 정밀 의학 센터를 운영해왔다. 최근에는 AI 스타트업 제노메이트, 임프라이메드 등을 육성해 개별 유전 정보 및 종양 반응 기반 치료 매칭을 추진하고 있다.

기술 개발의 다음 단계로 의료계에 새로운 기술들이 자연스럽게 녹아들 수 있도록 활용 가이드라인을 제정하기 위한 노력에도 앞장서고 있다. 'AI헬스케어연합(Coalition for Health AI · CHAI)' 설립은 그 시작점이다.

4000여 개 기업 및 기관이 의료 AI 활용의 안전장치와 지침을 정의하기 위해 머리를 맞대고 있다.

CHAI의 목표는 AI 헬스케어 모델을 적절하게 평가하고 이 기술을 배포하기 위한 모범 사례를 개발하는 네트워크 구축이다. 2024년에는 이를 위한 6가지 사례를 담은 의료 AI 품질 보증 표준에 대한 프레임워크 초안을 발표한 바 있다. 8개월 동안 100명 이상이 참여해 CHAI 내 6개 그룹의 합의를 통해 초안 프레임워크가 완성됐다.

6가지 사례에는 예측 전자 건강 기록 위험, 영상 진단, 생성형 AI 사용, 청구 기반 외래 환자, 의료 코딩을 통한 사전 승인, 유전체학 사용 사례들을 설명하고 위험성 및 품질 보장 방식을 담고 있다. 브라이언 엔더스 CHAI CEO는 가이드라인에 대해 "헬스케어 생태계 전반에 걸친 의료 AI의 합의가 필요하며 AI가 모두에게 도움이 될 수 있다는 신뢰성을 향상시키고자 하는 목적"이라고 설명했다.

발표된 프레임워크는 CHAI가 2023년 4월 발표한 '신뢰할 수 있는 AI에 대한 청사진' 가이드라인의 핵심인 사용성 및 효용, 안전성 및 신뢰성, 투명성, 형평성, 데이터 보안 및 개인정보 보호를 고려하고 있으며, AI를 활용한 의료 서비스의 모범 사용 사례를 제공한다. 이 프레임워크는 책임 있는 AI에 대한 합의된 정의를 정립하는 것을 목표로 향후 지속적인 개선을 통해 AI 사용의 신뢰성과 범위를 확립하는 데 기여할 것으로 기대된다.

메이오클리닉이 추진 중인 70만달러 규모의 건축 프로젝트도 AI 헬스케어 생태계 조성을 위한 노력의 일환이다. 프로젝트 명칭은 'Bold. Forward. Unbound.'로, 로체스터에 AI 기반의 의료 시설을 구축하는 것이 목표다. 현재 계획으로는 2030년 개관이 예상된다. 이 의료 시설은 AI를 기반으로 연속 모니터링과 원격 진료를 지원하고, 의료진과 환자 간 대화를 AI로 자동 기록 및 분석할 수 있도록 하는 것이 핵심이다. 그간에는 환자가 병원에 발을 내딛는 순간부터 AI 기술의 혜택을 누릴 수 있도록 해왔다면, 새로운 의료 시설에서는 환자가 집에서도 AI 헬스케어의 생태계 안에서 의료 서비스를 제공받을 수 있는 것이 핵심이다.

국내에서도 고품질의 대규모 데이터를 가진 '빅5' 병원 주도하에 AI 헬스케어 생태계 조성을 가속화하는 산파 역할을 할 수 있다. 국내 빅5 병원의 경우 의료 서비스의 질이 모두 세계적인 수준이다.

실제로 미국 시사 주간지 뉴스위크가 발표한 '2025 세계 최고 병원' 250곳 중에는 국내 병원 16곳이 포함됐다. 상위 250위까지 매겨진 순위에서 세계 1위는 미국 메이오클리닉(로체스터 본원)이 차지했다. 이어 미국 클리블랜드클리닉, 캐나다 토론토종합병원, 미국 존스홉킨스병원, 스웨덴 카롤린스카대학병원이 세계 2~5위로 선정됐다.

국내 병원 중 가장 높은 순위는 서울아산병원(25위)이었다. 서울아산병원은 2024년 평가

(22위)보다 국제 순위가 세 계단 하락했으나 2019년부터 7년 연속 국내 최정상 자리를 지키고 있다. 이어 2024년 34위였던 삼성서울병원이 2025년 30위로 뛰었다. 이어 서울대병원(42위)과 세브란스병원(46위)이 뒤따랐다. 특히 국제 순위 100위권 내에 빅5 병원이 아닌 분당서울대병원(68위)과 강남세브란스병원(87위)도 이름을 올려 눈길을 끌었다.

전 세계 병원 순위에 이름을 올렸다는 것은 난해한 질병을 치료할 수 있는 의료 서비스 수준을 갖췄다는 의미다. 그만큼 높은 수준의 다양한 의료 데이터가 확보됐다는 의미이기도 하다. 병원별로 특히 강점을 가진 분야도 있다. 서울대병원이 비뇨기과·내분비내과, 아산병원은 비뇨기과·소화기내과·암 분야에서 글로벌 톱5에 오를 만큼 각 분야에서 양질의 데이터와 기술 수요가 있다.

빅5 병원은 이렇게 확보된 의료 데이터를 AI 헬스케어 스타트업들이 기술 개발에 활용할 수 있도록 제공한다. 하지만 단순히 의료 데이터 제공에서 역할이 끝나는 것은 아니다. 한국 기업들이 보유한 의료 AI 관련 특허 건수가 늘고 기술력이 높아지고 있음에도 아직 산업화가 더디게 이뤄지는 데에는 실제 임상 현장에서 수요가 있는 기술과 개발된 기술 간의 미스매치가 한몫을 했다는 지적이 적지 않다.

이 때문에 병원이 해야 할 또 하나의 중요한 역할은 AI 알고리즘이 개발되면 이른 시일 내에 상용화가 가능할 만한 수요를 확인하는 일이다. 역으로 스타트업에서 선제적으로 제안

폴 프리드먼 메이오클리닉 심장내과 교수가 담당 환자 심전도 데이터를 바탕으로 앞으로 발생할 수 있는 질병을 예측하는 AI 프로그램으로 진단하고 있다.

한 기술력에 대해 임상 현장에서 충분한 수요가 있는지를 확인해주는 방식도 가능하다. 스타트업들은 기술 개발을 위해 자금을 투입하기 이전에 해당 기술력의 시장성을 점검 가능해 개발 후 산업화에 실패할 리스크를 줄일 수 있다는 장점이 있다.

기술 개발이 이뤄진 이후에는 해당 병원이 의료 AI 신기술의 임상 테스트베드 역할을 맡는다. 신기술을 도입해 활용해보면서 기술을 검증하고 현장에서의 유용성도 평가할 수 있다. 실제 임상 검증을 할 의료기관을 찾기가 힘들다는 점도 의료 AI 기업들이 고충을 토로하는

핵심 문제점 중 하나다.

빅5 병원에서 임상 검증을 거쳤다는 사실은 향후 해당 기술력이 여타 의료 기관에 빠르게 도입되는 레퍼런스가 될 수 있다. 환자의 생명을 다루는 병원의 특성상 의료진은 신기술에 보수적으로 접근할 가능성이 높다. 일단 해당 기술의 임상 검증을 맡은 빅5 병원에서는 자체적으로 검증을 마친 만큼 더 높은 신뢰도를 갖고 기술 도입에 적극적으로 나설 수밖에 없다. 개발 단계부터 필요성이 인정된 기술이라는 점도 도입을 앞당기는 요소다. 일단 빅5 병원과 공급 계약을 맺는다면 국내 다른 의료 기관은 물론

전 세계의 다른 의료 기관 진출 역시 훨씬 수월해진다.

마지막으로 자금 문제가 남는다. AI 의료 기술 개발을 끝까지 마무리하려면 투자금 유치가 필수적으로 요구된다. 메이오클리닉 모델에서는 메이오클리닉이 탄탄한 자금력을 바탕으로 의료 AI 기업들에 대한 투자까지 맡는다. 투자 금액에 따라 메이오클리닉은 해당 기업이나 특정 기술에 대한 지분을 확보하기도 한다.

하지만 국내 빅5 병원들이 개별적으로 투자를 진행하는 데는 자금력에 한계가 있다. 특히 1년 넘게 지속된 의정 갈등 상황으로 빅5 병원은 적자에 시달리고 있는 실정이다. 서울대병원을 기준으로 2024년 적자액은 1106억원을 넘겼다. 2023년 적자는 4억원에 그쳤지만 1년 사이 1100억원 넘게 늘었다. 의정 갈등이 극에 달한 2024년 기준 서울아산병원, 세브란스병원, 서울성모병원이 상반기에 모두 손실을 냈다. 하반기 들어 일부 병원들이 월간 기준 소폭의 흑자 전환을 이뤄냈지만 그마저도 정부의 손실지원금 덕이라는 게 대체적인 평가다. 이런 상황에서 빅5 병원이 미래 기술 개발에 수십억 원의 자금 투입을 결정하기는 쉽지 않다.

빅5 병원이 기술 개발에 투자할 수 없다면 자금력을 갖춘 사모펀드와 의료 AI 스타트업 간의 연결고리가 될 수는 있다. 빅5 병원과 파트너십을 맺은 스타트업이라는 레퍼런스를 갖고 스타트업들이 투자금 유치에 나서는 것은 기존의 방식과 큰 차이가 없다. 물론 빅5 병원이 시장성까지 확인한 뒤에 기술 개발을 돕고 있다면 이야기는 다르다. 사모펀드 입장에서도 훨씬 더 안정성 있는 투자 결정이 가능한 구조다. 빅5 병원이 자체 펀드를 조성해 의료 AI 스타트업에 투자하는 방법도 있다. 개별적으로 기술력을 평가하기 어려운 투자자들이 빅5 병원의 기술력 평가 및 검증 시스템을 믿고 펀드에 자금을 지원하는 방식이다.

백민경
서울대 생명공학과 교수

"
단백질 연구 박차…
신약 개발 AI 도전
"

데이비드 베이커 미국 워싱턴대 교수가 단백질 구조를 설계하고 정확하게 예측하는 인공지능(AI) 모델 '로제타폴드'를 개발한 공로를 인정받아 2024년 노벨 화학상을 수상했다. 백민경 서울대 생명공학과 교수는 베이커 교수의 수상을 이끈 핵심 논문의 1저자다. 신약 개발 인공지능(AI) 기술 첨두에 서 있는 그를 만나 앞으로 산업 발전 방향을 들어봤다.

▶노벨 화학상 소식을 들었을 당시의 소감이 궁금하다.

─여러 가지 생각이 들었지만 '벌써?'라는 생각이 가장 강했다. 언젠가는 단백질 구조 분석 및 설계, 예측 연구가 노벨상을 받을 수 있을 것이라고 생각했지만 빨라야 4~5년 뒤를 예상했다. 통상 노벨상의 경우 해당 연구의 파급력을 지켜보고 주기 때문이다. 저의 연구가 노벨상에 작은 부분이라도 기여할 수 있었다는 점에서 굉장히 뿌듯하다. 한편으로는 나의 연구 분야에서 노벨상이 나왔다는 게 신기하기도 하다. 동시에 '이제 이 분야에서 다음 노벨상이 있다면 어떤 혁명이어야 할까'라는 생각이 머릿속을 스쳤다.

▶알파폴드 연구를 통해 또다시 노벨상을 받을 수 있다고 보나.

─완전히 똑같은 연구로는 당연히 불가능하다. 이번에 수상한 알파폴드나 로제타폴드 같은 단백질 구조 예측 및 설계 방법들이 아직 해결하지 못한 과제가 무엇인가를 생각해보면 생체 분자 간 상호 작용에 대한 예측을 꼽을 수 있다. 생체 분자는 생물체를 구성하거나 생물의 구조, 기능, 정보 전달 등에 필요한 물질이다. 단백질은 여러 생체 분자 가운데 극히 일부일 뿐이다. 이 단백질은 다른 생체 분자를 인식해 결합함으로써 생명 현상을 유지하는데 단백질과 다른 생체 분자 간 상호 작용의 오류로 생기는 것들이 바로 질병이다. 단백질이라는 분자가 어떻게 생겼는가에 대해서는 현재 어느 정도 예측이 가능하다. 하지만 그것이 어떻게 기능하는가에 대해 예측할 수 있느냐고 묻는다면 사실 아직 그 단계는 아니다. 단백질 구조를 안다고 기능을 알 수 있는 것은 아니다. 결국 단백질의 기능도 다른 생체 분자와의 상호 작용으로 결정되고, 기능을 알아내려면 어떻게 다른 생체 분자와 상호 작용하고 어떠한 현상들을 만들어내는지를 밝혀내야 한다.

▶알파폴드를 활용해 진정으로 인류의 삶을 바꿔놓으려면 어떤 과제가 선결돼야 하나.

―진정으로 인류의 삶에 기여할 수 있는 방향으로 살펴보고 있다. 현재 과학계가 당면한 난제 중 하나가 바로 '항체' 단백질이다. 인류가 현재 항체 구조를 잘 예측하고 잘 설계할 수 있느냐고 물어보면 '그렇지 않다'고 답변할 수밖에 없다. 이런 점에서 항체라는 특이적인 단백질에 관심을 갖고 연구를 진행하고 있다.

생체 분자의 폭을 넓히면 예측이 어려운 또 다른 분야가 리보핵산(RNA) 분야다. RNA는 우리 몸에서 굉장히 많은 일을 하는 생체 분자다. 단백질 생산에 필요한 정보를 전달하고 단백질을 덜 만들거나 더 만드는 조절자 역할을 한다. 다만 RNA가 어떤 구조를 지니고 어떻게 기능하는지에 대해서는 아직까지 모르는 측면이 많다. 단백질의 경우 약 20만개의 구조가 밝혀졌다. 반면 RNA는 1만개 미만이다. 이 1만개조차 비슷한 서열을 가진 경우가 너무 많아 이를 제외하면 수천 개밖에 남지 않는다. AI를 활용해 개발하기에도 데이터가 부족한 상황이다.

▶AI 기술을 통한 항체 신약 개발은 어디까지 왔나.

―일반적으로 '항체를 설계한다'고 하면 항체를 그저 AI를 통해서 설계하는 것만을 의미한다고 생각하는 것 같다. 하지만 항체 설계가 궁극적으로 목표하는 것은 기존에 항체를 개발하는 방식과 원하는 곳에 결합하는 것 모두가 해당된다고 생각한다. 그래야만 항체 작동 메커니즘을 조절할 수 있기 때문이다. 이 항체가 어디에 붙을 것인가를 조절할 수 있어야 한다고 생각한다.

이러한 작업이 가능한 AI 기술이 공개된 적은 아직까지 없다. 일반인들의 인식과 달리 '이제 항체 설계는 그냥 키보드 엔터만 치면 돼요'의 수준이 아니다. 많은 시도의 산물들이 나오고는 있지만 성능이 좋지 않다. 성공 확률도 높지 않다.

AI 기술이 항체 설계에 도움을 주는 것은 사실이나 아직은 보조적인 수단 정도에 그친다. 여전히 실험을 통해 최적화하는 과정이 매우 많이 필요한 상황이다.

▶이번에 노벨 화학상을 공동 수상한 '로제타폴드 시리즈'와 '알파폴드'는 어떤 차이점이 있나.

―두 기술은 결국 풀고자 하는 문제가 같은 기술이다. 현재 알파폴드는 단백질 구조를 예측하고 상호작용을 통한 미래 결합 구조를 예측하는 기술인데 로제타폴드 시리즈도 마찬가지다. 두 기술은 사실 서로 간에 자극을 줘서 개발이 된 방법이다. 알파폴드를 아이디어로 로제타폴드가 나온 것이고 서로가 긍정적인 자극을 주면서 중요한 문제에 대해 각자의 방식으로 다르게 시도를 하는 것이다. 차이라면 하나는 학교에서, 하나는 기업에서 만들어졌다는 점이다.

새로운 단백질 구조를 만들어내는 AI 기반 생성모델 'RF디퓨전(RF diffusion)'이 먼저 나온 뒤에 2024년 알파폴드를 기반으로 만든 단백질 설계 플랫폼인 구글 딥마인드의 '알파프로테오'가 나왔다.

▶노벨상 이후로 바뀐 것이 있다면.

―진행 중인 연구가 노벨상을 수상했다고 달라지는 것은 없다. 연구는 연구대로 진행하되 차이가 있다면 외부 일정이 많아졌다는 점이다.

▶앞으로의 계획은.

─진행 중인 연구를 잘하는 것이 중요하다. 현재 우리 연구실에서 학생들이 쓴 논문들이 없다. 해외에서 진행하던 일들도 잘 마무리해서 2026년에는 논문을 단 몇 편이라도 내놓는 것이 목표다. 학문적인 목표는 그렇다.

연구실이 안정화돼가고 있는 만큼 이제는 진짜 하고 싶었던 연구들을 확장할 수 있겠다는 생각이 든다. 학생들 모두 2~3년 차가 되면서 스스로도 연구를 잘 수행하고 있다. 단순히 아이디어 차원에 있는 부분이나 기존의 아이디어를 조금 더 스케일업하려고 한다.

▶한국도 노벨상에 점점 가까워지는 느낌이다.

─기존에도 한국 과학자의 수준이 뒤처져서 노벨상을 받지 못한다는 생각은 하지 않았다. 점진적으로 한국에서 노벨상 수상자가 나올 때가 가까워지지 않았나 생각한다. 다만 노벨상을 받기 위해 연구를 하는 것은 안 된다. 어떤 분야에 대한 오리지널리티가 광장히 파급력이 있다. 다만 한국에서는 선행 연구 근거가 있어야 한다. 그야말로 조금 더 '될 법한 연구'에 국가적으로 많이 집중돼 있는 면이 있다. 한편으로는 노벨상을 주는 분야가 다변화하고 있다. 한국에서도 열심히 연구하는 교수들이 있는 만큼 노벨상이 조만간 나오지 않을까 기대한다.

과학자로서 노벨상 수상이 목표라거나 성과를 인정받는 것으로 느껴지느냐고 묻는다면 '그냥 받을 수 있으면 좋은 것'이라고 답할 것 같다. 상을 받기 위해서 사는 것보다는 재미있게 연구하면서 그에 대한 인정을 받을 수 있으면, 새로운 아이디어를 통해 재미로 시작한 것들이 좋은 성과로 이어지는

풍토가 되면 조금 더 많은 아이디어들이 나올 수 있지 않을까 생각한다.

▶최종 목표는 무엇인가.

─나이가 들어서도 데이비드 베이커 교수처럼 연구에 대한 열정이 지속되고 연구가 재미있게 느껴졌으면 좋겠다. 내가 떠나올 때 베이커 교수 연세가 60세가 되는 해였다. 연구는 재밌고 액티브하게 만들 수 있는 일이라 생각한다. 재미가 있을 수 있는 방향으로 연구해야겠다.

창업을 통해 직접 대표를 맡거나 할 생각은 없다. 창업은 서포트, 코파운딩 정도에 그칠 것 같다. 회사에 엮이기 시작하면 다양한 분야에서 갈등이 생긴다. 실제 상용화까지 가려면 기업을 통해서 가는 게 한 방법이기 때문에 기술이 있고 창업을 하고 싶은 사람에게 하지 말라고 할 생각은 없다.

존 할람카
메이오클리닉 플랫폼 대표

"

AI 드리븐 병원이 온다

"

병원은 의료 데이터가 사업에 활용되는 대표적인 현장이다. 바이오와 인공지능(AI)이 빠르게 융합하면서 병원의 중요성이 날로 커지고 있다. 메이오클리닉은 미국 내 첫 손가락에 꼽히는 AI 병원이다. 2024년 글로벌 리서치 업체 CB인사이츠가 발표한 병원별 AI 도입 평점에서 메이오클리닉은 내로라하는 병원을 제치고 1위를 차지했다. AI와 데이터를 활용해 치료에 나서는 분야에서 발군의 성적을 거뒀다. 메이오클리닉에서 사업화를 담당하는 책임자가 바로 존 할람카 메이오클리닉 플랫폼 대표다. 그를 만나 미국 최고 AI 병원 메이오클리닉의 성공 비결을 물어봤다.

▶AI 솔루션 선택 시 클리닉의 가장 중요한 평가 기준은 무엇인가.

-AI 기술은 크게 예측형 AI와 생성형 AI로 구분할 수 있다. '예측형 AI'는 통계 및 확률적 형태의 수학 기반 기술이며, 생성형 AI는 이미지, 텍스트, 소리 등을 생성하는 기술이다. 즉 예측 AI는 마법이 아닌 수학이기 때문에 실제로는 조금 다르게 접근해야 한다.

이 기술이 수학적으로 완벽하더라도 임상적으로 이해를 하려고 한다. 임상적으로 모든 알고리즘의 위험성을 평가한 후 가장 큰 혜택을 제공하는 저위험 알고리즘부터 도입을 시작한다. 환자에게 해를 끼칠 수 있는 고위험 알고리즘은 후순위로 매우 신중하게 결정한다.

▶메이오클리닉에 AI 솔루션이 도입된 이후 임상 워크플로 개선이나 진단 정확도 측면에서 가장 인상적인 성과는.

-몇 가지 사례를 들어보겠다. 나는 어떤 사례이든 개인적인 상황에 이입해보는 것을 좋아한다. 한국인인 나의 아내는 2011년 12월 유방암 3기 진단을 받았다. 당시에는 모든 여성들에게 동일하게 적용할 수 있는 프로토콜이나 알고리즘이 없었다. 하지만 이제 클리닉은 '예측'이 가능한 일련의 알고리즘을 가지고 있다. 유방암이 발생하기 이전의 모든 의료 기록과 거주지 및 생활 환경, 유전자 정보를 포함한 84개의 데이터가 사용된다. 이를 통해 현재는 치료뿐 아니라 질병을 아예 예방할 수 있는 알고리즘이 완성됐다.

췌장암도 마찬가지다. 나의 장인께서 췌장암 4기 진단을 받고 돌아가셨다. 췌장암은 보통 이렇게 늦게 진단이 이뤄진다. 하지만 클리닉에서는 사람이 보기 어려운 췌장의 혈류에 대한 미세한 변화를 AI를 통해 확인할 수 있다. AI 알고리즘을 통해 췌장암을 약 2년 빠르게 진단할 수 있다. 환자의 생존을 보장할 수 있는 기회가 늘어나는 셈이다.

또 다른 사례가 있다. 종양의 이미지를 촬영할 수 있는 알고리즘도 갖고 있다. 이 알고리즘은 방사선을 주변의 동맥, 정맥 등을 피해 정확한 위치까지 전달하기 위한 최적의 경로를 정의해준다. 물론 사람도 같은 방식으로 방사선 치료법을 찾는다. 하지만 종양이 뇌와 같이 복잡한 위치에 있다면 이렇듯 치료법을 찾는 과정에는 16시간 정도가 걸린다. 알고리즘은 단 몇 초 만에 해낼 수 있다.

최근 방사선 종양학과 전문의 한 명으로부터 들은 일화가 있다. 지난 일주일 동안 매일 가족과 저녁 식사를 했다는 감격에 찬 이야기였다. 아무리 뇌종양 형태가 복잡한 환자라도 알고리즘이 1시간 안에 방사선 치료 계획을 세워준 덕이다. 환자 한 명당 15시간 이상을 절약할 수 있어 더 많은 환자를 더 효과적으로 치료할 수 있게 됐다는 고백이었다.

AI는 의사를 대체하는 것이 아니다. AI는 의사들이 더욱 효율적으로 일하도록 도와주고 있는 것이다.

▶질병을 진단할 때 클리닉에서는 어떤 종류의 소프트웨어를 사용하는가.

–메이오클리닉은 하나의 'AI 팩토리'를 만들었다. 클리닉의 환자 1000만명분의 데이터를 가져와 모든 부분을 비식별화했다. 단순히 이름과 주소 등을 삭제하는 것만으로는 충분하지 않다. 직업, 가족 관계 등 식별할 수 있는 데이터를 제거하는 데 신중을 기했다.

이 데이터를 기반으로 만든 알고리즘은 클리닉의 모든 임상의가 기술적 배경 없이 간단한 영어 질문만으로 활용할 수 있도록 했다.

일례로 소화기내과에서 신약을 복용한 크론병(염증성 장질환) 환자에 대한 연구를 진행한다고 하자. 의료진은 AI 프로그램에 신약에 투입된 약물과 크론병 간 상관관계를 질문하기만 하면 과거 클리닉에 입원했던 환자가 해당 약물을 복용한 후 보였던 증상이 단 1초 만에 일목요연하게 나타난다.

▶새로운 AI 기술에 대해 현장 의료진은 어떻게 반응하나.

–클리닉에서는 자주 무작위 임상 시험을 진행한다. AI를 일종의 신약처럼 취급하면서 환자들을 살피며 시간이 지날수록 AI가 어느 정도의 효과를 내는지 확인하는 것이다. 통계적 평가 역시 임상적 위험도를 확인하는 방법의 하나다. 하지만 임상적으로 실제 현장에서의 성과를 확인하려면 일반적으로 무작위 임상 시험이 필요하다.

실제로 알고리즘을 의사들에게 제공한 뒤 의사들이 알고리즘을 어떻게 사용하는지, 그리고 알고리즘을 사용하는 것에 대해 어떻게 느끼는지도 살펴봤다. 흥미로운 점은 심장학 분야에서 클리닉의 전문의들이 심장학 관련 병리를 30% 더 빠르게 진단할 수 있다는 사실을 확인했다는 것이다.

AI의 지원을 통해 어느 환자가 심장 전문의의 상담이 필요하며, 어느 환자가 긴급하게 진료를 받아야 하는지 이해할 수 있게 돼 직무 만족도도 더 높았다. 그렇기 때문에 일반적으로 생각하듯이 의사들이 AI가 그들의 관행을 위협하고 그들의 업무를 대체할까 두려워하지는 않는다고 말하고 싶다.

▶AI가 실제 현장에 빠르게 활용될 수 있도록 어떤

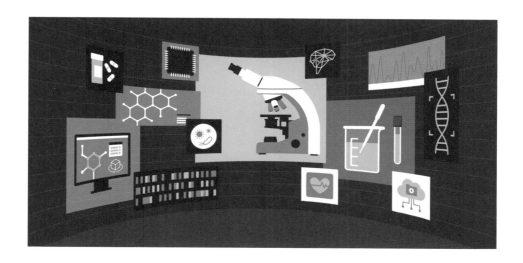

노력을 하고 있나.

−클리닉에서는 모든 부서가 독창적인 AI 혁신 제안서를 작성하도록 장려하고 있다. 경쟁에서 선정된 부서는 AI 혁신을 위한 자금을 지원받는다. 클리닉 플랫폼의 경우 각 부서에 '슈퍼 유저'라고 불리는 이들이 있는데 동료들에게 새로운 AI 도구를 활용하는 방법을 알려준다. 새로운 솔루션을 보다 신속하게 채택할 수 있도록 돕는 셈이다. AI가 클리닉의 일상에 일부가 된 것은 매우 공식적인 일이며 자금 지원도 필요한 일이었다.

▶**앞으로 의료 AI 회사들과 협력하고자 하는 주요 연구 분야나 프로젝트가 있다면.**

−클리닉 플랫폼을 이끄는 저의 역할은 전 세계적인 파트너십을 이끄는 일이다. 현재 메이오클리닉은 78개의 파트너사에 비식별 데이터를 제공하는 방식으로 협력하고 있다. 10개의 주요 글로벌 데이터 소스를 보유하고 있으며, 자사의 알고리즘을 사용하는 50개의 국내외 병원을 보유하고 있다.

이들 중 일부는 제약사이며 일부는 의료 기기 기업이다. 매일 새로운 파트너사가 추가되고 있다. 이는 우리의 역할이 개인 정보 보호 환경에서 대량의 비식별 데이터에 접근할 수 있도록 하고, 그들이 만들어내는 신기술과 신약 등 모든 것을 임상적으로 평가할 수 있도록 도와줌으로써 전 세계 기업의 기업가 정신을 가속화하는 것이기 때문이다.

▶**미국 시장 진출을 준비 중인 한국 의료 AI 기업에 해줄 조언이 있다면.**

−현재 미국 시장에 진출하려는 여러 바이오 테크 AI 기업들이 있다. 물론 클리닉은 루닛이라는 훌륭한 한국 기업과도 협력하고 있다. 훌륭한 기업들이지만 혼자서는 기술을 개발해낼 수 없다고 생각한다. 협력과 파트너십이 매우 중요한 이유다.

한국의 기업들은 놀라운 기술력과 에너지를 보유하고 있지만, 충분한 데이터를 확보하지 못할 수 있다. 서울대병원의 의료 데이터는 350만명이다. 그 역시도 많은 숫자이기는 하지만 클리닉의 손을 잡으면 3000만명이 넘는다.

클리닉은 전 세계적으로 이러한 제품 및 서비스 개발에서 협력해 관련 테스트를 진행하고 있다. 한국 여러 회사와의 협력에도 열려 있다.

▶AI 의료 기술을 활용하기 위해 다음으로 해결해야 할 과제는 무엇인가.

—클리닉은 산학연 4000여 곳이 함께 의료 현장에서의 AI 활용 가이드라인을 만드는 'AI헬스케어연합(Coalition for Health AI·CHAI)'을 설립해 운영하고 있다. 예측 및 생성 AI 기술을 의료 현장에서 활용하기 전 충분한 신뢰성과 활용도를 갖췄는지 판단하기 위해 노력하고 있다.

생성형 AI를 사용하면 '환각'을 볼 수 있다. 정확하지 않은 진술을 생성하는 것을 볼 수 있다. 이 때문에 많은 이들이 생성형 AI를 통해 만들어내는 모든 것을 검토하고 수정해야 한다는 것을 알고 있다. 90%가 좋으면 10%는 나쁘다는 의미이기 때문이다.

▶AI 의료 기술을 젊은 세대에게 어떻게 교육해야 하는가.

—개인적으로 가장 큰 걱정거리 중 하나는 AI에 대한 의존이다. 2002년 하버드대 의과대학의 CIO를 맡았던 당시 전자건강기록을 만들었다. 그런데 하버드대에서 갑작스럽게 네트워크가 중단되면서 누구도 전자 시스템에 접근할 수 없게 됐다. 그러자 인턴들은 항응고제 투여조차 제대로 수행하지 못했다. 항상 컴퓨터가 환자를 위해 항응고제를 사용했기 때문이다.

현재 클리닉이 아주 좋은 알고리즘을 만들어내고 의사들이 이 알고리즘을 사용한다고 가정해보자.

무엇보다 의사들이 '이 알고리즘은 도구일 뿐이다'라는 사실을 이해할 수 있도록 훈련시켜야 한다. 의사들은 계속해서 훈련을 이어가야 하며, 알고리즘이 의사의 의사 결정을 대체하지 않는다는 사실을 인지해야 한다. 젊은 세대는 이러한 기술에 지나치게 의존할 수 있다.

전국 의과대학이 대학 커리큘럼의 일부를 데이터 과학과 AI 사용에 대한 비판적 사고로 대체할 것을 권장한다.

▶로체스터에서 AI 관련 대규모 건축 프로젝트를 진행하고 있다.

—로체스터에 있는 환자들을 위한 완전히 새로운 환경을 조성하기 위해 70억달러 규모의 대담한 건축 프로젝트를 추진하고 있다. 이러한 환경은 AI를 기반으로 의사와 환자 간 대화의 지속적인 모니터링과 원격 진료 환경 구축에 큰 기여를 할 수 있을 것이다.

김덕호
존스홉킨스 의과대학 교수

"
인공 장기로 임상 시간 30% 단축…
K바이오 성장 잠재력 커
"

'실제 동물 장기와 비슷한 인공 장기(모사체)를 만들어, 기존에는 동물 실험을 통해 진행해야 했던 의약품 테스트를 실험실에서 인공 장기를 통해 보다 안전하게 수행한다.'

이는 단순한 공상과학 소설의 한 장면이 아니다. 대뇌, 위, 심장 등 주요 기관을 미니어처 장기로 제작해 실험하는 '오가노이드(Organoid)' 기술을 의미한다.

'오가노이드'는 장기(Organ)와 유사함을 뜻하는 접미사 '오이드(-Oid)'를 결합한 단어로, 차세대 바이오 산업의 혁신 '게임 체인저'로 평가받는다. 오가노이드는 크기가 작게는 머리카락 3~4개 굵기인 300~400마이크론에서 크게는 수 밀리미터에

이르기까지 다양하며, 기존의 동물 장기 이식이나 3D 바이오 프린팅 기술을 뛰어넘는 차세대 기술로 주목받고 있다. 줄기세포에서 분화된 다양한 세포를 3차원으로 배양해 인체 내부에서 장기가 형성되는 과정과 유사한 방식으로 장기 모사체를 제작하는 원리다. 이를 통해 대뇌, 위, 심장, 침샘, 장, 폐 등 다양한 장기의 기능을 실험실에서 구현할 수 있다.

오가노이드 기술을 활용하면 기존 동물 기반 전임상시험을 대체해 더 신속하고 효율적으로 연구를 수행할 수 있다. 오가노이드 연구를 선도하는 글로벌 기업 중 하나로는 큐리바이오가 있다. 김덕호 존스홉킨스의대 생명공학과 교수 겸 큐리바이오 창업자를 만나 떠오르는 바이오 신시장과 K바이오의 글로벌 경쟁력에 대해 들어봤다.

▶큐리바이오를 창업하게 된 이유는.

– 큐리바이오는 오가노이드와 인공지능(AI) 기술을 결합해 신약 개발과 질병 모델링 분야에서 새로운 패러다임을 제시하기 위해 설립됐다. 기존의 동물 실험 의존도를 줄이고, 인간 생리학과 더 유사한 데이터를 제공해 제약사와 연구기관이 신약을 보다 정밀하고 효율적으로 개발할 수 있도록 지원하는 것이 목표다.

큐리바이오의 전임상 플랫폼은 인간 줄기세포 기반의 바이오 시스템과 이를 통해 확보한 인간 중심의 전임상 데이터를 AI 머신러닝과 결합한 형태다. 이를 통해 신약 개발 기간을 획기적으로 단축하고, 동물 실험을 근본적으로 대체하는 혁신적 연구 환경을 조성하고 있다.

궁극적으로 큐리바이오는 모든 전임상시험을 오

가노이드 플랫폼으로 대체하는 것을 목표로 한다. 이는 동물 복지에 기여할 뿐만 아니라 전임상 연구 기간 단축과 개발 비용 절감 효과도 기대할 수 있다. 현재 큐리바이오는 미국, 유럽 등에 있는 글로벌 제약사와 협력해 오가노이드 기반 신약 개발 플랫폼 상용화를 추진하고 있으며, 다수의 정부, 민간 프로젝트를 통해 기술 개발과 시장 확대를 동시에 진행하고 있다.

▶오가노이드 분야의 전망은.

– 향후 10년간 오가노이드는 바이오산업의 핵심 기술로 자리 잡을 가능성이 매우 높다. 이는 신약 개발 비용 절감, 임상 실패율 감소, 맞춤형 의료 최적화라는 장점 때문이다. 이미 글로벌 제약사와 연구 기관에서 오가노이드 채택률이 증가하고 있으며, 미국 FDA를 포함한 주요 규제 기관에서도 오가노이드를 활용한 연구 데이터를 점차 인정하고 있어 시장의 성장 잠재력은 더욱 커질 것으로 예상된다.

▶오가노이드 기술이 확장될 가능성이 높은 분야는.

– 향후 간, 신장, 폐, 뇌 등 더욱 복잡한 장기의 기능 모사가 가능할 것으로 예상된다. 특히 신경계 및 면역계와 연계된 모델링 연구는 산업적 측면에서도 핵심 관심 분야가 될 것이다. 현재 큐리바이오는 글로벌 제약사, 바이오텍 기업, 학술 연구 기관과 협력해 오가노이드 플랫폼을 확장하고 있다.

▶오가노이드 기술이 임상 기간 단축에 미치는 영향은.

– 오가노이드는 임상 1~2상 단계에서 들어가는 시간을 최대 30%까지 단축할 수 있는 잠재력을 갖고 있다. 또한 K바이오의 우수한 기술력과 결합해 글로벌 시장에 진출할 가능성도 크다. 기술 이전이나 공동 연구 프로젝트를 통해 시너지 효과를 극대화할 수 있을 것으로 기대된다.

▶오가노이드 기술이 AI 신약 개발 및 휴먼 디지털 트윈으로 확장될 가능성은.

– 매우 높다. 오가노이드는 디지털 트윈 플랫폼과 통합해 개인 맞춤형 질병 모델링과 치료법 개발이 가능한 기술이다. 또한 생체 로봇 및 AI 기반 신약 개발의 핵심 도구로 확장될 가능성도 크다. 이를 통해 연구 효율성을 극대화하고, AI와 결합된 새로운 의료 기술 생태계를 구축할 수 있을 것으로 기대한다.

▶미 항공우주국(NASA)과 공동으로 인공 심장 칩 프로젝트를 진행하고 있는 것으로 알고 있다. 우주로까지 연구개발, 사업 영역을 넓히는 이유는.

– 그렇다. 큐리바이오는 미국 존스홉킨스대와 함께 미국 국립보건원(NIH) 및 NASA와 공동 프로젝트를 진행하고 있다. 이를 통해 인공 심장 칩(Heart Tissue-on-a-Chip)을 국제우주정거장(ISS)에 실어 우주 환경이 인체에 미치는 영향을 연구하고 있다. 이 프로젝트는 미세 중력 환경에서 인공 심장 칩을 이용해 노화 과정과 심장 건강을 연구하고, 새로운 심장 질환 치료제를 개발하는 것을 목표로 한다. 현재 실험 데이터 수집을 성공적으로 진행하고 있으며, 이를 기반으로 심장 질환 모델링과 치료제 개발의 새로운 가능성을 열고 있다. 향후 이러한 플랫폼은 우주 의학뿐만 아니라 지구상의 노화 연구 모델과 항노화 치료제 개발에도 중요한 역할을 하게 될 것이다.

▶K바이오가 글로벌 시장에서 경쟁력을 확보하려

면 어떤 전략이 필요할까.

– 블록버스터 신약의 개발은 긴 시간과 높은 실패 확률을 수반한다. 이에 따라 글로벌 빅파마들은 자체 개발보다는 유망한 후보물질을 보유한 기업을 인수하거나, 혁신적인 플랫폼 기술을 확보하는 전략을 강화하고 있다. 이 같은 변화는 신약 개발 과정에서 비용 절감과 성공 확률을 높이기 위한 필연적인 흐름으로 자리 잡고 있다. 특히 유도만능 줄기세포(iPSC)와 오가노이드 기술의 융합은 기존의 전통적인 신약 개발 방식에 혁신을 불러일으키며, 또 유전자 공학 기술과 결합해 재생 의학을 실현하는 길을 열고 있다. 과거에는 '신의 영역'으로 여겨졌던 인공 장기 제작과 이를 활용한 신약 평가가 가능해진 것이다. 이러한 기술 발전을 기반으로, 향후 5~10년 내에 오가노이드를 활용한 신약 개발과 재생 의학이 본격화될 전망이다. 그러나 한국은 이 분야 후발 주자로, 기존의 팔로어 전략만으로는 글로벌 경쟁력을 갖추기 어렵다. 이제는 '퍼스트 무버'로 도약할 수 있는 전략적 분야를 발굴해야 하며, 그중에서도 오가노이드 기술이 핵심적인 기회를 제공할 수 있다. 오가노이드는 단순한 실험 도구를 넘어 신약 개발의 성공률을 높이고, 맞춤형 치료를 가능하게 하는 혁신적인 플랫폼으로 자리 잡고 있다. 한국은 전통적으로 제조업이 강한 나라다. 오가노이드를 활용하면 보다 빠르고 정밀하며 비용적인 측면에서 보다 효율적인 바이오 제품 생산이 가능하다. 한국의 강점을 살려 바이오 기술을 대량 생산 체계와 결합할 경우 글로벌 시장에서의 경쟁력을 더욱 강화할 수 있다. 바이오산업은 본질적으로 글로벌 시장을 목표로 해야 한다. 내수와 수출 시장을 구분하는 것이 의미가 없다. 궁극적으로 하나의 거대한 글로벌 마켓에서 경쟁해야 하는 산업이기 때문이다. 따라서 한국 기업들은 개발 초기 단계부터 글로벌 시장을 염두에 두고 적극적으로 전략을 수립해야 한다. 이를 통해 바이오산업의 주도권을 확보하고, 미래 시장에서 선도적인 역할을 할 수 있을 것이다.

▶K바이오가 글로벌 시장에서 경쟁력을 갖추기 위해 필요한 정책적 지원은.

– 한국은 화이트 바이오와 데이터 기반 디지털 바이오 분야에서 높은 경쟁력을 갖고 있다. 특히 K바이오의 강점은 빠른 R&D 속도, 우수한 인재풀, 정부의 정책적 지원이다. 앞으로 신약 개발과 재생 의학 분야에서 한국이 글로벌 리더로 자리 잡을 가능성이 크다. 이를 위해 정부는 R&D 지원 확대와 규제 완화를 통해 혁신적인 연구를 장려해야 한다. 또 민간 부문에서는 연구 데이터를 산업화로 연결하는 체계적 협력과 벤처 투자 확대가 필요하다. 특히 글로벌 네트워크 구축과 해외 시장 진출을 위한 지원이 중요하다.

한국판 '바이오 스타게이트'… 민관 신약 개발로 돌파

연 매출 10억달러 이상의 대박 의약품을 '블록버스터 신약'이라고 부른다. 현재 미국과 유럽의 다국적 제약사들은 30개 이상의 블록버스터 신약을 보유하며 글로벌 제약 시장을 장악하고 있다. 반면 한국의 현실은 아직 초라하다. 1999년 SK케미칼의 항암제 '선플라주'가 대한민국 신약 1호로 승인된 이후 2025년 초까지 총 38개의 국산 신약이 개발됐으나 연 매출 1000억원을 넘는 약품은 거의 없으며, 특히 블록버스터 신약은 단 한 건도 탄생하지 않았다. 20년 넘게 이어진 신약 개발 시도에도 불구하고 글로벌 경쟁력을 갖춘 세계적 수준의 신약이 없다는 점은 한국 바이오산업의 한계로 지적된다.

블록버스터급 신약 개발에는 막대한 비용이 투입된다. 임상시험 과정에서 수많은 후보 물질이 탈락하고, 성공률도 매우 낮아 기업 단독의 노력으로는 신약 개발의 높은 장벽을 넘기가 어렵다. 실제로 글로벌 제약 산업에서도 성공적인 블록버스터 신약은 정부의 강력한 지원과 민간 기업들의 전략적 협력이 결합된 오픈 이노베이션 모델을 통해 탄생하는 경우가 많다. 글로벌 빅파마들이 선제적으로 블록버스터 신약 시장을 주도하면서도 정부 기관과 다국적 제약 기업, 혁신적 벤처 기업들이 연합해 성공시킨 사례들이 대표적이다.

이에 따라 한국에서도 정부와 민간 기업이 힘을 합쳐 대규모 신약 개발 프로젝트를 추진해야 한다는 목소리에 힘이 실린다. 글로벌 빅파마와 견줘 기술력과 자본력에서 밀릴 수밖에 없는 K바이오는 단일 기업의 역량만으로는 한계에 다다를 것이라는 진단이다. 국내외 제약업계와 관련 전문가들은 글로벌 시장에서 통할 수 있는 블록버스터 신약을 최단 기간 내 확보하기 위해서는 국가 차원의 전략적 지원 체계가 필수라고 강조한다.

특히 최근 신약 개발에서 인공지능(AI)의 역할이 크게 주목받고 있는 가운데 신약 후보 물질 발굴과 임상시험 성공률을 획기적으로 높일 수 있는 AI 기반의 기술과 인프라 확보가 핵심 과제로 떠오르고 있다.

이를 위해 정부가 국가 차원에서 의료 데이터

주요국 신약 파이프라인

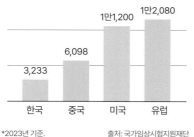

단위: 개

1만1,200   1만2,080
6,098
3,233

한국   중국   미국   유럽

*2023년 기준.   출처: 국가임상시험지원재단

블록버스터 신약 보유 수

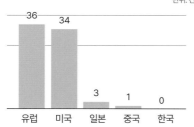

단위: 건

36   34

3   1   0

유럽   미국   일본   중국   한국

*2023년 연 매출 10억달러 이상 신약 기준.
출처: Strategy&Korea

를 제공하고 AI 컴퓨팅 인프라 확충을 통한 전폭적인 지원에 나서야 한다는 목소리가 높다. 또 민간 기업들이 독자적으로 감당하기 어려운 막대한 연구개발 비용과 위험 부담을 분담하기 위해 글로벌 벤처캐피털(VC) 등 민간 자본의 적극적인 참여를 이끌어낼 수 있도록 정부 차원의 금융·제도적 지원도 확대돼야 한다는 주장이다. 민관이 손잡고 바이오 연합군을 결성

하는 등 협력적 생태계를 구축해 정부의 전략적 지원 아래 AI와 빅데이터 기술을 적극적으로 접목한 혁신 신약 개발을 이루는 것이야말로 K바이오가 글로벌 바이오 강국으로 도약할 수 있는 유일한 길이라는 데 이견이 없다.

PwC · Strategy&에 따르면 2023년 기준 유럽은 이미 블록버스터 신약(연 매출 10억달러 이상 의약품) 36개를 보유하고 있으며, 미국 역시 34개의 슈퍼 신약을 확보하고 있다. 양국은 지속적으로 신약 개발과 투자에 적극 나서면서 글로벌 바이오산업의 주도권을 공고히 하고 있다. 여기에 일본과 중국도 각각 3개, 1개의 블록버스터 신약을 보유하며 세계 바이오 산업 지형을 조금씩 변화시키고 있다. 이처럼 글로벌 신약 시장에서 주요 국가들이 경쟁력을 확보하고 있는 반면, 한국은 아직까지 단 하나의 블록버스터 신약도 보유하지 못했다. 이 같은 현실은 한국이 제약·바이오산업 분야에서 경쟁국 대비 현저히 뒤처져 있음을 명확하게 보여주는 지표로 받아들여진다.

전문가들은 한국 제약 산업의 발전이 더딘 주요 원인으로 기존에 집중해온 복제약(바이오시밀러·제네릭) 중심의 생산 구조를 꼽는다. 즉 바이오시밀러와 제네릭 의약품 위주의 생산·투자 전략이 한계에 도달했다는 것이다. 그동안 한국 제약 산업은 상대적으로 개발 비용이 적게 들고 성공 확률이 높은 복제약 시장에서 경쟁력을 유지해왔지만, 장기적으로 지속 성장하기에는 한계가 있다는 지적이 나온

'한국판 스타게이트' 가동…블록버스터 신약 10개 만들자

바이오 연합군

제약사

AI 기업·대학

민관 매칭 펀드
글로벌 벤처캐피털

1 맞춤형 의료 데이터 제공

2 국가 AI 컴퓨팅센터 우선 이용

3 국가 간 협력 통한 빅테크 자원 지원

4 R&D 투자 세액공제 혜택

다. 이에 따라 전문가들은 한국이 지속 가능한 경제 성장을 하기 위해서는 고부가가치를 창출할 수 있는 혁신 신약 개발에 적극 투자해야 한다고 강조한다.

이 같은 문제의식 속에서 매일경제 비전코리아 프로젝트팀은 2025년 3월 19일 열린 제35차 국민보고대회에서 유망 바이오 사업에 데이터와 AI 자원을 파격 지원하는 '한국판 스타게이트'를 가동하자고 제언했다.

차세대 바이오 분야에서 한국이 리더십을 확보하기 위한 액션플랜으로 국가가 나서 바이오 산업의 전환점을 마련하고자 파격적인 지원책을 적극 갖춰야 한다는 주문이다. 이는 데이터와 AI 자원을 전략적으로 활용해 유망 바이오 산업에 투입하는 것을 골자로 한다. 한국판 스타게이트 프로젝트는 정부가 민간 기업의 유망 바이오 신약 개발에 데이터와 AI 인프라를 전폭적으로 지원해 블록버스터 신약 탄생을 촉진하는 것을 목표로 한다.

가능한 한 최단 기간 내에 최소 10개의 블록버스터 신약을 확보함으로써 한국이 차세대 바이오 강국으로 자리 잡도록 하는 것이다. 이를

위해 정부는 국가 AI 컴퓨팅센터 구축을 가속화하고, 바이오 연구개발(R&D)에 막대한 자원을 집중 투자하는 전략을 펼쳐야 한다는 주문이다.

한국판 스타게이트의 핵심은 오픈 이노베이션에 기반을 둔다. 제약사와 AI 전문 기업, VC가 적극 참여해 혁신적이고 유망한 신약 개발 후보를 발굴하고, 정부가 이들 프로젝트를 선정해 국가가 보유한 관련 바이오 데이터와 AI 기술 자원을 제공하는 구조다. 이 같은 민관 협력 모델은 미국에서 추진되고 있는 민관 합동 초대형 프로젝트인 '스타게이트'를 연상시킨다. 미국은 2025년 1월 오픈AI, 오라클 등 글로벌 빅테크 기업들과 함께 5000억달러 규모의 거대 AI 프로젝트를 추진하며 맞춤형 암 백신 등 혁신 신약 개발에 박차를 가하겠다고 선언했다.

2025년 1월 한국 정부는 연내에 고성능 그래픽처리장치(GPU) 1만장을 포함한 초대형 AI 인프라를 구축할 계획이라고 밝힌 바 있다. 최대 2조원 규모의 '국가 AI 컴퓨팅센터'를 설립해 AI 분야 글로벌 경쟁력을 강화하는 것을 목

표로 한다. 이를 위해 정부와 민간이 공동으로 출자하는 특수목적법인(SPC)을 설립하는데, 공공이 51%, 민간이 49%의 지분을 보유하게 된다. 우선 초기 자본금 4000억원을 기반으로 비수도권 지역에 센터를 구축하겠다는 게 정부 복안이다. 또한 2030년까지 국산 AI 반도체 비율을 50%까지 높여 국내 AI 반도체산업 육성에도 기여하겠다는 게 정부 계획이다.

비전코리아 프로젝트팀은 국가 AI 컴퓨팅센터의 자원을 조기 개시해 AI 신약 개발 분야의 오픈 이노베이션 프로젝트에 우선 지원하는 방안을 적극 추진할 것을 주문했다. 이는 AI 기반 신약 개발의 핵심 경쟁 요소인 컴퓨팅 자원의 부족을 해소하고, 초기 혁신 신약 개발 단계부터 민간의 창의적인 연구 활동을 촉진해 글로벌 경쟁력을 빠르게 확보할 수 있는 전략으로 판단되기 때문이다.

정부는 이를 통해 단기적으로는 신속한 성과 창출을 도모하고, 중장기적으로는 한국 바이오산업의 지속 가능한 성장을 이루기 위한 기반을 마련할 수 있을 것이란 관측이다.

특히 정부가 국가 AI 컴퓨팅센터 구축 이후 공공 산업과의 연계를 시사한 점은 이 주장에 힘을 싣는다. 정부는 당시 발표에서 국가 AI 컴퓨팅센터를 통해 추진하는 것이 효과적인 사업에 대해서는 연계·수행하는 방안을 모색하겠다고 언급한 바 있다.

바이오 업계 한 관계자는 "민관이 합심해 AI 신약 개발 프로젝트를 가동하는 것은 자본력과 기술력을 함께 갖춘 바이오 패권국에 맞서 우리가 할 수 있는 현실 가능한 일로 보인다"며 "추후 이 같은 모델이 가시적인 성과를 낼 경우 바이오 특화 국가 AI 컴퓨팅센터를 건립해 이를 중심으로 하는 클러스터 재편도 고려해볼 만하다"고 주장했다. 현재 전국 각지에 난립하고 있는 바이오 클러스터를 재편하는 데 있어 국가 AI 컴퓨팅센터가 구심점이 될 수 있을 것이란 얘기다. 특히 AI 신약 개발의 윤활유가 되는 임상 데이터 등도 핀셋 지원해야 속도가 붙을 것이란 제언이다.

정부가 R&D에 대한 세액 공제와 같은 재정적 지원을 강화해 기업들이 신약 개발에 더욱 적극적으로 투자할 수 있도록 유도해야 한다는 주문이 나온다.

바이오 업계 또 다른 관계자는 "현재 K바이오 시장에 대한 자본 투자가 열악한 상황인데 이를 개선하기 위한 정부 차원의 적극적인 정책적 지원과 민간 투자 활성화 방안이 필요하다"며 "특히 국내 바이오 기업들이 혁신적인 연구개발 역량을 갖추고 있음에도 초기부터 상용화 단계까지의 긴 투자 회수 기간과 높은 불확실성 때문에 투자자들의 관심과 참여가 상대적으로 부족한 것이 현실이다. 이를 극복하기 위해서는 정부가 민간 투자의 유인 요소를 보다 강력하게 제공하고 투자 환경의 안정성을 높이는 등 다각도로 접근해야 한다"고 전했다.

정부가 바이오 기업에 대한 투자 세제 혜택을 대폭 확대하고, 특히 초기 투자에 대한 파격적인 세액 공제를 통해 투자자들이 부담하는 리스크를 최소화해야 한다고 업계 관계자들은 입을 모았다. 또한 벤처캐피털과 기관투자자들의 바이오 분야 진입을 촉진하기 위한 명확한 인센티브 구조를 마련해 이들의 장기적이고 지속 가능한 투자를 유도하는 것이 중요하다는 조언이다. 이와 더불어 정부 주도의 공공 펀드를 적극 조성해 민간 투자자들과의 협력 모델을 구축하고, 초기 투자 단계에서 리스크를 분담하는 방안도 적극 고려할 필요가 있다는 진단이다.

궁극적으로는 이러한 복합적인 정책 지원이 이뤄질 때 바이오 기업들이 충분한 투자 유치를 통해 기술 개발에 집중할 수 있는 생태계가 조성되고, 결과적으로 글로벌 경쟁력을 갖춘 혁신 신약 개발의 성공 가능성을 크게 높일 수 있을 것이란 설명이다.

전문가들은 한국이 이 프로젝트를 성공적으로 추진하기 위해서는 글로벌 빅테크 및 선진국과의 전략적 협력을 반드시 병행해야 한다고 조언한다. 이는 AI 기술의 빠른 발전과 데이터 중심의 혁신 환경에서 뒤처지지 않고, 글로벌 표준에 맞춘 경쟁력을 갖추기 위한 필수적인 전략이다. 국가 간 협력을 통해 한국이 부족한 부분을 빠르게 메우고, 글로벌 제약 시장의 주요 플레이어로 도약할 수 있는 기반을 다지는 것이 중요하다. 일례로 바이오 패권국의 선진화된 자문 프로그램을 적극적으로 이 프로젝트에 이식하는 것이다.

김민지 크로스보더파트너스 대표는 "한국은 빠른 추격 능력은 갖췄지만 글로벌 시장에서 신약 개발 밸류체인 전반에 걸쳐 다양한 경험을 가진 인적 자원이 부족하다"며 "정부 차원에서 전문가 컨소시엄을 구성해 기업에 도움이 되는 기술 이전 자문, 네트워킹을 지원해야 한다"고 설명했다.

결국 한국판 스타게이트 프로젝트는 한국 제약·바이오산업이 블록버스터급 신약 개발을 통해 글로벌 경쟁력을 확보하는 전환점이 될 것으로 기대된다. 정부와 민간이 합심해 혁신적 신약 개발에 전폭적인 지원을 집중할 때, 한국은 바이오산업에서 글로벌 리더십을 발휘하는 국가로 도약할 수 있을 것이다.

해외로 눈을 돌려보면 이미 글로벌 제약 강국들은 AI를 신약 개발에 적극 도입하고 있다. 주로 미국, 유럽, 중국 등이 선두 그룹을 형성하고 있다. 특히 투자 규모나 기술 축적 면에서 가장 앞서가는 나라는 미국이다. 미국은 세계에서 가장 활발한 AI 신약 개발 시장을 보유하고 있다. 다국적 제약사들은 막대한 예산을 투입해 AI 기술을 도입하고 있으며, 리커전 파마슈티컬스, 아톰와이즈, 슈뢰딩거와 같은 AI 신약 개발 전문 기업들이 최소 수억 달러의 투자를 유치해 다수의 신약 파이프라인을 개발 중이다. 실제로 2023년 기준 미국 FDA 임상시험 등록 데이터에서 AI를 활용한 임상시험이 1584건에 달하며, 이 중 암 분야 연구가 452건으로 가장 많았다.

2024년 12월 기준 이미 글로벌 기업 중 약 5곳은 AI가 발굴한 신약 후보로 임상 2상 단계에 진입했는데, 미국의 대표 주자인 리커전

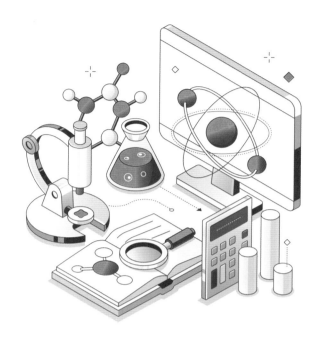

은 장내 감염 질환 치료제 REC-3964로 임상 2상을 진행 중이다. 뇌혈관 기형 치료 후보 REC-994도 임상 2상에서 안전성을 확인했다. 업계에서는 특히 REC-994의 임상 3상이 마무리되면 이르면 2025년 신약 출시가 가능할 것으로 보고 있다. 현재 시점에서는 세계 첫 AI 신약이 미국에서 나올 것이란 전망에 무게가 실린다.

슈뢰딩거는 물리 기반 분자 모델링과 AI를 결합한 독자적 플랫폼으로 신약 개발을 선도하고 있다. 이 회사는 2024년 글로벌 제약사 노바티스와 최대 23억달러(약 3조원)에 달하는 협력 계약을 체결했다. 이 파트너십은 슈뢰딩거의 AI 기반 신약 개발 플랫폼을 활용해 새로운 치료제를 공동 개발하는 것이 목표다. 특히

AI 신약 개발 스타트업인 자이라테라퓨틱스는 2024년 10억달러 이상의 투자금을 유치하며 업계의 이목을 끌기도 했다.

미국에서는 구글, 마이크로소프트, 엔비디아 같은 빅테크 기업까지 신약 개발 AI 플랫폼 구축에 참여하고 있어 기술 인프라가 매우 탄탄하다. 예를 들어 머크는 방대한 화합물을 몇 분 내에 선별해주는 자체 AI 플랫폼을 개발했는데 글로벌 상위 제약사 50% 이상이 머크의 AI 플랫폼을 활용할 정도로 영향력을 갖추고 있다.

'바이오 원아시아'…
한국이 통합 임상 주도권 쥐자

바이오산업 판도를 바꿀 신약 개발 과정의 최대 난제는 임상시험이다. 다시 말해 사람을 대상으로 약물의 안전성과 유효성을 판단하는 절차다.

블록버스터 신약 1개를 개발하기까지는 보통 10~15년의 시간과 1조원 이상의 막대한 자금이 필요하다. 전체 개발 기간의 절반 이상 (6~9년)이 임상시험을 하는 데 소요된다. 신약 개발 속도를 높이기 위해서는 임상시험 기간을 줄이는 게 필수적인 셈이다. 블록버스터급이 아니더라도 시장성이 큰 중량급 의약품을 개발하는 데는 이에 버금가는 노력과 비용이 들어간다.

새로운 의약품이 개발되기까지는 촘촘한 단계를 거쳐야 한다. 주요 제약·바이오 기업들은 의약품의 바탕이 되는 후보 물질 특성을 정리한 데이터베이스를 각각 갖추고 있다. 앞으로 약물이 될 수 있는 수천 개 물질의 특성을 정리한 기초 자료다. 여기에서 1만여 개 후보 물질을 골라낸 후 면밀한 검증을 거쳐 한 자릿수로 대상을 줄이는 게 의약품 개발의 첫 단계다.

일단 신약이 될 수 있는 후보 물질을 찾아내면 동물이나 인간의 세포를 대상으로 안전성과 유효성을 테스트하는 비임상시험을 거쳐야 한다. 후보 물질을 탐색하고, 비임상시험을 거쳐 약이 될 수 있는 후보군을 추려내는 데 보통 4~6년이 걸린다.

이를 거치고 나면 비로소 사람을 대상으로 약

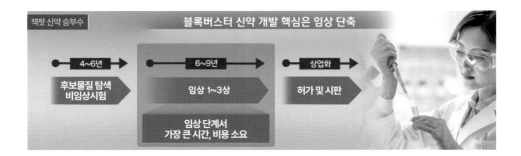

잭팟 신약 승부수

블록버스터 신약 개발 핵심은 임상 단축

4~6년 → 후보물질 탐색 비임상시험

6~9년 → 임상 1~3상

임상 단계서 가장 큰 시간, 비용 소요

상업화 → 허가 및 시판

물 효과를 검증하는 임상시험에 들어간다. 임상시험은 사람을 대상으로 하는 만큼 식품의약품안전처 등 규제 기관의 허가가 수반돼야 하는데 보통 임상 1~3상 단계를 거친다.

일반적으로 임상 1상에서는 소규모 환자를 대상으로 의약품 후보 물질의 안전성을 집중적으로 검증하고, 임상 2상에서는 유효성을 테스트한다. 임상 3상부터는 의약품 후보 물질을 테스트하는 환자군이 수천 명 단위로 확대된다. 많은 환자를 대상으로 장기간 관찰에 나서 통계적으로 약의 효능이 유의미한지 확인하는 것이다.

임상 3상까지 통과한 뒤 규제 기관에 신약 허가 신청서를 제출하고 최종 승인을 받으면 신약을 판매할 수 있다. 임상 1~3상을 거치는 데는 보통 6~9년이 걸린다. 신약을 내놓기까지 가장 오랜 시간과 비용이 투입되는 것이다.

한국은 임상시험을 벌일 수 있는 인프라스트럭처는 아시아 1위로 평가된다. 임상시험을 진행할 때 필요한 의료 데이터와 병원 수, 의사 질, 첨단 의료 장비 도입률이 그만큼 좋다는 뜻이다. 글로벌 컨설팅사 PwC·Strategy& 가 아시아 임상 환경을 분석한 결과 한국의 평점은 74점으로 집계됐다. 일본(72점), 싱가포르(58점), 중국(51점), 인도(36점), 말레이시아(33점), 인도네시아(31점), 필리핀(16점) 등을 제치고 가장 우수한 인프라 수준을 갖춘 것으로 나타났다.

아시아권을 넘어 주요국으로 시야를 넓혀도 임상 강국의 위상이 드러난다. 한국은 전체 임상 인프라 평점으로는 의료 강국인 스위스의 평점(75점)에 육박했다. 독일(74점), 미국(68점), 프랑스(67점), 스페인(60점) 등 선진국과 비교해도 전혀 손색이 없는 우수한 성적표를 받아들었다.

세부 지표를 살펴보면 한국의 임상 인프라 경쟁력이 보다 뚜렷하게 나타난다. 한국은 인구 100만명당 병원 개수 측면에서 최고 점수(100%)를 받았다.

IT 강국 '후광 효과'도 쏠쏠했다. 병원 기록이 대부분 전산화되며 전자의무기록(EMR) 도입률은 98%로 최상위권에 해당하는 점수를 땄다. 세계적인 의료 강국인 스위스(100%)와 유사한 점수를 받으며 전체 임상 인프라 평점을 끌어올렸다. 한국은 인구 1000명당 의사 수에서도 56%의 중간 이상 되는 무난한 점수를 받았다.

글로벌 대표 제약 업체가 각국에서 벌이고 있는 임상시험 상황을 살펴봐도 한국 임상의 우수성이 입증된다. 전 세계 바이오 제약 시장 규모를 감안하면 한국은 상대적으로 임상시험 점유율이 높은 편이다. 임상시험 데이터 역시 활발히 축적되고 있다.

국가임상시험지원재단과 PwC·Strategy& 에 따르면 전 세계 제약사가 주도하는 의약품 임상시험은 2023년 기준으로 855건이 등록됐는데 한국에서 진행된 임상은 475건으로 임상 점유율이 9.8%에 달했다.

반면 일본 347건, 인도 365건, 말레이시아 83건, 태국에선 78건의 임상이 등록됐다. 각

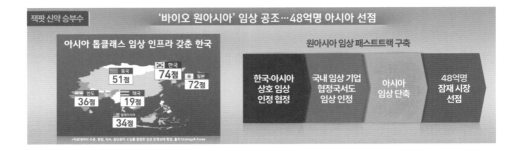

각 임상 점유율은 일본 7.2%, 인도 7.5%, 말레이시아 1.7%, 태국 1.6%다. 글로벌 제약 회사의 한국 선호도가 상당한 것으로 조사됐다.

비전코리아 프로젝트팀은 한국이 이 같은 강점을 활용해 아시아 통합 임상 주도권을 쥐어야 한다고 전격 제안했다. 한국이 각국과 상호 임상 협정을 체결해 국내에서 인정된 임상의 경우 다른 나라에서도 인정받을 수 있도록 '바이오 원아시아' 이니셔티브를 제창하자는 것이다.

이렇게 되면 한국 기업이 아시아에 진출할 때 맨바닥에서 시작하는 대신 국내에서 인정받은 임상 단계부터 출발할 수 있다. 신약 개발에 가장 많은 시간이 소요되는 임상 기간을 단축하면서 활동할 수 있는 영역을 대폭 넓히자는 구상이다.

바이오산업계에서는 2025년 10월 경주에서 개최되는 아시아태평양경제협력체(APEC) 정상회의에서 한국 정부가 바이오 원아시아를 제안해보자는 기류가 흐른다. 한국이 주도해 아시아가 공동 임상에 나서 신약 개발 시간과 비용을 아끼고 미래 질병을 예방하는 체계를 마련하자는 것이다.

다만 임상시험 데이터의 형태와 수집 체계를 표준화해 양질의 임상시험 데이터를 추가적으로 확보하려는 노력이 필요하다는 지적이 제기된다.

이병건 지아이이노베이션 고문은 "임상 1·2상까지만 진행해도 안정성은 어느 정도 검증된다"며 "한국에서 1·2상까지 허가받은 부분을 다른 나라에서 인정받거나 혹은 간단한 임상만으로 허가를 받을 수 있도록 국가 간 협약을 맺을 필요가 있다"고 강조했다. 그는 "우선 동남아시아나 인도 등에서 협약 발판을 마련하는 것도 고려할 만하다"고 설명했다.

이 고문은 임상시험 시간 단축을 위한 아시아권 국가 간 협업 이외에도 기업체 간 협력체를 창설해야 한다고 주장했다. 그는 "미국과 유럽 중심의 제약·바이오 생태계에서 국내 기업이 글로벌 경쟁력을 갖추기 위해선 아시아에서의 협력 강화가 중요하다"며 "미국과 유럽의 대표 바이오 행사처럼 아시아도 바이오 아시아와 같은 협의체를 통해 공동 성장을 모색해야 한다"

고 역설했다.

국내 바이오산업은 바이오시밀러와 세포 치료제 분야에서 글로벌 경쟁력이 있지만 빅파마가 주도하는 글로벌 임상과 자금력 부분은 열악한 수준이라는 게 그의 평가다.

이 고문은 "지난 50년간 기술 개발 발전에도 국내 바이오산업은 후퇴하고 있다. 막대한 비용이 드는 임상 3상은 글로벌 제약·바이오 기업의 전유물이며 빅파마들은 자금력을 바탕으로 기술이 있는 좋은 회사가 있으면 인수·합병(M&A)을 하고 있다"며 "글로벌 제약사 위주의 패러다임을 바꿔야 한다"고 위기의식을 드러냈다.

아시아 시장을 통합할 수 있는 산업체 간 협력체가 필요한 이유가 여기에 있다. 이 고문은 "바이오 USA에는 산업계 관계자가 매년 1000명씩 가고, 바이오 유럽은 유럽 국가들이 돌아가면서 개최한다. 바이오 아시아를 만들어 한국, 일본, 중국 등 아시아 국가가 돌아가면서 개최하며 협력을 모색할 필요가 있다"고 분석했다.

국내 제약·바이오 회사 내부적으로는 임상에서 작동되는 약으로 시작하고, 조직 내 벽이 없는 구조를 만들며 과학자 중심의 회사를 만들어야 한다는 시각도 나온다.

이미 전 세계는 잘 만든 신약 하나가 일국의 경제를 떠받치는 시대가 됐기 때문이다. 미국 제약회사 머크가 만든 면역항암제 '키트루다'가 대표적이다. 키트루다의 2025년 예상 매출액은 316억달러. 2025년 대한민국 무역흑자 전망치(487억달러)의 65%에 달하는 돈을 단일 의약품으로 벌어들일 것으로 기대됐다.

블록버스터 신약 하나가 엄청난 이익을 창출해내고 있지만, K바이오의 성과는 아직 초라하다. 1999년 SK케미칼 항암제 '선플라주'가 국산 신약 1호 고지를 밟은 후 지금까지 한국에선 38개 신약이 탄생했다. 하지만 연 매출 규모는 대부분 1000억원 미만으로 블록버스터급 신약이 단 한 개도 없다.

정부가 파격 지원에 나서 기업 투자의 마중물을 붓고 종전 복제약(바이오시밀러·제네릭) 위주 생산 체제에서 대박 신약 등 고부가가치 산업으로 전환하는 작업이 시급해졌다는 지적이 힘을 얻는 이유다.

전문가들은 IT 강국인 한국이 AI, 디지털 기술이 융합된 바이오와 인공 장기(오가노이드) 신약 부문에서 승산이 있다고 봤다.

김덕호 존스홉킨스 의과대 교수는 "제조업에 강점을 가진 한국은 오가노이드를 활용한 신약 개발 분야에 기회가 있다"며 "정부가 R&D 지원을 늘려 혁신 연구를 더 장려해야 한다"고 지적했다.

홍석명 특허청 심사관은 "글로벌 특허 빅데이터를 분석해보니 디지털 융합 바이오 기술과 유전자 치료제가 향후 5~10년 내 유망 분야로 떠오를 가능성이 높았다"며 "혁신 기술에 대한 규제를 정비할 필요가 있다"고 말했다.

아시아권으로 임상 시장을 확대하기 위한 포석으로 집적도가 저조하고 산재된 국내 클러스터를 정리할 필요가 있다는 평가도 나온다. 일례로 미국은 집적도 높은 대형 슈퍼스타급 클러스터가 산업 육성을 주도하는 모습을 보이고 있다.

한국보건산업진흥원, 한국바이오협회에 따르면 국내에서도 규모의 경제가 잘 갖춰졌다고 평가받는 인천 송도는 클러스터 면적이 102만㎡이고, 충북 오송은 113만㎡에 불과하다. 글로벌 바이오산업 혁신의 메카로 자리 잡은 미국 보스턴 바이오테크 클러스터(279만㎡)의 3분의 1 수준에 그친다. 클러스터 내 기업은 송도가 80개, 오송이 263개인 반면 보스턴은 900개에 달한다. 클러스터 소재 시도 안에 있는 기업들의 총 R&D 비용 또한 송도는 5562억원, 오송은 9874억원, 보스턴은 7조원으로 격차가 크다.

기초 연구와 기술, 제품 상용화 연계가 가능한 클러스터 내 생태계 구축이 절실하다는 분석이 나온다. PwC · Strategy&는 "국내 클러스터 간 연계를 강화하고 지역별 · 클러스터별 주력 분야가 상이한 점을 활용해 주력 분야 특화 역량과 성과를 공유해야 한다"며 "클러스터 전문성을 키우고 특화 역량에 집중할 필요가 있다"고 분석했다.

이어 PwC · Strategy&는 "이를 통해 아시아 국가 간 협력 체계를 구축하는 과정에서 조인트 R&D, 데이터 협력 등 다각화한 협력 체계를 마련해 바이오 원아시아 구상의 경쟁력을 증진해야 한다"고 평가했다.

이와 관련해 일본의 선행 사례에 주목할 필요가 있다. 일본은 2021년 ARISE, 즉 아세안 연구기관협의체(Alliance for ASEAN and East Asia · ARO)를 조성해 임상 인프라와 역량 강화에 박차를 가하고 있다.

일본의료연구개발기구(Japan Agency for Medical Research and Development · AMED)가 국립국제의료연구센터에 펀딩해 지원하고 국립국제의료연구센터가 ARISE를 조성하는 방식으로 체계를 구축한 것이다. ARISE는 일본 내 대학과 연구 기관, 아세안 10개국 연구 기관 협의체(ARO)와 인력 · 자원 교류에 나서고 있다.

코로나19 약물 안전성 등 국제 공동 연구를 진행하고 임상 연구 전문가들을 상대로 한 공동교육과 주제별로 워킹그룹 구성해 연구 활동을 벌이고 있는 것이다. 한국도 이 모델을 참고해 우수한 임상시험 인프라와 노하우를 기반으로 아시아 임상시험과 데이터, 인력을 강화해 시너지 효과를 창출하는 이니셔티브를 쥐고 갈 필요가 있다.

기초과학 잭팟 펀드 조성,
원천 기술 파격 지원

세계 유수 제약사들은 기초 과학 분야에서 얼마만큼 유기적으로 협업했는지에 따라 성장 격차가 벌어지고 있다.

일본 1위 제약사 다케다제약은 교토대와의 산학 협력이 성장 비결이다. 어떤 장기로든 변신할 수 있는 유도만능줄기세포 치료 시술을 놓고 2026년 세계 첫 상용화를 위해 박차를 가하고 있다. 연간 200억달러 규모 당뇨병 치료제 시장의 게임 체인저가 될 전망이다.

이스라엘 최대 제약사 테바는 기초과학연구소와 협업해 만든 면역조절제 신약 하나로 10년 만에 20배 급성장했다. 작년 테바의 매출 규모는 165억4400만달러로 국내 바이오산업 상위 10개 기업을 합친 것보다 크다.

일본과 이스라엘이 기초과학 강국으로 올라설 수 있던 비결은 대대적인 투자와 연구 자율성에 있다.

일본은 정부 차원에서 연간 8000억원의 예산을 투입하는 문샷 연구개발(R&D) 프로그램을 운영하고 있다. 2040년까지 건강수명 100세 달성과 같은 국가 난제를 해결하는 기술을 개발하고 있는데, 개별 프로젝트당 예산 지원 규모가 최대 300억원에 달한다.

이스라엘의 성공 비결은 연구 자율성에 있다. 글로벌 빅파마들이 기술을 받기 위해 줄을 서는 세계 3대 기초과학연구소인 이스라엘 바이츠만연구소(와이즈만연구소)는 교수들에게 아무런 제한 없는 연구를 허용하고 있다. 이 같은 방침 속에서 블록버스터 신약 원천 기술만 7개가 탄생했다.

매일경제신문 비전코리아 프로젝트팀은 한국도 기존 상향식 기초과학 지원에 더해 기초과학 잭팟 펀드를 조성해 일본의 전략적 기초 연구 사업을 따라잡을 필요가 있다고 제언했다.

이스라엘처럼 기초 연구자에게 무제한적인 연구를 허용하면서 일본처럼 유망 프로젝트에 최대 300억원을 집중 지원하는 잭팟 펀드를 조성해 기초 과학이 잭팟 사업으로 이어질 수 있도록 속도를 낼 필요가 있다. 연간 8000억원을 문샷 프로젝트에 투입하는 일본을 따라잡기 위해서는 K바이오 집중 육성기 연간 1조원씩 향후 5년간 5조원을 지원하는 것으로 물꼬를

바이오 기초체력 키울 5조 '잭팟 펀드' 결성

기술 선진국, 대대적인 기초과학 투자	글로벌 제약사 키운 밑거름
✡ • 연구자 무제한 자율 연구 • 장기 과제로 혁신 성과 유도	**teva** 이스라엘 테바 • 세계 5대 기초연구 바이츠만 협업 • 10년 새 20배 급성장
• 연 8000억원 기초연구 지원 • 수명 연장 등 국가 난제 대응	*Takeda* 일본 다케다제약 • 도쿄대 산학 동맹 • 만능줄기세포 첫 상용화 추진

틀 필요가 있다.

전문가들 의견도 비슷하다. 오경수 기초연구 연합회 총무이사(중앙대 교수)는 "한국 국가 예산이 600조원이 넘는데 그에 비해 기초과학이 필요로 하는 예산은 많지 않다"며 "연간 2조원만 투자하더라도 기초과학에서는 잭팟 펀드라 부를 수 있을 것"이라고 말했다. 이어 "기초과학 잭팟 펀드를 통해 혁신적인 과학 분야에 대한 투자를 늘린다면 기술력 강화를 통한 한국 산업 경쟁력 강화 효과도 상당할 것"이라고 강조했다.

비전코리아 프로젝트팀은 기초과학 강국이 바이오산업에 마중물을 부을 수 있었던 비결을 찾기 위해 직접 이스라엘 바이츠만연구소와 일본 다케다제약 R&D 현장을 찾았다.

2025년 1월 이스라엘 바이츠만연구소 레호보트 캠퍼스. 수도 텔아비브에서 차로 30분 거리에 있는 이곳에는 완연히 핀 봄꽃을 배경으로 등굣길에 나서는 초등학생들을 곳곳에서 볼 수 있었다. 연구소 소속 지젤 마이몬 씨는 "연구진이 R&D에만 몰입할 수 있도록 마련된 학교에 다니는 학생들"이라며 "연구진에게는 단독 주택을 포함해 다양한 거주 공간을 제공한다"고 말했다. 모든 생활을 캠퍼스 안에서 해결할 수 있도록 파격적인 지원을 아끼지 않는 것이다.

바이츠만연구소의 인재 투자는 이스라엘은 과학이 발전해야만 생존할 수 있다는 설립자의 철학에서 비롯됐다. 바이츠만연구소의 설립자이자 1949년 갓 독립한 이스라엘의 초대 대통령을 맡기도 한 하임 바이츠만 박사는 적대적 국가들에 둘러싸인 데다 천연자원이 부족한 이스라엘의 미래를 기술에서 찾았다. 생활 수당·전액 장학금을 받는 학생과 교수가 바이츠만연구소 내에서 모든 생활이 가능하도록 한 것도 교류를 통한 혁신으로 기술 발전을 촉진하기 위해서다.

전폭적인 지원에 힘입어 바이츠만연구소는 이스라엘 국가 과학력의 대들보로 자리매김했다. 이스라엘 과학 박사의 30%를 배출했으며 독일 막스플랑크연구소, 프랑스 파스퇴르연구소와 함께 세계 3대 기초과학연구소로 손꼽힌다. 노벨상 수상자 1명과 인공지능(AI) 분야

바이츠만연구소 기술로 탄생한 글로벌 신약

단위: 억달러

구분	치료 분야	제약사(국가)	연 매출액
코팍손	신경질환	테바(이스라엘)	5.9
아보넥스	신경질환	바이오젠(미국)	9.7
휴미라	자가면역질환	애브비(미국)	144
벡티빅스	대장암	암젠(미국)	10.5
얼비툭스	대장암	머크(독일)	10.9
엔브렐	자가면역질환	암젠(미국)	33
레미케이드	자가면역질환	존슨앤드존슨(미국)	22.3

*2024년 기준

출처: 각 사산업통상자원부

최고상인 튜링상 수상자 3명도 나왔다.

우수한 연구 실적을 바탕으로 한 기술 이전 성과는 눈부실 정도다. 바이츠만연구소는 연간 70여 건의 특허를 내는데 이 중 25%가 기술 이전 사업으로 연결된다. 특히 바이오산업의 위상이 남다르다. 글로벌 제약사들이 이곳의 원천 기술을 바탕으로 만든 블록버스터 신약만 7개다. 이들 신약의 연 매출 규모는 236억달러(약 34조원)로 2024년 한국 의약품 수출액(96억달러)의 두 배가 넘는다.

바이츠만연구소의 뛰어난 바이오 기술력은 콧대 높은 글로벌 제약사가 스스로 이스라엘을 찾게끔 한다. 특히 독일 머크와는 반세기 역사의 동반자로, 경영진이 서로 수시로 방문할 정도다. 현재 독일 머크의 블록버스터 의약품인 얼비툭스와 레비프가 바이츠만연구소 기술에 기반한다. 2022년 기준 두 제품의 매출액 합계는 18억9000만유로(약 3조원)에 달한다.

모르데하이 셰베스 바이츠만연구소 석좌교수는 "독일 머크 바이오 부문의 60%가 바이츠만연구소와 연관돼 있다"며 "단순한 기술 이전 사업을 넘어 독일 머크는 연구소의 특정 연구진에 대한 직접적인 투자까지 하고 있다"고 밝혔다.

모르데하이 셰베스 이스라엘 바이츠만연구소 석좌교수.

바이츠만연구소와는 글로벌 제약사를 탄생시키기까지 했다. 바로 이스라엘의 테바가 그 주인공이다. 테바는 바이츠만연구소의 원천 기술로 개발한 면역조절제 코팍손을 1997년 미국에 출시하며 큰 성공을 거뒀다. 코팍손 출시 이전 테바는 총 매출액 1조원의 중견 회사에 불과했다. 2010년대 중반 코팍손은 연 40억달러(약 5조8000억원) 이상의 판매액을 기록하며 테바에 막대한 돈을 안겼다. 테바는 2000년대 들어 코팍손이라는 안정적인 수익원을 바탕으로 대대적인 인수·합병(M&A)에 나섰다. 2000년 캐나다 2위의 복제약 회사 노보팜 인수를 시작으로 약 2년마다 수조 원을 들여 미국·일본·독일 등 전 세계 바이오 회사를 사들였다.

덕분에 2024년 테바의 매출액은 165억4000만달러(약 24조1000억원)에 달한다. 코팍손이라는 바이츠만연구소 유래 신약 하나 덕분에 명실상부한 글로벌 제약사로 성장한 셈이다. 한국 최대 바이오 기업인 삼성바이오로직스는 4조5375억원으로 20%에도 못 미친다.

테바와 마찬가지로 바이츠만연구소도 기술 이전으로 얻은 재정적 이익을 미래를 위해 재투자하고 있다. 바이츠만연구소는 기술 이전 수입을 공개하고 있지 않지만 파생 매출과 유사 연구소의 수입을 고려할 때 매년 기술 특허에서만 수천억 원을 벌어들이는 것으로 추정된다. 한국 대학교 전체의 연간 기술 이전 수입이 1000억원가량인 것과 차이가 크다. 이 때문에 바이츠만연구소는 수입의 43%를 자체 기금 운용에서 얻고 있고, 정부에 의존하는 비중은 25%에 불과하다. 한국 주요 대학 중 정부 출연금 의존도가 50%를 넘는 곳도 있는 점을 고려할 때 매우 낮은 수준이다.

자생적인 재무 구조에 힘입어 바이츠만연구소는 연구진에게 무제한적인 연구 자율성을 부여하고 있다. 바이츠만연구소의 신약의 산실이 된 비결이 바로 이 연구 자율성에 있다. 세베스 석좌교수는 "연구소에서 조교수로 임용되면 7~8년간은 평가를 받지 않고 연구의 완전한 자유를 보장받는데, 이때 평생 몰두할 과제를 탐색한다"고 말했다. 이후에도 정량 지표로 과학자를 평가하지 않고 폭넓은 재량권을 인정한다.

이처럼 연구소 측이 연구자들의 성과를 압박하지 않고 풀어주는 이유는 창의적 발상과 도전을 최대한 이끌어내기 위해서다. 세베스 석좌교수는 "지식재산권이 중요한 바이오 업계에서 패스트팔로어(선도 기업 모방) 전략은 효과적이지 않다"며 "모두가 하는 일반적인 방식으로는 혁신이 나오지 않는다"고 강조했다. 이어 "바이츠만연구소는 돌파적인 혁신을 위해 과학자가 스스로 원하는 것을 연구할 수 있는 자유를 보장하는 데 집중하고 있다"고 덧붙였다.

한국은 열악한 재정 지원 환경으로 보통 매년 기초과학 교수 평가에 나서는 등 단기 성과에 급급하다. 기초과학 창의성은 부실한데 주요 기업 R&D 투자에서도 패권국과 격차가 크다. 글로벌 컨설팅사 PwC · Strategy&가 주요 국 바이오 기업을 분석한 결과 2024년 한국

'톱10' 기업의 R&D 투자액은 9억달러(약 1조 3000억원)로 이스라엘(12억달러)의 75%에 불과했다. 미국(1029억달러), 유럽(684억달러)이나 일본(171억달러)과는 비교도 되지 않는다.

한국도 바이오 기술 경쟁에서 승리하기 위해서는 정부가 마중물을 부어야 한다는 지적이 많다. PwC · Strategy&에 따르면 바이오 기초 과학 기반인 과학 · 기술 · 공학 · 수학(STEM) 분야 대학 졸업자 비중은 이스라엘이 27%로 한국(30%)과 비슷하다.

하지만 이스라엘은 자국에서 태어난 원천 기술로 글로벌 블록버스터 신약 7개를 배출한 반면 한국에서는 단 한 개의 블록버스터 신약도 내지 못했다. 바이오 헬스케어 분야 유니콘 기업 역시 이스라엘에는 두 곳이 있는 반면 한국은 전무하다.

오경수 총무이사는 "국내 기초 과학 연구 환경은 이스라엘과 많이 다르다"며 "일례로 한국은 통상 2년 차부터 매년 교수 개인에 대한 성과 평가를 실시한다"고 설명했다. 세베스 석좌교수가 말한 조교수에게 7~8년의 자유로운 탐색 기간을 보장하는 시스템이 한국에는 없는 셈이다.

그는 "단순히 조교수를 대상으로 성과 평가를 하지 않는 것만으로는 답이 될 수 없다"며 "한국 대학 재정 여건상 조교수 연구비를 보장할 수 없기 때문에 정부가 재원을 지원하는 방식으로 기초 연구를 살려야 한다"고 말했다.

바이츠만연구소가 구축한, 우수한 기술로 자

생적인 연구 재원을 마련하는 선순환 구조는 또 다른 이점도 가져왔다. 연구자의 호기심에 기반한 연구를 독려하는 바이츠만연구소의 문화에 매료된 전 세계 인재들이다. 바이츠만연구소에서는 전통적인 두건을 둘러쓴 아프리카 여성 등을 쉽게 만날 수 있다. 바이츠만연구소 연구자 2300명 가운데 22%(500명)가 외국인이다. 인구가 1000만명이 안되는 이스라엘에서 세계 수위급 기초과학 연구력이 유지되는 이유다. 셰베스 석좌교수는 "국내뿐만 아니라 해외에서도 매년 우수한 석박사 과정 신입생이 몰려온다"며 "활발한 인재 순환이 연구력을 끌어올리는 데 크게 기여하고 있다"고 강조했다. 바이츠만연구소의 연구자 존중 문화는 연구진의 업무 몰입까지 이끌어내고 있다. 2025년 1월 이스라엘 수도 텔아비브는 서부 해안을 제외한 3면 전선을 오가는 총 든 군인들로 북적였다. 하지만 불과 15㎞가량 떨어진 바이츠만연구소에서는 전쟁의 불안감을 묻는 질문에 외국인을 포함해 연구진의 이탈이 없다는 대답이 돌아왔다. 바이츠만연구소 직원인 갈리트 발린 씨는 "이곳에서는 전쟁과 테러의 공포를 느끼지 못한다"며 "연구소 사람들은 맡은 연구를 계속해야 한다는 책임감을 공유하고 있다"고 분위기를 전했다.

그렇다면 기초과학에 대한 파격적인 지원 외에 바이츠만연구소가 한국 바이오 업계에 건넬 수 있는 교훈은 무엇일까. 셰베스 석좌교수는 바이오 기업의 변화를 주문했다. 그는 "기업과 대학이 협력하는 것은 기업 입장에서도 좋은 일"이라며 "한국 바이오산업이 글로벌 시장으로 나가려면 산학 협력을 통해 스스로 혁신을 이루는 게 중요하다"고 말했다. 이어 "새로운 기술은 안정성만 추구해서는 개척할 수 없다"며 "혁신을 이루기 위해 내부 R&D에만 의존하는 것은 바람직하지 않으며 이는 전 세계 기업들이 인지하고 있는 사실"이라고 말했다.

특히 산학 협력에 있어 한국 기업의 인내심이 필요하다고 강조했다. 셰베스 석좌교수는 "대학은 매우 초기 단계의 기술을 연구하기 때문에 기업으로서는 특허권 취득이 위험하다고 생각할 수 있다"며 "한국 바이오 기업은 대학과의 간극을 어떻게 메울지에 대한 고민이 필요할 것"이라고 밝혔다.

이스라엘 바이츠만연구소가 자생적으로 막대한 기초과학 예산을 마련했다면, 일본은 정부가 과학연구비 보조금(가켄히) 제도를 두고 있다. 가켄히는 연구자의 자유로운 발상에 기반한 기초 연구를 지원한다. 상향식의 연구자 주도 학술 연구 지원 사업인 셈이다. 굴지의 일본 과학자들이 가켄히의 보조를 받아 초기 연구를 진행했다. 아카사키 이사무 나고야대 교수가 무려 19년 동안 청색 발광다이오드 관련 연구를 지속해 2014년 노벨 물리학상을 수상한 성과에도 가켄히의 지원이 있었다.

가켄히의 기원은 1919년으로 거슬러 올라간다. 1919년은 제1차 세계대전이 끝난 후다. 1차 세계대전에서 막대한 무역흑자를 달성한 일본은 과학 기술 진흥을 위해 65개 과제를 선

출처: 매경DB

일본 기초과학 지원 정책을 총괄하는 문부과학성의 문패.

정하며 연구 지원 제도를 만들었다. 1932년 들어 일왕의 하사금을 기금으로 일본학술진흥회가 민관 합작으로 설립됐고, 현재까지도 이 학술진흥회가 가켄히를 관리하고 있다. 가켄히라는 명칭은 1965년도부터 사용됐다. 과학연구 지원 예산이 여러 세목으로 나뉘어 있던 것을 통합한 것이다.

오랜 역사의 가켄히는 일본이 기초과학 강국으로 올라설 수 있었던 핵심 요인으로 꼽힌다. 가켄히는 3~5년 단위로 평가하는 것이 일반적인데, 연구자에게 예산을 지원해 오랜 시간 자유로운 연구를 가능하게 하는 이스라엘 바이츠만연구소의 교훈과 맥이 닿아 있다. 한국과학기술기획평가원에 따르면 주요국의 과학 기술 혁신 역량을 평가한 결과 일본은 지식 자원 및 지식 창출 성과 항목에서 전 세계 2위를 차지했다. 반면 한국은 각각 8위, 11위를 기록했다. 노벨 과학상 수상자 수도 일본은 미국, 영국, 독일, 프랑스에 이어 세계에서 다섯 번째로 많다.

한국도 양적으로는 가켄히를 많이 따라잡았다. 가켄히는 최근 10년간 연 2400억엔(약 2조3000억원) 규모의 예산을 유지 중이다. 한국에서는 과학기술정보통신부의 개인기초연구 지원사업이 가켄히에 비견된다. 2015년 8987억원에서 2025년 1조9108억원으로 10년간 두 배 이상 늘어났다. 가켄히 대비 규모 역시 39%에서 83%로 많이 추격했다.

다만 양적인 예산 격차 축소와 함께 내실을 다듬어야 한다는 지적이 뒤따른다. 연구자가 창의적·도전적 연구에 몰입할 수 있는 안정적인 환경을 조성하기 위해 지원이 예측 가능해야 한다는 설명이다. 2020년대 들어 가켄히는 27.4~28.6%의 신규 과제 채택률을 유지하는 반면, 한국은 22.4~41.4%로 들쑥날쑥하다. 안정적인 선정률 관리를 위해 연구 지원 사업 세부 항목에 구애받지 않고 자유로운 예산 편성이 가능하도록 한국연구재단 등 운영기관에 재량권을 부여하는 방안이 고려된다.

한국과학기술기획평가원은 보고서를 통해 "연구자들이 연구의 진척 상황에 따라 회계연도에 얽매이지 않고 자유롭게 연구비를 사용할 수 있도록 다년도 연구비 지원 제도 도입을 검토할 필요도 있다"고 강조했다.

일본은 가켄히 중심의 기초과학 지원 제도에서 새로운 변화를 모색하고 있다. 시대 변화를 고려해 기초과학에서도 제도 개선이 필요하다는 데 합의를 이룬 것이다. 2016년 문부과학성 내에 기초과학력 강화 TF를 설치하고 연구자 관점에서 개선 방안을 파악하고자 했다.

2017년 일본 문부과학성이 발표한 기초과학 강화를 위한 대응 방안에 따르면 일본 내에서 과학적 진리 탐구 활동 자체를 가치로 인식하는 문화가 약해졌다. 대신 과학을 연구에 어떻게 활용할 수 있는지로 그 가치를 판단하는 경향이 강해졌다. 연구자가 흥미를 느끼는 기초과학 연구라는 일본의 전통적 연구관이 쇠퇴하면서 기초과학 성과도 줄고 있다는 설명이다.

문부과학성은 일본의 기초과학을 위협하는 3대 위기로 연구의 도전성·지속성 감소, 신진 연구자의 연구 환경 열악, 연구 거점 그룹의 쇠퇴를 꼽았다. 이를 극복하기 위해 연구비의 안정적 확보, 차세대 연구자 연구 환경 개선, 세계 수준의 연구 거점 구축 방안을 제시했다.

일본 정부가 구체적인 실천 방안으로 내놓은 것이 2020년 '기초 연구 관계 시책'이다. 전략적 기초 연구 지원 강화 내용을 담고 있다. 전략적 기초 연구란 단순히 상향식 지원이 아닌, 국가와 사회 발전에 꼭 필요한 기초과학 분야를 선택해 장기·집중적으로 투자하는 방식이다. 글로벌 R&D 투자 경쟁이 치열해지는 가운데 한정적인 예산으로도 경쟁국 대비 상대적 우위를 확보하기 위한 방책이다.

일본 정부 전략적창조연구추진사업 강화 정책의 주요 내용으로는 전략 목표 대형화를 통해 독창적·도전적 아이디어를 더욱 환기하고, 다양한 분야의 연구자 참여 독려 및 분야 간 융합 연구를 촉진할 것 등이 있다.

아울러 연구 영역 설계 시 다양한 분야의 연구자가 모여 상호 작용이 형성되도록 배려한다. 또 연구실을 설립하기 위한 스타트업 경비를 확대한다. 소외되기 쉬운 젊은 연구자에 대한 지원을 강화하는 방안이다.

2020년대 들어 일본 정부는 기존 가켄히와 더불어 전략적 기초 연구 사업으로 지원 제도를 이원화하는 방식을 지속적으로 강화하고 있다.

갑갑한 신약 출시 병목 현상…
심사 인력 두 배로

바이오산업 혁신에 속도를 내는 주체는 결국 사람이다. 특히 임상과 연구 경험을 갖춘 의사과학자는 산업 발전에 필수다. 신약과 치료법, 의료 서비스 개발에 두루 투입되는 재원이기 때문이다. 실제 글로벌 10대 제약사 최고과학책임자(CTO) 70%가 의사과학자로 채워져 있다. 문제는 이 부문에서 한국은 만성적인 인력난에 허덕이고 있다는 점이다. 글로벌 컨설팅사인 PwC·Strategy&에 따르면 국내 의사과학자는 전체 의대 정원의 1% 수준인 연간 30여 명이 배출된다. 미국에서는 의대 정원의 4~5% 선인 1700명이 공급되는 데 비하면 턱없이 부족하다. 의약품 개발 과정에서 분야별 인력 부족률은 12~35%에 달한다.

의약품 개발에서 산업 전반으로 시야를 넓혀 보면 인력 상황은 더 심각하다. 한국바이오협회에 따르면 국내 바이오산업에서 필요한 수요는 1만4000명이지만, 공급은 4300명만 이뤄지고 있다. 부족률이 70%에 이른다. 현재 인력 부족 상황을 감안하면 연간 의사과학자 공급을 300명까지 10배 늘려야 한다는 분석이 나온다.

매일경제신문 비전코리아 프로젝트팀은 K바이오 집중 육성기에 인력 물꼬를 트기 위해 의대 정원에 일정 부분 쿼터제를 도입해 연간 100명씩 10년간 의료 인재 3000명을 양성할 필요가 있다고 제언했다.

미국의 30분의 1 수준에 불과한 보건 분야 예

'K바이오 첨병' 의과학자 3000명 확보

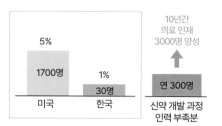

*2024년 기준

출처: Strategy&Korea

산을 확대해 의사과학자 육성을 위한 제도적 환경을 개선해야 한다는 것이다.

의사과학자 연구를 유도하기 위한 재정적인 인센티브를 제공하는 방안도 제시했다. 의사과학자 프로그램(MD-PhD) 선정 인원을 늘리고 이들을 대상으로 연구비 지원 기간 연장 등 지원금과 임금을 확대하자는 구상이다. 졸업 후 채용 연계를 활용하는 기업에 인센티브를 부여하는 방식으로 고임금 부담을 완화하고 취업을 지원할 필요가 있다.

국제 인재 유치 정책도 병행해야 한다. 해외 스카우트를 활성화하기 위해 비자 발급을 간소화하고 채용 연계를 강화하는 등 제도적 처방과 함께 국내 인재 유출을 방지하는 동시에 국내 복귀를 유도하는 방안이다.

업계에서는 인공지능(AI)과 바이오의 융합 시대에 맞게 부족한 의사과학자를 의대에서만 충당하는 대신 별도 전문가 트랙을 만들자는 의견이 힘을 얻는다. 의대와 공대에서 융합형 의사과학자를 배출하는 프로그램을 신설하자는 대안이 거론된다. 미국 하버드 의대와 매사추세츠공과대(MIT)가 손잡고 'HST(Health Science and Technology)' 프로그램을 50년 넘게 운영 중인 것을 벤치마킹할 만하다는 주장이다.

대형 제약사 AI 신약 개발 담당자는 "AI를 잘 다루는 엔지니어 중에 바이오를 아는 사람을 찾기가 정말 어렵다"면서 "이 분야에 맞춤형 바이오 인재가 절실하다"고 말했다. 익명을 요구한 의과학대학원장은 "한국은 빠른 의료 서비스 확산을 위해 보급형 의사를 양성했지만 첨단 바이오산업이 중요해진 지금은 의사과학자 양성 과정도 달라져야 한다"고 강조했다.

지금 한국 바이오에 필요한 부분은 바이오에 대한 양적 연구보다 실제 산업과 수익으로 연결될 수 있는 실전 연구다. 이 중간 지점에 의사과학자가 있다.

한국에서 양적 연구는 많이 이뤄지고 있다. 한국과학기술기획평가원에 따르면 최근 10년간 한국의 첨단 바이오 분야 논문 증가율은 106%로, 중국(203%)에 이어 2위를 기록했다. 하지만 실제 적용할 수 있는 핵심 기술로 연결되는 중요 논문 비율은 3%로, 미국(40%), 유럽(39%), 일본(4%)은 물론 중국(15%)에도 밀린다.

한국은 열악한 재정 지원으로 인해 단기 연구 성과에 급급해하고 있는데 사람까지 부족한 실정이다. 기초과학 창의성이 부실한 데다 주요 기업 R&D 투자에서도 패권국과 격차가 커지고 있다. 통상 제약 업계에서 신약 개발 실패율은 90%다. 10%의 성공에서 기업은 물론 국가를 먹여 살릴 대박 신약이 나오는 특수성이 있다.

익명을 요구한 임상 역학자는 "현재까지 신약 후보 물질은 대부분 다 나왔다"며 "이제 완전히 새로운 물질을 찾기보다는 이미 나온 물질들을 조합해 신약을 찾는 창의성이 중요해졌는데 이 부분은 결국 혁신적인 생각을 갖고 있는 사람 사이에서 나올 것"이라고 지적했다.

이 같은 현상은 패권국과 신약 개발 성적표의 차이에서 단적으로 드러난다. 국가임상시험지

갑갑한 신약 출시 병목 현상…심사 인력 두 배로

1인당 의약품 시장 규모는 큰데

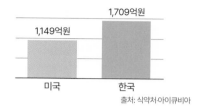

출처: 식약처·아이큐비아

담당 인력 차는 극과 극

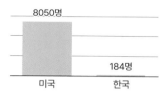

출처: 식약처·FDA

원재단과 한국경제인협회에 따르면 2024년 기준 한국의 신약 파이프라인은 3233개로, 미국(1만1200개), 중국(6098개)에 이어 세계 3위 수준의 자원을 보유하고 있다.

혁신적인 신약이 될 수 있는 물질을 많이 보유해도 이 자원이 신약 성과로 좀처럼 이어지지 않고 있다는 점이 문제다. 2012~2021년 분야별 세계 최초 혁신 신약(first-in-class) 부문에서 한국은 단 한 개도 FDA 승인을 받지 못했다. 같은 기간 미국이 112개, 유럽이 46개, 일본이 8개 혁신 신약을 승인받았다는 점에 비춰보면 세계 최초 신약 개발 승인 경험이 주요국에 비해 현저히 적다.

주요국은 이미 바이오 패권경쟁 시대에 대비해 전문 인력 확보 프로그램을 구축해놓은 상태

다. 미국은 의과학자 양성 프로그램(MSTP)을 통해 학비 전액 면제 등 전국 의과대 자금 지원에 나서고 있다.

미국 국립보건원(NIH)은 예산 중 일정 금액을 의사과학자 펀드에 투자해 연구비를 지원하고 있고, 의사과학자에 대한 채용 우대 혜택은 물론 바이오 헬스 전문 인력을 대상으로 영주권 취득 대상을 선정하는 방식으로 측면 지원에 나선다.

일본은 미국 사례를 적극적으로 벤치마킹하는 국가다. MSTP를 도입해 박사 학위 과정 조기 수료를 지원한다. 구체적인 연구 성과가 나오면 학계와 산업계를 대상으로 기술 이전을 지원한다. 이를 통해 연구 과제를 지속적으로 발굴하고 채용과 연계하고 있다. 지역별로 중개 연구센터를 통해 연구를 지속적으로 지원하고 있다는 점도 특징이다.

심각한 인력난과 관련해 신약을 빠르게 시중에 내놓을 수 있는 인허가 관문이 좁은 것은 고질병이다. 미국은 FDA 의약품 심사 인력이 8050명인 반면 식약처 의약품 심사 인력은 184명으로 40배 이상 차이가 난다. 식약처 심사 인력을 늘려 의약품 인허가가 지체되는 '병목 현상'을 풀어야 한다는 평가가 제기되는 배경이다.

PwC·Strategy&에 따르면 심사 인력 1인당 의약품 시장 규모 역시 한국은 1373억원, 미국은 629억원으로 격차가 컸다. 인력당 맡고 있는 산업이 큰 만큼 심사 속도에 과부하가 걸릴 공산이 크다. 미국 수준의 신속성을 확보하기

		신속심사 지정일	목표 심사 기간 90일 이내	
Roche 룬수미오주	1호	2022년 11월	232일 소요	허가 2023년 11월
MedTip 네페콘	2호	2023년 2월	440일 소요	허가 2024년 11월
(주)삼오제약 복스조고주	10호	2023년 7월	364일 소요	허가 2024년 12월

'함흥차사' 의약품 허가, 신속심사 해도 400일

위해선 식약처 인력을 현재보다 2.3배 확대한 400여 명으로 늘려야 할 것으로 분석됐다.

식약처 의약품 심사 전문 인력 부족 현상과 함께 인허가 장벽 자체가 여전히 두껍다는 점 역시 신약의 속도를 늦추는 대표적인 원인이다.

제도적인 외형은 갖춰졌다. 한국은 혁신·희귀 의약품 심사 속도를 높이기 위해 2020년 신속심사제도, 2021년 우선심사제도, 2022년 글로벌 혁신 제품 신속심사(Global Innovative product on Fast Track·GIFT) 등을 도입하며 단계적으로 정책적인 노력을 기울이고 있다.

하지만 외형적 제도의 존재와는 별개로 허들은 여전하다. 실질적으로 신약 허가에 걸리는 시간이 400일가량 되는 사례가 속출하며 기업 체감도가 떨어지고 있다. 신속심사 목표 심사 기간인 90일을 크게 넘어서는 것이다. 무엇보다 들쭉날쭉한 심사 기준 때문에 허가가 늦어져 신약을 개발해도 타이밍을 놓치기 일쑤라는 게 업계의 토로다.

일례로 한국로슈의 '룬수미오주'(소포성 림프종 치료에 사용하는 희귀 의약품)는 2022년 11월 글로벌 혁신 제품 신속심사 1호로 지정됐지만 허가를 받기까지 223일이 걸려 목표 심사 기간보다 훨씬 더 많은 시간이 소요됐다. 메디팁의 희귀 질환 치료제 '네페콘'은 2023년 2월 글로벌 혁신 제품 신속심사 지원 2호 품목으로 지정된 뒤 2024년 11월 허가를 받기까지 무려 440일이 소요됐다. 삼오제약이 선보인 희귀 의약품 연골무형성증 치료제 '복스조고주'는 2023년 7월 심사에 지정돼 2024년 12월 허가를 받기까지 364일이 걸리기도 했다.

바이오 업계에선 식약처 심사 인력 부족과 관련해 운영 체계, 경험과 역량, 자원 측면에서 모두 문제가 있다고 입을 모은다.

익명을 요구한 한 제약 업체 관계자는 "식약처 심사 담당자별로 기간과 자료의 요구 수준 차이가 커 제각각"이라며 "해외와 달리 전문가 집단이 심사 후반에 참여해 기간이 지연되는 일이 빈번하다는 것도 문제점"이라고 꼬집었다.

또 다른 바이오 업계 관계자는 "심사 기관에서 의약품의 결과를 입증하기 위한 데이터가 부족해 의사 결정이 지연되는 데 따른 어려움이 크다"며 "과거에 사례가 없거나 의사 결정이 가능한 인력이 없는 경우에는 심사가 한없이 늘어지게 된다"고 말했다.

한 제약사 핵심 관계자는 "과거에 실사 이력이 없는 시설에서 생산된 경우 난감한 상황을 맞는다"며 "식약처 담당 인력이 부족해 경우에 따라서는 1년 이상 대기가 필요한 사례도 있다"고 지적했다.

인허가 인력 충원과 함께 선진국 제도를 적극적으로 벤치마킹해 심사 속도를 대폭 높이는 것도 한 방법이다.

예컨대 유럽 의약품 심사 기관인 EMA는 임상시험정보시스템(Clinical Trials Information System · CTIS)을 구축했다. 바이오 기업이나 연구자 등이 심사를 신청하면 CTIS에 의무적으로 등록하도록 하고, 이에 대한 검토를 자동화한 프로세스다. EMA는 CTIS를 통해 심사 결과를 업로드하는 방식으로 기업체와 연구자들에게 인허가 현황과 결과를 실시간으로 알려주고 있다.

세부적인 CTIS 운영 과정은 이렇다. 서류 제출과 검토 과정을 자동화해 인허가 과정에서 누락 등에 따른 지연 발생 가능성을 최소화하고, 신청 사항과 결과를 EU가 통합 관리해 국가별로 신청하지 않아도 되도록 만들었다. 다국적 연합인 EU에서 국가별로 중복 업무가 발생할 수 있다는 점을 의식해 이를 최소화하도록 제도를 디자인한 것이다.

심사 현황을 실시간으로 모니터링할 수 있다는 것도 강점이다. 운용 과정을 효율화하면서 이를 통해 고부가가치 업무에 담당 인력을 집중

할 수 있도록 판을 짠 것이다. 결과적으로 심사 과정을 단축하고, 신약이 보다 빠르게 시장에 풀릴 수 있도록 한 성과를 얻었다.

한국도 이 같은 EU 모델을 적극적으로 벤치마킹할 필요가 있다. 인력 충원 등 제도 개선 과정에서 심사 기관 디지털 전환에도 박차를 가해 신약 인허가 속도 경쟁력을 확보해야 한다는 평가가 나온다.

일각에서는 정부 조직을 효율화해 신약 개발 속도를 높일 필요성도 제기된다. 비슷한 기능을 가진 조직을 통합해 R&D부터 사업화까지 정책에 보다 속도를 내야 한다는 주장이다.

바이오헬스혁신위원회와 2025년 초 출범한 국가바이오위원회가 대표적이다. 두 조직은 출범 목적은 물론 법, 제도 개선, 정책 수립, 민관 협력 체계 구축 등 기능이 상당 부분 유사하다. 각각 바이오 관련 규제 발굴 및 개선, 기술 · 산업 주요 정책 수립, 민관 및 관련 기관, 단체 간 협력 체계 구축, 유관 전략 수립 등 명칭만 다를 뿐 대부분 기능이 중복된다.

또 기획재정부 장관, 과학기술정보통신부 장관, 산업통상자원부 장관, 보건복지부 장관을 비롯해 정부위원 10명 중 8명이 같다.

통합 컨트롤타워에 정책 실권을 부여해 명확한 주체를 정하는 과정이 필요한 셈이다. 이를 통해 정책 수립과 재원 투자의 연속성을 끌어올려야 한다는 지적이 나온다. 기초 연구부터 사업화까지 바이오 관련 정책 전 주기에 대한 의사 결정 구조를 일원화해 정책에 보다 힘이 실리도록 해야 한다는 목소리가 힘을 얻는다.

홍석명
특허청 심사관

"
국가전략기술 첨단 바이오에
인허가 패스트트랙 도입을
"

바이오 기술과 특허는 떼려야 뗄 수 없는 관계다. 블록버스터 신약이나 혁신 신약 같은 고부가가치 제품에 투입된 기술은 상당 기간 특허로 보호되기 때문이다. 특허에는 앞으로 다가올 산업 트렌드를 미리 내다볼 수 있도록 해주는 선행 지표라는 의미도 있다. 기업들이 특허를 출원해 어떤 기술로 돈을 벌고자 하는지 가늠할 수 있는 단적인 증거가 되기 때문이다.

홍석명 특허청 심사관은 첨단 바이오 분야에 대한 전문성이 가장 높은 전문가 중 한 명으로 꼽힌다. 약리학으로 의학 박사 학위를 받은 그는 2011년 생명공학 소재 기업인 제노레버코리아 대표를 거쳐 2016년 한국특허전략개발원 전문위원으로 합류해 현재 특허청 심사관을 맡고 있다.

▶ **특허와 바이오산업의 접점은 뭔가.**

— 바이오 의약품은 식품의약품안전처의 인허가를 받아야 시판이 가능하다. 즉, 허가라는 장벽이 존재하는 산업이다. 이 과정에서 특허는 허가와 밀접한 관련이 있으며, 이를 조율하는 특허 연계 제도가 도입돼 있다. '특허 연계제도(Patent-Linked Approval System)'는 오리지널 의약품 개발 회사의 권리를 보호해 기업들이 안정적으로 R&D에 투자하고 더 나은 신약을 개발할 수 있도록 돕는 제도다.

예를 들어 어떤 후발 제약 회사가 기존 오리지널 의약품(특허 보유 제품)의 특허를 침해할 가능성이 있는 상태에서 식약처에 판매 허가 신청을 했다고 가정해보자. 이때 식약처는 단순히 허가를 내주는 것이 아니라, 오리지널 회사(특허권자)에서 의견을 듣고 이를 반영할 수 있도록 하는 절차를 거친다.

즉, 오리지널 업체가 특허 침해 가능성이 있다고 주장하면 후발 주자의 시판 허가를 제한할 수 있도록 설계된 것이 특허 연계 제도다. 후발 주자가 오리지널 업체의 특허를 무단으로 사용하면 특허 침해 소송을 당할 위험이 있으므로, 허가 절차 진행 전에 특허 문제를 사전에 분석해 침해 여부를 판단하고 시판 허가를 결정하는 방식으로 진행된다.

만약 특허 침해 가능성이 확인되면 후발 주자는 오리지널 업체와 기술 실시권(라이선스) 계약을 체결하거나, 혹은 특허가 만료될 때까지 시판 허가를 보류하는 방식으로 대응해야 한다. 반면 특허 침해 소지가 없는 후발 의약품은 조기에 시장에 진입할 수 있도록 하는 제도도 함께 운영되고 있다. 특허와 인허가가 밀접하게 연계되는 현상은 바이오·제약 산업에서만 두드러지며, 특허 보호와 시장 경쟁의 균형을 맞추기 위한 중요한 장치로 작용한다.

▶ 또 다른 부문에서의 접점은 없는가.

– 특허의 경우 존속 기간은 등록 이후 출원일로부터 20년이다. 바이오·제약 산업에서는 임상시험 기간이 오래 걸린다. 길면 10년도 더 걸린다. 이 같은 임상 기간을 감안할 때 일반적인 특허 존속 기간 20년은 신약 개발사 입장에서 시판 후 개발 비용을 회수하고 후속 신약 개발을 위한 이익을 창출해나가기에 짧은 기간이 될 수 있다. 이러한 산업 분야 특성을 반영해 임상 완료 후 특허청에 존속 기간 연장을 신청하면 임상 기간을 감안해서 존속 기간을 연장해주는 제도가 있다. 바이오·제약 분야에만 특이하게 있는 임상과 특허 간 상관관계를 연결한 제도라고 보면 된다.

▶ 국내외로 시야를 넓혔을 때 바이오 정책에서 개선이 필요한 부분은.

– 미국 FDA나 유럽의약품청(EMA) 등 선진국에서는 '신속 허가 트랙(Fast Track, Accelerated Approval, Breakthrough Therapy)'이 활발히 운영되고 있다. 이를 통해 혁신적인 신약이나 중대한 질환 치료제의 경우 허가 여부를 신속히 결정해서 조기에 시장에 출시할 수 있도록 지원한다. 혁신 기술로 인정될 경우 기존보다 상당히 빠른 기간 내에 허가를 받을 수 있는 것이 특징이다.

반면 한국의 신속 허가 트랙은 상대적으로 속도가 느린 편이다. 현재 신속 심사 제도(우선 심사)는 150일(5개월) 이내 심사를 목표로 하고 있으나 보완 요청이 발생할 경우 추가 시간이 소요될 수 있고, 허가 신청이 반려될 경우 재심사를 거치는 과정에서 최종 승인까지 수년이 걸리는 사례도 존재한다.

미국의 혁신 신약 트랙(Breakthrough Therapy, Priority Review)에서는 보통 6개월 이내 허가가 이뤄지며, Accelerated Approval의 경우 조기 승인 후 추가 임상시험을 요구하는 방식이 적용된다. 일반 신약 허가 트랙과 비교해 승인 기간이 절반 이하로 줄어든다는 장점이 있다.

이 같은 차이 때문에 일부 국내 바이오·제약 기업들은 한국 식약처보다 미국 FDA에 품목 허가를 먼저 신청하는 전략을 선택하기도 한다. FDA에서 승인을 받게 되면 한국에서도 일정 부분 해당 결과를 참고할 수 있다. 필요시에는 별도 임상 결과 등을 요구하기도 한다. 또 FDA 승인을 기반으로 한국뿐만 아니라 유럽, 일본, 중국 등 제3국으로 시장을 확대하는 전략도 적극적으로 활용되고 있다.

결국 혁신 신약을 폭넓게 인정하고, 신속 허가 제도를 적극적으로 개선하는 정책적 노력이 필요하다. 이를 위해 식약처는 내부 절차를 간소화하고, 혁신 의약품의 신속 허가 기준을 글로벌 스탠더드에 맞게 개선할 필요가 있다.

▶ 국가전략기술에 포함된 바이오 분야의 경우 식약처 신속 허가의 대상으로 삼는 구상에 대한 평가를 듣고 싶다.

– 국가전략기술에 포함된 첨단 바이오 분야를 식약처 신속 허가 대상으로 삼는 구상은 매우 좋은 아이디어다. 첨단 바이오 기술이나 관련 제품에 신속 허가 트랙이 적용되도록 혜택을 부여할 필요가 있다. 예를 들어, 첨단 바이오 기술의 경우 신속 허

가 심사 과정에서 가점을 부여하는 방안도 고려해볼 수 있다.

실제 코로나19 팬데믹 기간 식약처는 조건부 허가 제도를 도입해 신속 허가를 시행한 사례가 있다. 당시 임상 2상까지의 데이터를 기반으로 품목 허가를 승인한 후 임상 3상 데이터를 추후 제출하는 방식으로 조건부 신속 허가를 허용했다.

국가전략기술 중 첨단 바이오 기술도 이와 유사한 조건부 허가 제도를 도입하거나, 실질적으로 인허가 기간을 단축할 수 있는 제도를 마련한다면 기술 개발 및 시장 진입에 상당한 도움이 될 것이다. 특히 기존 신속 심사 제도보다 더 빠르고 유연한 허가 절차를 제공할 경우 국내 바이오산업의 글로벌 경쟁력을 높이는 데 기여할 수 있다.

▶ 혁신 신약의 약가를 산정하는 과정에서 개편의 필요성은 없는가.

– 혁신 신약에 인센티브를 주는 것은 기업 R&D 의욕을 고취시킬 수 있다. 제품 출시 확대 측면에선 상당히 중요한 정책이다. 혁신 신약을 국가전략기술 관점의 주요 품목으로 보고, 해당 분야 의약품은 약가 산정에서 일반 의약품보다 가점을 주는 인센티브 부여 방안도 추진해볼 만하다. 2023년 한국의 국내총생산(GDP) 대비 R&D 투자 비율은 4.96%로 세계 2위권이다. 많은 돈을 R&D에 넣고 있지만 아직 블록버스터 신약이 한 개도 없다. 단순히 R&D 자금을 늘려서 신약을 개발하는 데는 한계가 있다. 다른 방식으로 인센티브를 부여할 필요성이 있다.

▶ 특허 데이터가 의미가 있는 것은 연구자 입장이 아니라 특허를 이용해 돈을 벌려는 기업들 수요가 반영됐기 때문이다. 현재 특허 빅데이터로 분석해 봤을 때 유망한 차세대 바이오 분야는 뭔가.

– 공감한다. 일반적으로 특허 출원 후 10년이 지나야 제품이 허가 또는 시판되는 경우가 많다. 따라서 현재 시판되고 있는 제품과 관련된 초기 핵심 기술은 10년 전에 이미 특허로 출원된 경우가 많다. 바이오·제약 분야는 신약 개발 및 기술 상용화에 오랜 시간이 걸리는 산업 중 하나이기 때문에 특허 데이터를 분석하면 미래 바이오 트렌드를 예측하는 것이 가능하다.

특허청은 10년 전부터 주요 특허 흐름을 모아 '특허 풀(Patent Pool)'을 운영해왔으며, 2020년부터는 '특허 빅데이터 사업'으로 이를 확대 개편했다. 특히 2024년 국가전략기술 개편 이후 전략 기술별 특허 빅데이터가 구축됐고, 이를 바탕으로 분석 보고서도 발간됐다.

이 같은 빅데이터를 통해 산업 선행 지표를 분석한 결과 '디지털 융합 바이오 기술'과 '유전자 치료제' 및 '유전체 기반 의약품' 등이 향후 5~10년 내 유망 분야로 떠오를 가능성이 높은 것으로 나타났다. 특히 디지털 융합 기술과 관련된 혁신 기술의 발전 속도를 고려할 때 이에 따라 허가·규제 제도를 정비할 필요가 있다.

현재 기술 발전 속도가 빠른 반면 규제 및 허가 제도는 상대적으로 보수적인 접근을 하는 경우가 많다. 이를 개선하기 위해서는 기술 변화에 맞춰 제도적 보완이 필요하다. 특히 R&D 단계에서는 보다 다양한 시도를 가능하게 할 수 있도록 규제 완화 측면에서 혁신을 보다 적극적으로 고려할 필요가 있다.

토마스 베가
어그멘탈 창업자

"
꿈의 기술 디지털 바이오로
인간 생산성·경제적 잠재력 깨워야
"

토마스 베가 어그멘탈 대표(공동 창업자)는 인간과 컴퓨터의 상호작용(HCI) 기술에 대한 풍부한 연구 경험을 갖춘 엔지니어이자 기술 전문가다. 앞서 그는 2023년 포브스가 선정한 '사회적 영향력 부문 30세 미만 30인'에 이름을 올리기도 했다.

그가 이끌고 있는 디지털 바이오 스타트업 어그멘탈은 신체 장애가 있는 사람들을 위한 혁신적인 보조 솔루션을 개발하고 있는 기술 회사다. 이 회사의 대표 제품인 '마우스패드'는 마우스피스처럼 생긴 기기를 입안에 물고 혀를 움직이는 것만으로도 스마트폰 등 전자기기를 자유자재로 조작할 수 있게 한다.

이 혁신적인 기술을 만든 것이 베가 대표다. 그는

코튼 싱어 공동 창업자와 함께 신체 장애가 있는 사람들의 삶의 질을 향상시키고, 보다 독립적인 생활을 지원하고자 이 기술을 현실화했다.

특히 그는 웨어러블 디바이스와 첨단 인터페이스 기술 개발에 뛰어난 역량을 발휘해왔다. 그는 어그멘탈을 통해 사용자들이 일상에서 디지털 세계와 보다 자연스럽게 상호작용할 수 있도록 돕는 제품을 개발하고 있으며, 기술이 신체의 자연스러운 연장선으로 자리 잡도록 하고 있다.

그는 기술과 혁신에 대한 열정으로 어그멘탈뿐만 아니라 더 넓은 기술 커뮤니티에서도 인정받는 리더로 자리매김하고 있다. 또한 사용자 경험을 최우선으로 생각하며 어그멘탈의 제품이 실생활에서 사람들에게 실질적인 도움을 줄 수 있도록 세심한 배려를 기울이고 있다. 이러한 그의 리더십 아래 어그멘탈은 인간과 기술의 경계를 허물며 더욱 직관적이고 접근성이 높은 디지털 경험을 만들어가고 있다.

▶어그멘탈의 탄생 과정이 궁금하다.

―처음 회사가 시작된 것은 공동 창업자인 코튼 싱어와의 만남부터다. 2012년 우리는 UC버클리에서 컴퓨터과학과 인지과학을 공부하면서 만났다. 대학 시절부터 우리는 장애인을 위한 보조 기술 개발에 관심을 두었고, 함께 '휠센스'라는 프로젝트를 진행하며 협업했다. 휠센스는 우리가 대학 시절 뇌성마비와 시각장애를 가진 친구를 돕기 위해 개발한 스마트 휠체어로, 휠체어 사용자에게 청각 및 촉각 피드백을 제공해 안전한 이동을 지원한다. 일례로 휠체어가 계단이나 낭떠러지 등의 위험 요소를 감지하고, 후방 장애물을 회피하게 돕는 한편

경사로 가장자리 감지 기능을 제공하는 것이다.

이후 우리 두 사람은 신체적 제약이 있는 사람들이 독립적으로 생활할 수 있도록 돕는 기술을 개발하는 회사 어그멘탈을 설립했다. 그때가 2019년이다. 어그멘탈은 인간의 능력을 확장하고 디지털 환경에 대한 접근성을 보다 공평하게 만드는 것이 모토다.

현재 우리가 주력으로 하고 있는 '마우스패드'는 입안에 착용해 혀로 조작 가능한 터치 패드라고 보면된다. 신체 마비 등으로 손을 사용할 수 없는 사용자가 혀의 움직임만으로 스마트폰, 컴퓨터, 태블릿 등을 자유롭게 조작할 수 있도록 도와준다. 블루투스를 통해 혀의 움직임과 제스처를 커서 움직임으로 변환해 메모 작성, 게임 플레이 등 다양한 작업을 가능하게 하는 방식이다. 우리의 최종 목표는 기술을 통해 인간 능력을 증진시키고, 디지털 세계에 공평하게 접근할 수 있도록 하는 것이다.

▶혀가 손을 대신해 조작한다는 것이 놀랍다.

─마우스패드의 개발은 자연스럽고 직관적인 핸즈프리 인터페이스를 만들겠다는 목표에서 출발했다. 학부 시절부터 나는 손을 사용하지 않고 컴퓨터를 조작할 수 있는 다양한 방법을 연구해왔다.

뇌·컴퓨터 인터페이스(BCI), 안구 추적, 음성 인식 등 여러 기술을 실험해보았지만, 대부분의 방식은 특정 환경에서만 효과적으로 작동하는 등의 문제를 갖고 있었다. 뉴럴링크(일론 머스크 테슬라·스페이스X 최고경영자가 설립한 BCI 기업)에서 인턴십을 하면서 최고의 BCI 기술을 경험했지만 이 역시 여러 접근 방식에서 제한 사항이 있음을 발견했다.

이 과정에서 대학 때 신경 과학 수업 중 배웠던 호문쿨루스라는 개념이 떠올랐다. 이는 인간의 신경 분포도를 시각적으로 표현한 것으로, 감각과 운동 신경이 매우 많이 집중된 혀에 초점을 맞췄다. 손가락과 비슷하다.

그간의 시행착오를 거쳐 나온 것이 마우스패드다. 기술적으로 보면 마우스패드는 혀끝의 위치를 추적할 수 있는 정전식 트랙 패드를 사용한다. 또한 압력 센서와 모션 센서를 통해 사용자의 입력을 감지하며, 블루투스 연결을 통해 컴퓨터, 태블릿, 스마트폰 등과 쉽게 연동된다. 또 무선 충전 기능을 지원해 배터리 충전도 간편하게 할 수 있다. 혀로 컴퓨터를 제어할 수 있다는 것은 놀라운 일이다.

▶마우스패드의 사용자 스펙트럼은 어디까지인가.

─우리는 심각한 손 장애가 있는 사람들과 긴밀히 협력하고, 그들과의 반복적인 피드백을 통해 신체적 제한이 있는 사용자들에게 잘 맞는 솔루션을 만들어내는 노력에 집중했다. 초기 사용자 대부분은 척수 손상, 뇌졸중, 다발성 경화증 및 기타 질환으로 인한 사지 마비 환자들이었다.

최근에는 훨씬 더 다양한 사용자층이 관심을 보이고 있다. 핸즈 프리 제어가 필요한 외과 의사, 엔지니어, 우주 비행사가 대표적이다.

일례로 우리는 로봇을 핸즈 프리로 제어할 방법을 강구하고 있다. 이를 통해 의사들은 수술 중 의료 영상을 확대하거나 회전하는 등의 조작이 필요할 때 마우스패드를 사용할 수 있다. 또 중력이 없는 우주에서 로봇을 조작하는 데 마우스패드를 적용하는 방안을 검토하고 있다. 무중력에서 손을 움직이면 몸 전체가 반작용으로 움직이기 때문에 혀를 이용한 조작이 매우 유용할 수 있다.

기계를 조작하거나 생물학적 실험을 하는 엔지니어, 실험실 기술자도 종종 핸즈프리 방식의 조작이 필요한 순간에 마우스패드를 쓸 수 있다. 이외에도 우리는 악기를 손으로 연주하면서 실시간 음향 효과나 악보 한 장을 넘기는 용도로 이 기기를 사용하고 싶어하는 음악가들의 의견도 들었다.

▶**마우스패드 다음 버전이 궁금하다.**

−초기 버전은 혀 컨트롤만 가능했지만, 2024년 머리 움직임을 이용한 조작 기능을 더했다. 이를 통해 더 광범위한 신체 능력을 수용하고 사용자가 경험을 '사용자 지정'할 수 있도록 커서 제어를 위한 머리 추적을 추가한 것이다.

한 발 더 나아가 현재 새로운 버전인 '마우스패드 위스퍼'를 개발 중이다. 기존 마우스 기능을 넘어 저음량 음성 입력을 가능하게 해 키보드 역할도 수행할 수 있도록 할 예정이다. 이를테면 입속 웅얼거림도 어떤 말인지 인지 가능하게 구현함으로써 대화가 쉽지 않은 사용자의 입을 대신해주는 혁신 기술이 될 것이다. 기관지 절개술을 받았거나 폐 기능이 제한돼 음성을 통해 컴퓨터와 상호작용하는 것이 어려운 이들이 대상이다. 또한 우리는 이것이 카피라이터, 변호사, 영업 전문가 및 빠른 커뮤니케이션이 필요한 플레이어들에게도 훌륭한 도구가 될 것으로 기대한다. 이 기술이 완성되면 주변 소음이 많은 환경에서도 낮은 목소리로 프라이버시를 유지하며 음성을 입력할 수 있게 되기 때문이다.

▶**포용적 기술은 왜 중요할까.**

−컴퓨터와 인터넷에 대한 접근은 보편적 권리다. 현대 사회에서 이들 기술은 직장, 학교, 사회적 교류, 여가 활동 등 거의 모든 영역에서 필수적인 역할을 한다. 하지만 현실적으로는 누구나 평등하게 접근할 수 있는 것이 아니다. 특히 샤지 마비와 같은 심각한 손 장애를 가진 사람들은 키보드, 마우스, 터치 스크린 등 기존 입력 방식으로는 기술 활용에 상당한 어려움을 겪고 있는 게 사실이다.

이를 해결하기 위해서는 단순히 기존 기술을 보완하는 것이 아니라, 사람들의 자연스러운 인지 방식과 행동 패턴에 맞춘 새로운 인터페이스가 필요하다.

비단 이 기술이 아니더라도 인간의 능력을 확장하는 기술에 적극 투자한다면 더 많은 사람들이 직장으로 복귀하고, 학업을 지속하며, 주변 세계와 더욱 자유롭게 연결될 수 있을 것이다. 이는 단순히 편의성을 제공하는 것이 아니라 인간의 잠재력을 극대화하는 과정이다.

세계보건기구(WHO)에 따르면 오늘날 전 세계적으로 13억명이 넘는 사람들이 심각한 장애를 겪고 있고, 장애인 커뮤니티는 세계에서 특화된 서비스가 가장 부족한 시장 중 하나다. 기업과 투자자들이 포용적 기술 개발에 관심을 가져야 하는 대목이다. 이를 뒤집어 보면 기회가 있다는 얘기다. 사람들이 더 생산적이고, 더 활동적이며, 직장에 재통합되도록 돕는 것은 엄청난 경제적 잠재력을 열어주는 것이다.

조주희
삼성서울병원 임상역학연구센터장

"
심해지는 건강 격차…
디지털 의료 문맹 메워야
"

조주희 삼성서울병원 미래의학연구원 임상역학연구센터장은 임상 데이터를 활용한 의학적 근거 창출과 환자 중심의 바이오 헬스 혁신을 이끌고 있는 전문가다. 존스홉킨스대에서 보건학 박사 학위를 취득했고, 현재 성균관대 삼성융합의과학원 임상연구설계평가학과장으로서 임상 연구의 체계화와 의료 인프라 개선에 기여하고 있다. 또한 정신종양학 연구를 통해 암 환자의 정신 건강과 삶의 질 향상 프로그램을 개발하고, 삼성서울병원 암교육센터장도 맡아 암 환자 교육과 소통 강화 등 환자 중심의 의료 환경을 구축하는 데 힘쓰고 있다. 이를 바탕으로 그는 임상 역학 및 환자 경험 데이터 기반의 디지털 헬스케어 분야에서 탁월한 연구 역량

을 발휘하고 있으며, 의료 현장과 연구를 연결하는 다학제적 연구를 추진하고 있다.

2024년에는 국무총리 직속의 '바이오헬스혁신위원회' 위원으로 활동하며 국가 바이오헬스 정책 수립 과정에 직접 참여하는 등 K바이오산업 생태계 발전과 혁신에 기여했다. 이러한 그의 연구와 활동은 미래 의료 발전과 국민 건강 향상에 실질적으로 이바지하고 있다는 평가를 받고 있다.

▶여러 국제 행사를 참관하고 있다. 가장 주목할 만한 점은 무엇인가.

―예전에는 헬스케어가 단순히 '아플 때 생각나는 것'이었다. 혹은 건강 관리라고 하면 병원에서 이뤄지는 특정 의료 서비스를 떠올리는 경우가 많았다. 하지만 2025년 1월 미국 라스베이거스에서 열린 'CES 2025'만 하더라도 헬스케어가 우리 삶 속으로 자연스럽게 스며들고 있다는 점이 한눈에 보였다. 말하자면 디지털 기술이 우리 건강을 실시간으로 모니터링하고, 생활 속에서 건강을 유지할 수 있도록 돕고 있는 것이다. 예를 들어 스마트워치를 통해 혈당을 체크하고, AI 기반의 헬스케어 서비스가 사용자의 건강 상태를 실시간으로 분석해 맞춤형 운동이나 식단을 추천해주는 것이 대표적이다.

특히 이번 CES에서는 디지털 헬스 기술이 기존 병원 중심에서 '일상 속 건강 관리'로 이동하고 있음을 보여주는 제품과 서비스가 대거 등장했다. 과거 헬스케어 기기라고 하면 의료 기관에서 사용하는 것들이 많았지만, 이제는 침대, 욕실, 자동차처럼 생활 속에서 자연스럽게 건강을 챙길 수 있는 제품과의 연계가 두드러지고 있다.

현대모비스는 차량 내에서 AI가 운전자 뇌파를 측

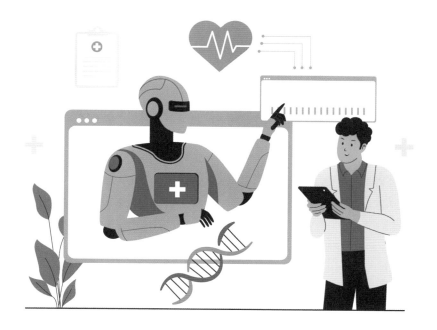

정하고 스트레스 수준을 분석한 후 필요한 조치를 취해주는 기술을 선보였다. 운전자의 피로가 쌓이면 의자가 자동으로 조정되거나 산소가 공급되는 방식인 것이다. 자동차가 단순한 이동 수단을 넘어 운전자 건강을 관리하는 공간으로 변하고 있는 셈이다. 이제는 디지털 기술이 마치 '보이지 않는 손'처럼 사용자의 상태를 세밀하게 분석하고 자연스럽게 관리해주는 방향으로 발전하고 있다.

▶디지털 헬스케어 기술이 발전하면서 의료 접근성이 크게 개선될 것이라고 보나.

−디지털 헬스케어 기술은 의료 접근성을 개선하는 데 큰 역할을 할 수 있지만, 동시에 새로운 의료 격차를 초래할 수도 있다. 실제 이 두 단면이 동시에 나타나고 있다.

일단 원격 의료나 AI 기반 진단 기술을 활용하면 의료 인프라가 부족한 지역에서도 수준 높은 의료 서비스를 받을 수 있다는 점이 긍정적인 측면일 것이다. 예를 들어 아프리카에서는 시력 검사를 받을 수 없는 지역이 많다. 이 경우 스마트폰 렌즈를 이용해 시력을 측정하고 맞춤형 안경을 제공하는 방식으로 의료 서비스를 제공하고 있다.

반면 디지털 기술을 제대로 활용할 수 있는 사람과 그렇지 않은 사람 간의 격차가 발생하는 것은 부정적인 단면이다. 디지털 기술로 이뤄진 서비스를 적극적으로 이용하는 사람들은 건강을 선제적으로 관리할 수 있는 반면 스마트폰이 없거나 스마트폰이 있더라도 앱을 사용하기 어려운 노령층이나 취약 계층은 이러한 혜택에서 소외되고 있다.

▶**이 문제를 어떻게 풀어나갈 수 있을까.**

―미래 의료 기술은 단순한 치료를 넘어 삶의 질을 높이는 방향으로 변화하고 있다. 이러한 변화 속에서 기술의 혜택이 모든 사람에게 공평하게 전달될 수 있도록 우리 사회 전체가 함께 고민해야 할 때다.

일단 국민의 바이오 지식 수준을 높이는 것이 가장 중요하다고 생각한다. 바이오 기술이 발전한다고 해도 국민이 이를 올바르게 이해하고 활용하지 못하면 의미가 없다. 예를 들어 정밀 의료나 첨단 치료 기술에 대한 이해가 부족하면 불필요한 의료 서비스에 의존하게 될 수 있기 때문이다.

따라서 디지털 의료 기술을 모든 계층이 쉽게 접근하고, 제대로 활용할 수 있도록 교육 등 정책적인 지원이 함께 이뤄져야 한다. 첨단 의료 기술이 상업적으로 악용되지 않도록 '국민 건강 리터러시 교육'을 강화하는 것이 필요하다. 이를 위해 언론, 교육 기관, 정부가 협력해 디지털 의료 문맹을 해소할 수 있는 교육 프로그램이나 캠페인 등을 진행하는 것도 좋은 방법이다.

한편 산업의 관점에서는 단순 기술 개발을 넘어 공공성과 지속 가능성도 함께 고려해야 한다. 즉 의료 기술이 특정 기업의 이익만을 위한 것이 아니라 사회 전체의 건강을 증진하는 방향으로 발전해야 한다. 이를 위해 정부와 기업, 연구 기관이 장기적인 비전을 갖고 협력해야 한다. 단기적인 성과에 집착하기보다 꾸준히 연구하고 투자하는 문화가 정착돼야 한다.

▶**마지막으로 K바이오산업이 발전하기 위해 갖춰야 할 필수 요소가 있다면.**

―융합과 협업이 바이오산업의 핵심이라고 생각한다. 바이오산업은 생명과학, 공학, 데이터 사이언스, AI 등 다양한 분야가 결합해야만 발전할 수 있다. 하지만 우리나라는 여전히 학문 간 장벽이 높고, 연구자들 간 협업이 원활하지 않은 경우가 많다. 예를 들어 공학과 의학이 협력해야 하는 바이오 메디컬 엔지니어링 분야에서조차 연구자들 간 교류가 부족하다. 의과학자 육성 측면도 비슷하다. 해외에서는 존스홉킨스대와 같은 곳에서 의대와 공대의 통합 과정을 통해 의료생명공학자를 양성하고 있지만, 우리나라에서는 여전히 이러한 협업이나 인력 양성이 원활하지가 않다.

또한 정부 부처 간 협력도 중요한데, 현재는 대부분의 과제가 부처 개별로 진행하다 보니 연구개발이 단절되고, 중복 투자가 발생하는 경우가 종종 발생한다. 이를 해결하기 위해서는 융합형 인재를 양성하는 교육 시스템을 강화하고, 부처 간 협업을 촉진할 수 있는 정책이 필요하다.

화이트 바이오 의무사용제로 석유화학 위기 뚫어라

바이오산업에는 레드 바이오만 있는 게 아니다. 향후 더 큰 성장성이 기대되는 분야가 화이트 바이오다. 이는 재생 가능한 친환경 자원을 원료로 사용해 바이오 연료나 화학 제품을 생산하는 바이오 기술이다.

전략 컨설팅 업체인 PWC · Stratege&가 2024~2034년 10년간의 성장률을 추정해보니 국내 화이트 바이오산업은 연평균 35%씩 성장할 것으로 예상됐다. 같은 기간 레드 바이오의 성장률은 연평균 11%, 그린 바이오는 15%에 달할 것으로 전망되는 것과 비교하면 화이트 바이오의 성장세가 훨씬 가파른 셈이다.

화이트 바이오 분야의 좋은 사례로 지속 가능 항공유를 뜻하는 SAF(Sustainable Aviation Fuel)가 있다. 동식물 유래 바이오 폐기물이나 대기 중 포집한 탄소를 기반으로 생산하는 친환경 연료로 기존의 항공유와 화학적 구조가 유사하다. 네덜란드의 SAF 전문 기업 스카이엔알지(SkyNRG)에 따르면 기존 화석 연료에 비해 생산과 소비 과정에서의 탄

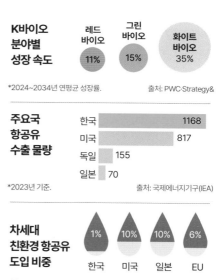

K바이오 분야별 성장 속도
레드 바이오 11%
그린 바이오 15%
화이트 바이오 35%

*2024~2034년 연평균 성장률.
출처: PWC·Strategy&

주요국 항공유 수출 물량
한국 1168
미국 817
독일 155
일본 70

*2023년 기준.
출처: 국제에너지기구(IEA)

차세대 친환경 항공유 도입 비중
한국 1%
미국 10%
일본 10%
EU 6%

* 한국은 2027년 다른 나라는 2030년까지 계획.

소 배출량이 최대 80%까지 감소될 수 있는 점이 특징이다.

유럽연합(EU)은 2025년부터 SAF 혼합 의무 비율을 2%로 책정했고, 2030년에는 6%, 2040년에는 34%, 2050년에는 70%까지 높이겠다는 청사진을 제시했다. 미국은 2030년 10%, 2050년에는 항공유 수요의 100%까

지 SAF로 대체한다는 목표를 세웠다. 일본은 2030년 SAF 10% 의무 계획을 밝혔다.

석유화학·정유 강자인 한국은 세계 1위의 항공유 수출 국가지만 SAF 분야에선 후발 주자다. 한국 정부는 2027년부터 국내 출발 국제선의 모든 항공편에 SAF를 1% 혼합 급유하는 방안을 추진한다. 국토교통부는 SAF 1% 혼합 사용 때 약 16만t의 이산화탄소(CO_2)를 감축하는 효과가 기대된다고 설명했다. 다만 EU, 미국, 일본 등 선진국에 비해 SAF 의무 사용 비율은 낮은 편이다.

SAF를 만드는 생산 시설 조성 경쟁에서도 뒤처져 있다. SAF를 만들 수 있는 전용 생산 시설이 국내에는 아직 없다. 국제민간항공기구 (ICAO)는 전 세계에서 가동하고 있거나 건설 중 또는 조성이 계획된 SAF 생산 공장을 집계하고 있다. ICAO에 따르면 2025년 3월 기준 미국의 SAF 생산 시설은 115개다. 이외에도 캐나다 28개, 영국 20개, 프랑스 19개, 스페인·중국·독일 13개, 일본 12개 순이다. 한국은 SAF를 만들 수 있는 전용 생산 시설이 단 한 개도 없다. 항공유 수출 세계 1위를 고수해온 한국 정유 업계가 친환경 트렌드를 좇아가지 못할 경우 차세대 화이트 바이오 시장을 놓칠 우려에 놓인 셈이다.

매일경제 국민보고대회팀은 10억달러(약 1조4000억원) 이상의 투자가 필요한 대규모 SAF 전용 시설을 국내에 구축하기 위해 생산 보조금을 제공하는 등 구체적인 인센티브가 필요하다고 주장했다. 정부가 2025년 1월 SAF

국가별 지속가능항공유(SAF) 시설 현황

단위: 개·억ℓ

순위	국가	시설 수	연간 생산능력
1	미국	115	452
2	캐나다	28	67.8
3	영국	20	9.4
4	프랑스	19	18.1
5	중국	13	53.6
5	독일	13	11
5	스페인	13	17.6

출처: 국제민간항공기구(ICAO)

를 국가전략기술로 지정했지만 아직 부족하다는 것이다. 국가전략기술에 지정되면 대기업이 시설에 투자할 시 15%의 세액 공제가 적용된다.

삼일회계법인은 'SAF 설비투자 유치 방안' 보고서를 통해 "SAF 산업은 대표적인 장치 산업으로 초기 투자 비용, 생산·원재료 비용 등 고비용 구조의 특성을 갖고 있다"고 지적했다. 이러한 비용 구조는 투자 회수 기간을 장기화하고, 민간 기업의 자발적인 투자 결정을 이끌어내기 어렵다고 덧붙였다. 이미 선진국은 이런 약점을 인식하고 SAF에 생산 보조금을 주면서 설비 투자를 적극 독려하고 있다. 생산 기반을 갖춰놔야 이 시장이 본격적으로 열릴 때 기회를 선점할 수 있기 때문이다.

또 시장 조성 차원에서 한국 정부도 SAF 산업 활성화를 유도하면서 SAF 혼합의무 비율을 EU, 미국, 일본처럼 10% 수준까지 올리겠다는 방침을 천명할 필요가 있다. 현재의 2027

년 1% 의무화로는 국내 의무 사용량이 소규모에 불과해 국내 정유 업체들이 SAF 전용 시설에 투자할 명분이 적다.

물론 의무 사용량을 단기간에 확 늘리면 항공사들의 항공유 비용 부담이 늘어난다. SAF는 기존 항공유보다 비싸기 때문이다. 2024년 기준 SAF 공급가격은 t당 2388달러로(약 347만원), 757달러(약 110만원)인 항공유 유통가 대비 3.2배 더 비쌌다. 결국 SAF 혼합 확대가 탑승객의 티켓 구입 비용 증가로 전가될 가능성이 높다는 지적도 나온다. 미국 도널드 트럼프 정부가 들어서면서 기후변화 대응 속도가 늦춰질 것이라는 관측도 제기된다. 하지만 선진국의 투자 속도와 보조를 맞출 수 있는 지원책을 정부가 제공해야 알토란 같은 화이트 바이오 시장을 효과적으로 공략할 수 있다.

화이트 바이오의 또 다른 사례는 생분해 플라스틱이다. '썩는 플라스틱'으로도 불리는 생분해 플라스틱은 흙에서 일반적으로 2년 내에 90%가량 분해될 수 있다. 흔히 플라스틱이 완전히 없어지는 데 500년이 걸린다고 하는 것과는 딴판이다.

플라스틱은 풍화 작용을 거쳐 눈에 안 보이는 작은 크기로 쪼개진 뒤에도 장기간 분해되지 않는다. 이 때문에 바다와 강으로 흘러들어간 미세플라스틱이 어류와 해조류를 통해 우리 식탁에 버젓이 올라온다. 인류는 바다 한가운데 생긴 엄청난 크기의 플라스틱 섬이나 토양을 오염시키는 플라스틱 산더미를 너무 쉽게 목격하고 있다. 이런 환경오염에 적극 대응하기 위한 방안으로 단기간에 분해되는 플라스틱의 연구 필요성이 제기된 것이다.

글로벌 1위 화학 기업인 독일 바스프는 생분해 플라스틱 연구개발의 선두 주자로 꼽힌다. 20년 전부터 연구에 돌입하면서 관련 특허를 선점하기 시작했다. 하지만 국내 기업들의 추격 속도는 눈여겨볼 대목이다. SK리비오, LG화학, CJ제일제당 등 대기업을 비롯한 중견기업들이 생분해 플라스틱 연구개발과 설비 투자에 뛰어들면서 관련 기술특허를 200여 건이나 확보한 것으로 전해졌다.

다만 한국 기업의 국내 생산 공장 조성은 지지부진하다. SK리비오는 2024년 5월 베트남에서 연산 7만t 규모의 생분해 플라스틱 소재(PBAT) 공장 착공을 시작해 2025년 3분기까지 공장을 완공하고 10~11월 중 제품 양산 체제를 갖춘다. SK리비오는 본래 울산에 PBAT 공장 조성을 추진했으나 취소한 바 있다. 또 LG화학은 충남 서산에 연산 5만t 규모의 PBAT 공장을 짓고 양산에 나설 방침이었으나 이를 보류한 것으로 알려졌다.

생분해 플라스틱 시장이 미래 유망 분야로 인식되지만 한국 기업이 적극적인 공세를 취하지 못하는 것은 제품 가격이 비싸고 수요처 확보가 확실치 않기 때문인 것으로 해석된다. 일반 플라스틱보다 내구성 면에서 취약하다는 점도 단점으로 꼽힌다. 한국 화학 업체들의 또 다른 고민거리는 중국 업체들의 공세다. 생산 원가가 훨씬 저렴한 중국산과 경쟁

SK리비오가 생산한 생분해 플라스틱.

하려면 고품질로 승부하는 수밖에 없다. 하지만 중국 업체들의 기술 개발 속도가 갈수록 빨라진다는 게 문제다.

최달병 SK리비오 영업실장은 "중국 정부는 생분해 플라스틱을 배달 용기나 멀칭 필름(밭에서 농작물을 덮는 데 쓰이는 비닐) 등에 사용하도록 하는 법안을 마련해 최근 시행에 들어갔다"면서 "정부가 발 빠르게 중국 내수 시장을 열어주고 있는 것"이라고 말했다. 중국 기업들은 거대 중국 시장을 발판으로 기술 개발과 제품 생산에 몰입할 수 있게 되는 셈이다.

설상가상으로 국내 생분해 플라스틱 시장이 중국 업체들에 잠식당할 수 있다는 경고음도 들린다. 2024년 중국에서 수입한 생분해 플라스틱은 3600t을 넘어섰는데 이는 전체 수입량의 72%에 달했다. 아직 본격적으로 열리지 않은 국내 생분해 소재 시장을 중국이 선점할 상황에 놓인 것이다. 일본도 이 시장에서 영향력을 확대하기 위해 2030년까지 바이오 플라스틱을 200만t 도입한다는 계획을 세웠다.

반면 한국에는 아직까지 국산 생분해 플라스틱에 대한 의무 사용 조치나 정부 지원금이 없어 내수 기반이 매우 취약한 상황이다. 이 때문에 국내 기업들이 우수한 기술력을 갖추고도 생산을 포기하거나 해외로 투자를 선회하는 형편이다.

전문가들은 생분해 플라스틱 생태계가 안착할 수 있도록 일부 품목에 대해 생분해 소재 사용을 의무화하는 방안을 적극 검토할 필요가 있다고 주장한다. 예를 들어 재활용이 어려운 음식물 쓰레기봉투를 생분해 소재로 제작하고 이를 사용하도록 의무화하는 방안을 모색할 수 있다. 양호진 SK리비오 대표이사는 "재활용이 어려운 기저귀나 일회용 물티슈, 생리대 등 위생재에도 생분해 플라스틱 소재를 활용할 수 있도록 정부의 세심한 검토가 필요하다"고 말했다.

기저귀에는 한 장당 5.5원의 폐기물 분담금이 부과되고 있는 것으로 파악된다. 유한킴벌리나 깨끗한나라 등 기저귀 생산 업체가 생분해 소재를 활용해 기저귀를 만들 경우 정부가 폐기물 분담금 부담을 줄여주는 방안을 대안으로 생각해볼 수 있다. 이러한 유인책을 통해 국내에 생분해 플라스틱 시장이 형성되면 기술 촉진과 투자 확대의 선순환을 가져올 수 있다. 전통 석유화학 분야에서 시장 장악에 성공한 중국이 차세대 화이트 바이오 시장마저 움켜쥐기 전에 한국 기업들이 뛸 수 있는 여건을 만들어주는 게 급선무인 것이다.

특히 한국의 1인당 플라스틱 사용량은 아시아권 최고 수준이다. 호주의 비영리 민간 단체 민더루재단에 따르면 한국의 1인당 연간 플라스틱 폐기량은 44kg으로 1위를 차지했다. 일본(27kg), 중국(18kg)과 큰 차이를 보였다. 음식 배달 시장이 확산되고 각종 일회용 플라스틱 용기와 빨대, 스푼, 포크 사용량이 많은 한국에서 친환경 이슈를 외면할 수는 없는 노릇이다. 마케츠앤드마케츠 조사에 따르면 바이오 플라스틱의 글로벌 시장 규모는 2020년 104억달러(약 15조2000억원)에서 2025년 279억달러(약 40조8000억원)로 급성할 것으로 전망된다. 좀처럼 분해되지 않는 석유 플라스틱을 대체할 생분해 소재의 저변 확대는 여러모로 시급한 당면 과제다.

생분해 플라스틱의 인증 제도를 다시 구축해야 한다는 전문가 제언도 참고할 만하다. 생분해 플라스틱은 현재 환경부가 친환경 제품에 부여하는 환경 표지 인증만 존재한다. 한국 산업 표준인 KS인증이 부재하다.

공공 인증은 일반적으로 유통 시 기본 요건으로 요구된다. 각종 규격을 충족하는지 신뢰를 부여하기 때문이다. 국내에서는 KS 인증이 해당 역할을 맡는다. 환경부의 친환경 인증은 더 까다로운 요건으로, 전체 산업의 30% 이내에만 부여하는 인센티브 성격이 있다.

생분해 플라스틱 업계에서는 받기 어려운 친환경 인증만 존재해 사실상 국내 유통이 어려운 문제가 있다고 지적한다. 이상호 한국경제인협회 경제산업본부장은 "생분해 플라스틱 시장이 잘 형성될 수 있도록 우호적인 정책 환경을 조성해야 한다"고 주문했다.

엄찬왕 한국화학산업협회 상근부회장은 화이트 바이오가 어려움에 처한 석유화학 업계의 해법이 될 수 있도록 도와달라고 호소했다. 엄 부회장은 "석유화학 산업은 2023년 산업 생산액 135조원, 수출액 457억달러(약 67조원)에 이르는 국가 기간산업"이라며 "현재는 불황의 깊은 늪에 빠져 석유화학 빅4(LG화학·롯데케미칼·한화솔루션·금호석유화학) 영업이익이 2021년 8조4000억원에서 2024년 8000억원 적자로 전환했다"고 말했다. 이어 "석유화학 업계는 살아남기 위한 방안으로 범용재 비중을 줄이고 친환경·고부가가치 제품 중심으로 사업 재편을 추진하고 있다"며 "사업 재편을 통한 글로벌 경쟁력을 회복하기 위해서는 뼈를 깎는 화학 업계의 자구 노력과 함께 친환경 제품에 대한 초기 시장 창출 지원 등의 국가적 지원이 절실하다"고 강조했다. 한국화학산업협회는 2024년 10월 친환경 화이트 바이오산업의 중요성이 커지고 있는 시대상을 고려해 기존 한국석유화학협회에서 석유를 뺀 현재의 명칭으로 변경한 바 있다.

유전자 규제 완화해
그린 바이오 가속 페달

생명공학과 농업이 융합해 신개념 종자를 만드는 그린 바이오는 한국이 결코 놓쳐선 안 될 신성장 분야다. 그중에서 가장 주목받는 기술은 유전자 편집(genome editing) 기술을 활용한 농산물이다. 종전에 나왔던 제품의 맛과 보관성을 개선하거나 수확량을 늘리고 기후변화에 강한 품종을 만들어내는 데 초점을 맞춘다. 미래 식량 위기를 해결하기 위한 대안으로 주목받는 이유다.

정부는 2023년 초 '그린 바이오 산업 육성 전략'을 발표하고 2027년까지 국내 산업 규모를 10조원으로 늘린다는 목표를 세웠지만 그린 바이오 발전을 위해 규제를 탄력적으로 풀어야 한다는 업계 주문이 많다.

한국의 유전자 편집 규제는 다른 주요국과 비교했을 때 엄격한 편이다. 유전자변형생물체(Living Modified Organism·LMO)나 유전자 편집 작물 규제와 관련해서는 EU보다는 덜하지만 미국, 일본, 중국과 비교하면 엄격한 규제 체제를 적용하고 있다. 또 기존 GMO(Genetically Modified Organism) 규제를 기반으로 유전자 편집 기술(CRISPR 등)에 대한 규제를 적용하고 있다. 규제 적용 여부가 명확하지 않은 점도 산업 불확실성을 키우는 요인으로 거론된다. 규제가 명확하지 않으면 기업과 연구 기관이 신기술 개발을 망설일 수밖에 없다. 더구나 승인 절차가 오래 걸리고 복잡하다 보니 국내 기업들이 해외로 나가 R&D에 나서는 사례도 속속 발생하고 있다.

유전자 편집 규제 측면에서 미국은 관대한 편이다. 미국 농무부(USDA)는 외래 유전자가 삽입되지 않은 유전자 편집 작물은 GMO가 아니라는 입장을 고수해왔다. 그 덕분에 비교적 빠르게 유전자 편집 작물 상업화가 가능했다. 2022년 9월 조 바이든 당시 미국 대통령은 '국가 생명공학 및 바이오 제조 이니셔티브' 행정명령에 서명하면서 바이오 제조와 생명공학 기술을 통해 식량·에너지 안보를 강화하고 농업 혁신을 주도하겠다는 목표를 세웠다.

미국 기업들과 연구 기관들은 농산물의 유전자 편집 기술(CRISPR-Cas9) 등을 통해 더

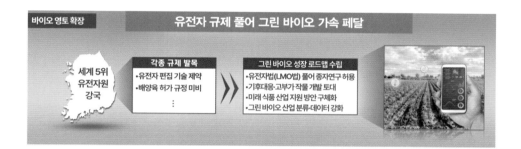

바이오 영토 확장

유전자 규제 풀어 그린 바이오 가속 페달

세계 5위
유전자원
강국

각종 규제 발목
- 유전자 편집 기술 제약
- 배양육 허가 규정 미비
  ⋮

그린 바이오 성장 로드맵 수립
- 유전자법(LMO법) 풀어 종자연구 허용
- 기후대응·고부가 작물 개발 토대
- 미래 식품 산업 지원 방안 구체화
- 그린 바이오 산업 분류·데이터 강화

나은 품종을 꾸준히 개발해왔다. 유전자 편집 기술로 병해충에 강한 밀 품종을 개발하고 비타민D가 풍부한 옥수수를 개발하는 성과를 냈다. 대두에서 오메가-3 지방산이 풍부한 품종을 개발해 건강에 좋은 지방을 공급하는 연구에도 주력했다. 대두의 지방산을 조절하는 유전자를 수정해 더 많은 오메가-3를 포함한 대두를 만드는 차원이다. 농업용 미생물을 이용해 비료 사용을 줄이고, 토양 질을 높이는 연구도 잇따랐다.

일본은 2019년 유전자 편집 농산물에 대해 신고제 방식을 적용했다. 따라서 별도의 안전성 심사가 필요 없다. 일본은 이미 유전자 편집 기술을 활용한 기능성 토마토를 시장에 출시하면서 성과를 냈다. 더 적은 물로도 잘 자라는 벼 품종을 개발해 물 부족 문제에 대응하는 역량을 발휘했다. 중국은 종전에 GMO 규제가 다소 강했지만 2022년부터 유전자 편집 작물의 상업화를 촉진하는 데 관심을 기울였다.

한국은 그린 바이오 분야의 잠재력 자체는 매우 크다. 비전코리아 프로젝트팀은 유전자 규제를 풀어 급변하는 기후 위기에 대응할 수 있는 작물과 고부가가치 품종 개발의 물꼬를 틔

세계 5위 유전자원 보유국 한국

단위: 만개

미국	인도	중국	러시아	한국	일본	독일
59	44	44	31	26	22	15

출처: 농촌진흥청(2022년)

우는 정책에서 그린 바이오 시장을 적극적으로 공략해야 한다는 처방전을 내놨다.

한국은 세계 5위의 식물 유전 자원 강국이다. 대다수 농업 강국은 유전 자원을 확보하기 위해 종자은행을 두고 있다. 한국도 마찬가지다. 농촌진흥청에 따르면 전 세계적으로 가장 많은 유전 자원을 보유한 국가는 미국으로, 59만개에 달하는 자원을 쥐고 있다. 인도(44만개), 중국(44만개), 러시아(31만개)에 이어 한국은 26만개 자원을 보유하며 유전 자원 상위 국가 명단에 이름을 올렸다.

부가가치가 높은 생명 산업을 깨울 수 있는 강건한 종자 인프라스트럭처를 갖추고 있다. 하지만 한국은 신품종 개발을 촉진할 수 있는 유전자 편집 연구를 사실상 금지하며 발목이 잡

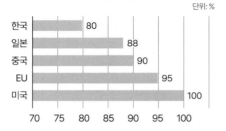

주요국 유전 자원 개발 기술 수준

단위: %

한국	80
일본	88
중국	90
EU	95
미국	100

70 75 80 85 90 95 100

*미국 기술력을 100%로 봤을 때 국가별 기술력 활용 수준

출처: 한국과학기술평가원

혔다. 우수한 유전 자원을 보유하고 있음에도 글로벌 시장에서 경쟁력을 확보하는 데 걸림돌로 작용하고 있는 것이다.

한국과학기술기획평가원에 따르면 미국 기술력을 100%로 봤을 때 한국의 유전 자원 관련 개발 기술 수준은 80% 선에 그친 것으로 분석됐다. 일본(88%), 중국(90%), 유럽(95%)과의 기술 격차도 컸다.

그린 바이오 부문에서는 식품이나 종자, 미생물 등 소재 위주로 R&D가 이뤄졌지만 식품 산업을 빼면 국내 시장 규모는 미미한 것으로 평가된다. 국내 유전자 연구에 족쇄가 채워져 있다는 배경이 크게 작용했다. 현재 국내 유전자 형질 전환 기술은 규제에 꽉 막힌 상태다. 유전자변형생물체법(LMO법)상 유전자를 변경한 농작물 등 LMO를 개발할 때는 중앙 행정기관의 승인을 받도록 하고 있다.

이 때문에 공공 기관은 물론 민간에서는 아예 연구를 시작할 엄두조차 못 내고 있다. 한 대형 식품 업계 관계자는 "국내 유전자 변형 실험 규제가 강하다 보니 R&D 활동을 할 이유가 없

다"며 "품종 개발 위주로 연구하고 있는 실정"이라고 말했다.

국내 유전자 기술 규제로 인해 기후 공습에 강한 농작물을 개발하기 위한 R&D에 제동이 걸린 사례가 적지 않다. 한국의 규제를 피해 연구 기관들이 불가피하게 해외로 나가 R&D 활동을 벌이게 된 것이다.

당초 산업통상자원부는 21대 국회에서 신규 LMO 연구 승인을 완화하고, 위해성 심사를 면제하는 내용의 관련법 개정을 추진했다. 하지만 환경 단체의 거센 반발에 부딪혀 국회에서 제대로 된 논의조차 하지 못했고, 관련 법은 임기 만료로 폐기됐다.

신규 유전자 변형 연구가 자연적인 돌연변이 수준의 안전성을 갖춘 경우에는 위해성 심사를 면제할 수 있도록 법제 개정이 필요하다는 목소리가 나온다.

기후 변화에 대응해 이뤄지는 신품종 R&D 활동의 핵심은 품종 교배다. 서로 다른 품종끼리 테스트를 거쳐 우수 형질만 남기는 방식으로 신품종을 개발하는데 통상 10~15년이 걸린다. 농가 보급 기간까지 감안하면 급변하는 기후에 대응하기는 역부족이라는 평가가 제기된다.

이 같은 위기감을 가장 크게 느끼고 있는 현장은 대구 군위에 있는 농진청 국립원예특작과학원 사과연구소다. 이곳은 국내 유일의 국가 기관 사과연구소다. 27만8000㎡(약 8만4000평) 재배 용지에는 30여 개 사과 품종이 빼곡히 들어차 집중적인 연구가 이뤄진다. 농진청

관계자는 "섭씨 30도 이상 기온에서도 색깔이 고르게 나는 사과 신품종의 이름이 '만홍'이다. 사과는 높은 온도에서는 색깔이 빨갛게 안 나와서 상품성이 떨어지는데, 만홍은 12년에 걸친 연구 끝에 고온에도 견딜 수 있도록 만들어 냈다"고 설명했다.

연구진이 집중하는 분야는 기후 공습 대응이다. 온대 과일인 사과가 급격히 아열대화하는 한반도에서도 잘 자랄 수 있도록 신품종을 내놓는 게 현안 과제다. 착색 문제를 덜기 위해 아예 황녹색(황옥)이나 노란색 품종(골든볼)을 개발했고, 과수원 온도를 낮출 수 있도록 스마트폰으로 냉수를 살포할 수 있는 무인 스마트팜 기술도 확보했다.

하지만 시간과의 싸움이 관건이다. 품종 교배는 수천 번 교배 테스트를 거쳐야 하는 만큼 신품종을 내놓는 데 10~15년의 긴 시간이 필요하다. 품종 교배 기술만으로는 기후 공습과 빠르게 변화하는 시장 수요에 대비하기에는 역부족이다. 농진청이 2011년 품종 개량을 통해 기후 온난화에 대비해 내놓은 배 품종 '기후 1호'가 대표적이다. 온난화에 대응해 겨울철 고온에도 열매를 맺을 수 있는 품종을 개발했지만, 실제 유통량은 통계에 제대로 잡히지 않을 정도로 미미하다. 기후 변화에 강한 대신 얼룩덜룩한 외관으로 소비자들에게 외면을 받았기 때문이다. 농업계에서는 품종 개량과 더불어 보다 빠르게 성과를 낼 수 있는 유전자 변형 기술의 물꼬를 터주는 처방이 필요하다는 지적이 나온다.

임정빈 서울대 농경제사회학부 교수는 "기후 변화에 대해 저항성이 높은 품종을 만들려면 유전자 형질 변형 기술도 적극 활용할 필요가 있는데 법 규제로 국내 연구진들이 해외에서 연구하고 있다"며 "규제를 개선해 기후 대응 연구를 활성화해야 한다"고 주장했다.

업계에선 꽉 막힌 국내 유전자 형질 전환 기술 규제로 기후 공습에 강한 농작물을 개발하려면 해외에 나가 R&D 활동을 벌여야 한다고 토로하고 있다. 이에 따라 막대한 비용과 연구 인력이 해외로 유출되는 악순환이 계속되면서 국내 그린 바이오 산업의 경쟁력이 약화되고 있다는 지적이 나온다.

기후 위기에 대비한 수산물 R&D의 필요성도 강해지고 있다. 온난화 여파로 해수면 온도가 높아지면 양식과 채취 가능 시기가 짧아지면서 국민 소비가 빈번한 김 생산에 직격탄을 맞을 수 있다는 우려가 제기된다. 수산물 연구에는 민간 기업이 주도적으로 나서고 있다. 풀무원은 2021년부터 육상에서 김을 재배할 수 있는 기술 개발에 나서 2024년 3월 국내 최초로 김 육상 양식 허가를 따냈다. 바다와 똑같은 생육 환경을 만든 수조에서 재배하는 방식이다.

전문가들은 국내에서도 유전자 편집 기술 규제를 합리적으로 완화하고 단계적으로 허용하면서 AI 등 첨단 기술을 접목한 고부가가치 작물 연구 환경을 조성해야 한다고 강조한다. 급변하는 기후 위기 상황에 대응할 수 있도록 우수한 품종을 국내에서 개발해 농업 경쟁력을 끌어올려야 한다는 평가가 나온다.

한국바이오협회 산하 바이오미래식품산업협의회는 2024년 초 규제 완화를 놓고 일제히 목소리를 높였다. 바이오미래식품산업협의회는 "배양육과 유전자 편집 작물 등 미래 식품 분야 신기술이 글로벌 시장에서 주목받고 있다"면서도 "국내에서는 관련 규제가 미비해 경쟁력을 제한하고 있다"고 꼬집었다.

업계는 LMO 규제 완화와 같은 정부 차원의 추가 지원을 요청했다. 레드 바이오에 비해 상대적으로 열악한 그린 바이오를 지원하기 위해 정부 R&D 확대를 공식 요청하고 나섰다. 이들은 "국내 LMO법을 개정해 유전자 편집 기술이 적용된 작물과 종자에 대한 LMO 적용을 면제하거나 완화해야 한다"고 강조했다.

배양육 등 미래 식품 제도를 마련하기 위해 농림축산식품부와 식약처 등 규제 부처의 적극적인 참여를 요구하면서 국내 그린 바이오산업 분류와 범위, 산업 통계가 제대로 마련되지 않은 실상을 환기하고 나섰다.

더구나 한반도의 아열대화가 빠른 속도로 진행되고 국내 농작물 생태계가 무너지는 상황에서 주요 곡물 생산국들은 수출에 빗장을 걸고 자원 무기화에 나서는 기류다. 한국은 식량 안보 차원의 기후 대응 유전자 연구가 시급하다는 지적이 잇따른다. 밀, 콩, 옥수수를 비롯한 한국의 곡물 자급률(국내 소비 대비 생산 비중·2022년 기준)은 22.3%로 10년 새 3.8% 포인트 낮아졌다. 국내 소비 곡물의 77.7%는 수입한다는 얘기다. 특히 콩(7.7%), 옥수수(0.8%), 밀(0.7%) 자급률이 크게 낮다.

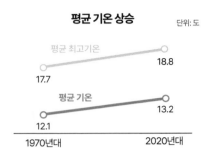

평균 기온 상승

단위: 도

평균 최고기온
17.7 → 18.8

평균 기온
12.1 → 13.2

1970년대   2020년대

*1970년대는 가용 데이터가 있는 1973년 이후 기준.   출처: 기상청

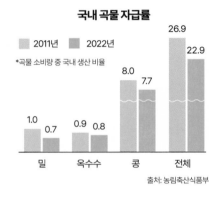

국내 곡물 자급률

■ 2011년   ■ 2022년
*곡물 소비량 중 국내 생산 비율

밀: 1.0 / 0.7
옥수수: 0.9 / 0.8
콩: 8.0 / 7.7
전체: 26.9 / 22.9

출처: 농림축산식품부

농산물을 이용해 노화를 예방하는 제품을 만드는 차세대 산업 분야에도 기회가 크다는 분석이 나온다.

과일 등 농작물을 이용해 고부가가치 화장품을 만드는 씨에스컴퍼니의 김성환 대표는 "팬데믹 사태 이후 화장품 업계에는 클린 뷰티 트렌드가 자리 잡았고, 2024년에는 화학적 원료를 뺀 이른바 '슬로 뷰티'가 새로운 트렌드로 확산되고 있다"며 "느리지만 안전한 제품을 선호하는 수요가 국내는 물론 해외로 빠르게 퍼지고 있는데 이 분야의 성장성을 낙관적으로 보고 있다"고 말했다.

기업 자금에 숨통,
기술특례상장 요건 완화

한국 바이오 업계는 자금 조달의 어려움으로 심각한 위기에 직면해 있다. 기술 중심 산업에서 가장 중요한 연구개발(R&D)에 필요한 자금을 확보하는 데도 어려움을 겪고 있는 수준이다. 이처럼 꽉 막힌 자금줄을 풀지 못한다면 한국 바이오산업의 성장과 혁신은 공염불이 될 수밖에 없다.

한국바이오협회에 따르면 2024년 국내 바이오 회사는 가장 큰 애로 사항으로 자금 부족을 꼽았다. 59개사가 응답한 가운데 과반이자 가장 많은 55.9%가 자금 문제를 지적했다. 후순위인 복잡한 인허가 절차(15.3%), 기술 이전 등 사업화 경험 부족(13.6%), 전문 인력 부족(8.5%)과 응답 비중 차이가 커 산업 현장에서 유동성 문제가 심각함을 보여줬다. 바이오산업 활성화를 위한 정부의 역할이 무엇인지에 대한 질문에도 자금 지원(40.7%)이 가장 큰 지지를 받았다. 애로 사항과 마찬가지로 이어진 선택지와 지지 정도의 차이가 컸다. 바이오산업 규제 완화(23.7%), 중소기업·스타트업 육성(18.6%), 전문 인력 양성(6.8%), 국제 협력

생태계 구축(5.1%) 등이 다음 순이었다.

국내 바이오 기업 자금 조달에 있어 가장 큰 문제로 지적되는 것은 기술특례상장 제도다. 2005년 우수 기술 기업이 상장을 통해 자금을 조달할 수 있도록 기술상장특례 제도가 도입됐지만, 20년이 지난 현재까지 운영상 문제점을 깔끔히 해결하지 못했다는 지적이다.

기술상장특례 제도와 관련해 가장 우려를 끌었던 것은 정부와 한국거래소의 밸류업 프로그램이다. 윤석열 정부는 저평가된 한국 증시를 끌어올리기 위해 전방위적인 기업 가치 제고 프로그램을 기획했고, 그 일환으로 한국거래소는 상장 폐지와 관련된 개편안을 만들어 2025년 3월부터 시행하고 있다.

개편안 발표 전 주목을 끈 것은 상장 기업의 매출액 기준이다. 기존 코스피는 시가총액 50억 원·매출액 50억원, 코스닥은 시총 40억원·매출액 30억원 미만일 시 상장 폐지 조건에 해당했다. 바이오산업은 매출 발생과 이익 실현까지 다른 산업보다 더 많은 시간이 소요돼 해당 기준이 강화되는 것에 대한 우려가 컸다.

2024년 마지막 장이 열린 한국거래소 로비.

기술특례상장 기업이 상장 후 5년간의 매출액 면제 요건 종료에 대응하기 위해 본업과 무관한 사업으로 진출하거나 인수하는 사례가 잦았기 때문이다.

이에 한국거래소는 퇴출 요건을 코스피 시총 500억원·매출액 300억원, 코스닥 시총 300억원·매출액 100억원 미만으로 3년에 걸쳐 상향하면서도 코스피 시총 1000억원, 코스닥 시총 600억원 이상 기업에는 매출액 조건을 면제해줬다. 이번 개편에 따라 기술특례로 상장한 바이오 기업은 상장 이후 5년간 매출액 요건을 면제받다가 6년째 시총 600억원(코스닥) 또는 1000억원(코스피) 이상이 되면 계속해서 매출액 요건을 면제받을 수 있다. 금융당국이 완충 장치를 마련해 성장 잠재력이 큰 바이오 기업이 매출액 조건에 구애되지 않고 본연의 R&D에 힘쓸 수 있다는 점에서 바이오 업계의 큰 호응을 얻었다.

다만 상장 폐지 대상이 되는 관리종목 지정 기준 중 하나인 법인세 비용 차감 전 계속사업 손실(법차손) 관련 대책이 부재한 점에 대해서는 바이오산업에서 거센 볼멘소리가 나온다.

유럽제약산업협회(EFPIA)에 따르면 신약 개발에는 평균 약 13년이 소요된다. 가능성 있는 활성 물질을 발견한 이후 의약품을 시장에 내놓아 매출을 얻기까지의 시간이다. 바이오 R&D에는 시간뿐만 아니라 막대한 비용도 소요된다. EFPIA가 제시한 평균적인 신약 개발 비용은 19억2600만유로(약 3조원)에 달한다. 바이오 기업은 오랫동안 막대한 개발 자금을 투입하며 그에 따른 지속적인 손실을 감내해야 하는 셈이다.

이러한 산업적 특성 때문에 기술특례로 상장한 바이오 기업은 매출액 조건과 마찬가지로 법차손 규제를 충족시키지 못할 위험이 크다. 한국거래소는 코스닥 상장사가 최근 3년간 2회 이상 법차손이 자기자본의 50%를 넘으면 관리종목이 되도록 규정하고 있다. 코스피는 상장사가 최근 4개 사업연도 중 3회 이상 법차손이 자기자본의 50%를 초과하면 관리종목으로 지정한다.

한 회계법인에 따르면 기술특례로 코스닥 상장을 한 바이오 기업 중 2025년 기준 12곳이 법차손 규정을 위반할 가능성이 크다고 나타났다. 2022년과 2023년 법차손 규정을 한 번이라도 위반한 40개 코스닥 상장 바이오 회사의 2024년 1~3분기 재무제표를 분석한 결과다. 법차손 규정으로 인해 관리종목으로 지정된 바이오 기업은 2023년 1곳, 2024년 2곳에 불과해 12곳이 모두 지정될 시 사상 최대가 될 전망이다.

법차손을 상장 유지 기준으로 활용하는 국가는 전 세계에서 한국이 유일하다는 점에서도 제도 개선의 목소리가 거세다. 2024년 미국 나스닥에 상장한 200대 바이오 기업에 법차손 요건을 적용하니 32.5%가 관리종목 대상으로 분류됐다는 연구도 나왔다. 나스닥은 법차손 규정을 두지 않고 있다.

해법으로는 현실성을 고려해 법차손 규정의 폐지보다는 바이오산업의 특성을 고려한 요건 완화가 적합하다는 의견이 많다.

첫째는 현재 기술특례상장 기업에 부여되는 3년의 법차손 규제 유예 기간을 늘리는 방안이다. 장기 임상이 필요한 신약 개발 기업의 부담을 덜어줄 수 있다. 또 바이오 기업이 장기적인 관점에서 R&D와 임상 시험에 더 몰입하도록 기여할 전망이다.

또 다른 의견은 기술력 기반 평가 확대다. 재무제표만으로 기업의 상장 유지 여부를 판단하지 않고 기업의 기술력과 사업화 가능성, 임상 성과 등을 정성적으로 평가해 상장 유지 여부를 결정하자는 주장이다. 특히 임상 시험 성공이나 기술 이전 등 객관적인 성과가 있을 때는 관리종목 지정 기준을 탄력적으로 적용하면 부실 기업을 퇴출하는 상장 폐지 제도의 실질적 타당성을 높일 수 있다.

R&D 비용을 법차손 산정에서 제외하는 방안도 유력하게 거론된다. 바이오 기업처럼 R&D 비용이 많은 기업의 경우 해당 자금 흐름을 단순히 비용으로 볼 게 아니라 무형의 자산으로 인식하는 방식으로 회계에 반영해야 한다는 의견이다.

바이오 안보전 격화···
빈약한 원료 자급률 확대

4대 핵심 분야에 의약품 포함해
공급망 점검 저분자 의약용품
원료 의약품 25% 이상 역내 조달

핵심 의약품 목록 작성
민관 공통 '핵심의약품연합' 결성

공급망 구축 위한 스타트업 육성
경제안보법상 첨단 중요 기술에
바이오 기술 포함

의약품 공급망은 흔히 거미줄에 비유된다. 의약품 생산의 가치 사슬은 오랜 기간 촘촘한 국가 간 분업 체계가 구축됨에 따라 여러 국가가 얽히고설킨 관계를 이루고 있다. 의약품 생산의 가치 사슬은 '중요 출발 물질 및 중간체 → 원료 의약품(API) → 완제 의약품'의 과정으로 이뤄져 있다. 대부분의 제약 회사들이 이 가치 사슬의 전 과정에 참여하기보다는 일부 원료 물질을 수입해 가공하는 형태로 가치 사슬을 구축하고 있다.

원료 의약품의 생산은 주로 중국과 인도에서, 연구개발 및 완제 의약품의 생산은 미국과 유럽에서 진행된다. 이러한 의약품 생산의 구조적 불균형으로 인해 가치 사슬 일부의 문제가 의약품 전체 공급망에 미치는 영향이 클 수밖에 없다.

특히 코로나19 팬데믹은 제약 · 바이오산업의 전략적 가치의 중요성이 크게 부각되는 동시에 세계 주요국들이 의약품 공급망 관리의 필요성을 깨닫는 계기가 됐다.

2020년 중국 정부는 자국 내 팬데믹 확산에 대응해 일부 원료 의약품 공장의 생산 기지를 폐쇄했다. 인도는 즉각 반응했다. 자국에서 의약품 생산에 차질이 빚어질 것을 우려한 인도 정부는 항생제 등 의약품의 주성분에 해당하는 26개 품목의 수출을 중단했다. '세계의 약국'으로 통하는 인도지만, 인도 역시도 원료 의약품의 상당수를 중국에서 수입하는 처지다. 인도는 1990년대까지만 해도 원료 의약품과 완제 의약품을 자급자족해왔지만 2000년대 이후 원료 의약품의 수입 의존도가 70%까지 높아진 상태다. 이 가운데 3분의 2 이상은 중국에서 들여온다. 중국, 인도의 연쇄적인 원료 의약품 공급 중단 사태로 전 세계는 완제 의약

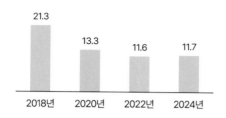

한국식 원료 의약품 등록(DMF) 비중

단위: %

- 2018년 21.3
- 2020년 13.3
- 2022년 11.6
- 2024년 11.7

출처: 식품의약품안전처

품 생산이 중단되고 필수 의약품 품귀 현상이 발생하는 등 혼란을 겪었다. 그간 부가가치가 낮아 중국, 인도에 생산을 맡겨오던 원료 의약품 분야가 '제2의 요소수'가 될 수 있다는 우려가 세계 곳곳에서 커진 것이다.

수급 문제 외에 품질 관리도 문제다. 중국과 인도가 상대적으로 가격 경쟁력이 중요한 원료 의약품 부문에서 과독점 지위를 유지할 수 있었던 건 상대적으로 저렴한 인건비와 느슨한 규제 환경 때문이다. 실제 낮은 품질로 건강을 위협할 수준의 심각한 문제가 원료 의약품에서 발견되면서 수입이 중단돼 어려움을 겪은 사례도 있다. 2018년 고혈압 치료제인 발사르탄 성분에서 세계보건기구(WHO)가 지정한 발암 우려 물질이 검출돼 식품의약품안전처에서 해당 물질을 이용해 만든 완제 의약품 생산과 판매를 중지시켰고 국내 제약 업계가 큰 곤란을 겪은 바 있다.

이 밖에도 주요 생산국에서 과독점적 지위를 이용해 갑작스럽게 몇몇 품목의 가격을 큰 폭으로 올리는 경우도 문제다.

실제 국내 약사의 98.6%가 의약품 수급 불안정을 체감한 적 있다는 조사 결과가 있다. 수급 불안정 의약품 중 국가필수의약품이 25%에 달한다는 연구 결과도 있다. 한국희귀필수의약품센터 조사에 따르면 의약품 공급·중단 이유로는 △국내외 제조원 문제(24.3%) △수요 증가(21.3%) △채산성 문제(14.8%) △원료 공급 불안 실제(14.6%) 등이 꼽혔다.

그럼에도 원료 의약품 자급률은 계속해서 낮아지는 추세다. 2018년 20%대였던 자급률은 절반 수준으로 떨어졌고, 이 기간 중국과 인도 2개 국가에 대한 의존도는 70%까지 높아졌다. 제약 업계 안팎으로 공급망 리스크를 우려하고 있지만 정작 국내에서 제조되는 의약품 중 중국과 인도산 원료를 활용해 만든 제품은 오히려 늘고 있다는 의미다. 의약품 공급망의 중요성이 증가함에 따라 주요국들은 국가 안보 차원에서 원료 의약품 생산 등 바이오 기술의 위상을 격상시키고 있다. 2021년 미국 정부가 행정명령을 통해 원료 의약품을 반도체, 배터리, 필수 광물과 함께 4대 전략 산업으로 지정하고 국내 생산 전략 등을 잇달아 발표하고 있는 게 단적인 사례다. 2022년에는 당시 조 바이든 대통령이 바이오 제조 강화 이니셔티브 행정명령을 발표하고 원료 의약품 자급화를 추진했다. 이어 미국 원료의약품혁신센터는 '5년 내에 모든 저분자 원료의약품의 25%를 미국으로 리쇼어링한다'는 내용을 골자로 한 보고서를 공개하기도 했다.

인도 역시 주원료의 70%를 중국에 의존하는 구조를 탈피하기 위해 생산연계인센티브(PLI) 제도를 원료 의약품에도 적용했다. 인도에서 제조되는 제품의 매출 증가분과 투자의 일정 비율을 최장 6년간 보조금으로 지급하는 방식으로 인도 내 제조 역량을 끌어올리겠다는 전략이다.

특히 PLI 제도는 단기간 내에 속속 성과가 가시화하고 있다. 인도의약품제조업협회(IDMA)에 따르면 인도 정부가 PLI 제도의 적용 범위를 원료 의약품으로 확대한 이후 현지에서 파라아미노페놀을 생산하는 시설이 1곳에서 3~4곳으로 늘었다. PLI 제도를 통해 기업에 매출, 생산에 따른 자금을 지급한 결과다. 파라아미노페놀은 해열진통제인 타이레놀의 중간체다. 인도의 신용평가기관인 ICRA는 인도가 4~5년 내에 중국에서 들여오는 원료 의약품을 25~30% 낮출 수 있을 것으로도 전망하기도 했다.

일본도 의약품 자급률을 확대하기 위해 공을 들이고 있다. 일본 제약사는 기존에도 원료 의약품을 자국 기업에서 공급받는 비중이 높다. 원료 의약품을 수입한다 해도 인도와 중국이 아닌 유럽과 대만 등에서 들여오는 분위기다. 하지만 일본 정부의 약가 인하 정책 탓에 최근 가격이 저렴한 중국과 인도의 원료 의약품을 찾는 제약사가 늘고 있다. 이에 일본 정부는 주요 의약품의 약가를 일정 금액 아래로 낮추지 않는 정책을 검토 중이다.

의약품 공급망을 불안하게 하는 건 비단 원료 의약품만의 문제만은 아니다. 원료 의약품과 더불어 의약품 공급망의 뿌리를 이루는 '소부장(소재·부품·장비)' 역시 국산화율은 5% 수준에 그치고 있다. 의약품 주권의 차원이 아니더라도 낮은 자급화율이 뼈아픈 이유는 또 있다. 국내 대기업을 중심으로 CDMO 기업들이 급성장 중인 상황에서 그 과실을 외국계 바이오 소부장 업체들에 모두 빼앗기고 있다는 점이다. 2030년 CDMO 매출 1위 국가 도약을 목표로 삼은 CDMO 강국임에도 정작 그 효과가 국내 기업으로 이어지지 않는 구조로 인해 한국 제약·바이오가 차세대 먹거리로 발돋움하는 데는 한계가 있다는 지적이다.

바이오 의약품 CDMO 산업은 생산 시설을 운영하기 위해 크고 작은 생산 설비와 일회용 소모품들이 대량으로 필요하다. CDMO 기업마다 최적의 수율이 나올 수 있는 원·부자재 공급 업체가 필요하기 때문에 이에 협력하는 CDMO 기업과 소위 바이오 소부장은 서로 뗄 수 없는 비즈니스 파트너 관계인 것이다.

한국 CDMO 산업의 성장이 외국계 기업의 배만 불리고 있다는 지표도 충분하다. 실제 2020~2023년 써모피셔, 머크, 싸토리우스 등 글로벌 바이오 소부장 빅3의 한국 매출은 급성장하고 있다. 2023년 3사 한국 매출은 2020년 대비 무려 45%나 성장했다. 같은 기간 국내 바이오 소부장 업계의 매출은 답보 상태였다는 게 대체적인 평가다.

주요 외국계 바이오 소부장 업체들은 바이오 의약품용 세포 배양에 필요한 배지, 정제에 필

요한 레진, 필터 등을 만든다. 써모피셔는 주로 삼성바이오로직스에, 머크는 셀트리온과 삼성바이오에피스 등에 배지를 공급한다. 필터는 머크와 싸토리우스 등이 시장을 이끌고 있다.

이들 업체는 한국에 대한 투자도 늘리며 시장에 공을 들이고 있다. 머크는 대전에 4300억 원을, 싸토리우스도 인천 송도에 3억달러를 투자해 바이오 소부장 생산 및 연구 시설을 만들기로 한 상태다.

한국 시장에 공을 들이는 것은 인천 송도가 세계 최대의 바이오 의약품 생산 기지로 꼽히기 때문이다. 송도는 단일 도시 기준 세계 최대 규모인 100만ℓ 이상의 바이오 의약품 생산 용량을 갖추고 있다. 이는 2위인 미국 매사추세츠주의 두 배에 가까운 수치다. 한국에는 세계 최대 생산능력을 갖춘 바이오 의약품 CDMO 기업인 삼성바이오로직스 공장이 있고, 셀트리온, 삼성바이오에피스와 같은 세계 선두권의 바이오시밀러 기업, SK바이오사이언스 등 백신 기업들이 자리하고 있다. 그만큼 소부장 수요가 탄탄하다는 의미다.

한국도 더는 지체할 시간이 없다. 업계에서는 의약품을 항시 자립할 수 있는 상태로 운영하며 '제약 주권'을 지키려면 원료 의약품 자급률을 최소 50% 이상으로 끌어올려야 한다고 보고 있다. 원료 의약품의 해외 의존도를 줄이기 위해서는 현재 국가 필수 의약품에 한정된 국산 원료 사용 의약품에 대한 약가 우대 정책을 전문 의약품 등으로 확대하는 보다 실효성 있는 대책이 요구된다. 약가 우대와 같은 간접적인 지원책을 넘어 국내 원료 의약품 생산 업체를 지원하는 직접적인 지원책도 필요하다.

바이오 소부장 분야도 마찬가지다. 기술 컨설팅을 비롯해 소부장 업체들이 트랙 레코드를 확보하기 위한 지원이 필요하다. 무엇보다 수요 기업이 소부장 기업과 긴밀하게 소통하며 적극적인 기술 컨설팅을 진행해 함께 성장하는 생태계를 조성하는 것이 중요하다.

실제 삼성바이오로직스와 셀트리온 등이 국내 소부장 업체와의 협업에 나서고 있다. 삼성바이오에피스는 '소부장 테스트 프로그램'을 통해 소부장 기업에 무료로 품질 개선 컨설팅을 하고 있다. 삼성바이오로직스는 미국 싸이티바·써모피셔, 독일 머크·싸토리우스 등의 국내 공장 유치를 주도했고 해외 생산 물량을 국내로 전환 중이다. 셀트리온이 소부장 업체의 샘플링백과 싱글유즈플랜트 등 국산화를 지원해 직접 사용한 사례도 있다.

소부장 기업들의 밸리데이션 지원이 소부장 자급률 향상에 효과적이라는 분석도 있다. 밸리데이션이란 소부장 공급 기업이 자체적으로 만든 제품을 수요 기업의 생산 라인에 적용해 제품의 품질을 검증하고 문서화하는 것을 뜻한다. 제품이 신뢰도를 얻어 실제 생산 라인에 적용하려면 밸리데이션이 반드시 필요한 셈이다.

다만 밸리데이션을 진행하기 위해서는 생산라인을 중단시켜야 하기 때문에 수요 기업으로서는 수억 원에 달하는 부담을 감수해야 하는 실정이다. 많은 수요 기업들이 새로운 소부장을 도입하기 위해 밸리데이션을 진행하기보다는 기존 제품을 지속해서 사용하는 것도 이러한 이유에서다. 이 때문에 소부장 업체뿐 아니라 수요 기업들의 부담을 덜어줄 수 있는 지원책이 필요하다는 지적이다. 바우처 등을 통해 밸리데이션 등 신규 소부장 도입 과정에서 소요되는 비용을 보전해주거나 관련 인허가 간소화, 세제 혜택을 주는 방법 등이 거론된다.

최근 공장 준공으로 배지·레진 국산화의 포문을 연 아미코젠과 같은 소부장 업체의 성공 사례가 반복되는 것도 중요하다. 아미코젠은 2024년 인천 송도와 전남 여수에 각각 바이오 의약품 제조용 배지와 레진 생산 공장을 준공했다. 배지는 세포 배양을 위해 삼투압, 영양소 등 필요한 환경을 조성해주는 원료다. 레진은 세포주에서 단백질을 분리 및 정제하는 소재다. 배지와 레진 모두 바이오 분야 핵심 원료로 꼽힌다. 아미코젠은 바이오 의약품 소부장 국산화 국책 과제 수행을 통해 독자적인 배지 및 레진 생산 기술을 개발했다. 업계에서는 아미코젠과 같은 기업들의 도전이 시장 안착으로 이어지는 성공 사례가 나와야 소부장 업체들의 도전기도 이어질 것으로 기대한다.

가지이 야스시
다케다제약 일본 R&D총괄 사장

"
세계 최초 만능줄기세포 치료
술 상용화 목표
"

바이오 혁신의 밑거름은 기초 과학이다. 제약사가 기초 과학 분야와 얼마만큼 유기적으로 협업하는 지에 따라 성장 속도가 달라지고 있다. 일본 바이오산업을 선도하는 다케다제약은 2016년부터 야마나카 신야 교토대 교수와 함께 유도만능줄기세포 (iPSC)를 연구하는 T-Cira 프로그램을 진행하고 있다. T-Cira 프로그램은 2026년 혁신적인 당뇨병 치료술이자, 세계 최초 iPSC 기술 상용화를 목표로 하고 있다.

야마나카 교수는 iPSC를 발견한 공로로 2012년 노벨 생리의학상을 받은 석학이다. iPSC는 성인 환자 본인의 피부 조직에서 추출할 수 있다. 피부세포의 시간을 거꾸로 돌려 인간 배아줄기세포처럼 인체

어느 것으로든 성장할 수 있는 만능세포로 만든 게 iPSC다. 이에 이론적으로 모든 장기를 대체할 수 있는 데다 배아줄기세포와 달리 연구 윤리 문제가 없다.

마법의 기술로 표현되는 iPSC 연구의 최전선 상황을 알아보기 위해 2025년 1월 일본 오사카 다케다제약 본사를 방문해 가지이 야스시 일본 R&D총괄 사장을 만났다.

▶iPSC 연구개발은 어디까지 진척이 됐나.

ㅡ다케다제약의 스핀오프 회사인 오리즈루가 iPSC를 이용한 제I형 당뇨병 치료술 상용화를 준비하고 있다. 1형 당뇨병은 췌장 내 췌도에서 혈당을 조절하는 인슐린을 만들어내지 못해서 생기는 병이다. 현재는 장기 이식만이 유일한 완치 수단인데 기증자 부족 문제로 혜택을 받는 사람은 극히 소수다. 오리즈루가 임상에 돌입한 신기술은 iPSC를 이용해 췌도를 만들어 환자에게 이식하는 방식이다. 지금까지 큰 진전이 있었기 때문에 1년 내 상용화를 기대하고 있다.

▶1형 당뇨병 다음으로 상용화를 전망하는 기술은 무엇인가.

ㅡiPSC로 심근세포를 만든 뒤 심부전증 환자에게 이식하는 치료술을 기대하고 있다. 이러한 iPSC를 이용한 장기 이식은 환자 자신의 세포를 사용하기 때문에 타인의 장기를 이식하는 것과 달리 면역 거부 반응에 대한 우려가 적은 장점이 있다.

▶iPSC는 환자 개인의 세포를 이용해야 하니 비용 문제가 클 것 같다.

ㅡ비용을 낮추는 방안도 중요하게 고려해 해당 연구를 진행하고 있다. 특히 iPSC 세포를 배양하

는 데 있어 자동화가 이뤄지고 있는데 기대가 크다. 궁극적으로 다케다제약의 목표는 많은 사람이 iPSC의 혜택을 받게 하는 것이다. 인공지능(AI) 등 여러 기술의 진척 상황을 볼 때 충분히 가능하다고 생각한다.

▶다케다제약이 iPSC 기술에서 가장 기대하는 분야는 무엇인가.

–iPSC 기술의 가장 큰 장점은 개별 환자의 질병을 대상으로 임상을 진행할 수 있다는 점이다. 예를 들어 iPSC를 사용해 환자의 뇌를 새로 만들 수 있다. 치료법을 연구할 수 있는 복제 장기인 셈이다. 이를 통해 질병이 걸린 뇌에서 어떤 일이 일어나는지 알 수 있다. 또 정상 뇌와 비교 작업을 진행해 특정 질병이 발병하는 가장 중요한 요인은 무엇인지 이해할 수 있다. 결국 질병 상태를 정상으로 되돌리는 치료법 개발도 수월해질 것이다. 즉 iPSC는 윤리적인 문제가 없는 정확한 질병 모델 구축에 기여해 바이오산업을 전반적으로 도약시킬 수 있다.

▶T–Cira 프로그램에서 다케다제약과 교토대 각각의 역할 분배는 어떠한가.

–교토대 연구진은 혁신적인 아이디어와 iPSC에 대한 깊은 지식을 가지고 있다. 다케다제약 과학자들은 생산 과정을 설계하고 안전성 데이터를 확보하는 등 어떻게 상용화해야 할지에 전문적이다. 또 다케다제약은 교토대 연구진에게 연구비와 함께 최신 연구 시설을 사용할 수 있도록 지원하고 있다.

▶T–Cira 프로그램에 대한 내부 평가는 어떠한가. 그러한 평가의 중요 요인은 무엇인가.

–T–Cira 프로그램은 다케다제약 내부에서 성공적인 프로그램으로 평가받는다. 다만 야마나카 교수라는 강력한 리더가 있었기에 가능했다고 여겨진다. 야마나카 교수는 다케다제약이 원하는 바를 이해하고 제공했다. 대부분의 산학 협력 프로그램은 야마나카 교수처럼 강력한 리더를 활용할 수 없다.

▶야마나카 교수는 최근 제프 베이조스 아마존 창업자와도 협력하는 것으로 안다. 업무적으로 충돌할 가능성은 없나.

—야마나카 교수가 제프 베이조스의 역노화 연구 기관인 알토스랩스와 협업 중인 것은 사실이다. 다만 T-Cira 프로그램과 겹치지 않아 문제가 될 것이 없다. 야마나카 교수가 발견한 야마나카 인자를 성체 세포에 꾸준히 투입하면 iPSC가 된다. 만약 잠깐 노출하면 일부 노화된 특성만 되돌아가는 현상을 보인다. 다케다제약은 전자를, 알토스랩스는 후자를 연구하고 있다.

▶한국 바이오산업의 장점은 무엇이라고 생각하는가.

—한국은 한번 어떠한 방향이 정해지고 나면 빠르게 밀고 나가는 추진력이 있다. 일부 생명 공학 분야에서는 매우 뛰어난 기술력을 보유하고 있다고 알고 있다. 해당 기술을 다케다제약에 어떻게 적용할지는 앞으로 심도 있게 검토해야 할 사항으로 판단 중이다.

▶한국 바이오 기업과 협업 중이지는 않나.

—일본 가나가와현에 다케다제약이 중추가 된 민간 바이오 클러스터 쇼난 아이파크가 있다. 다케다제약이 제공하는 최신 연구 시설을 함께 사용할 수 있는 곳인데 한국 기업도 몇 개 입주해 있다.

추가로 다케다제약은 전 세계적으로 연구 협력을 진행하고 있으며 수많은 외국인 연구 인력도 두고 있다. 일본 본사에서도 공식적인 언어로 영어를 사용할 정도다. 즉 다케다제약은 글로벌 바이오 기업이다. 다만 일본에 기초해 있다는 점은 부정할 수 없다. 한국은 일본과 동일한 시차라는 점에서 주목 중이다. 시차를 고려할 시 다른 국가 대비 효율적인 협력이 가능하므로 앞으로 더 많은 협력 사례가 이어질 것으로 전망한다.

이승구
한국생명공학연구원
합성생물학연구소장

"
첨단바이오 시대 게임 체인저,
합성생물학 활용도 높아
"

이승구 한국생명공학연구원 합성생물학연구소장은 합성생물학을 위한 유전자 회로 및 효소공학 연구의 권위자다. 한국과학기술원(KAIST)에서 생명공학 박사 학위를 받고 1996년부터 한국생명공학연구원에서 활동하며 다양한 연구 성과를 내고 있다. 특히 그는 단일 세포에서 미량 효소 활성을 빠르게 탐색할 수 있는 지능형 유전자 회로(GESS) 기술 개발을 주도하는 등 바이오 센서와 대사 제어, 생물공정 기술 발전에 기여하고 있다. 최근에는 AI 기반 자동화 시스템을 활용한 바이오 파운드리 연구를 통해 합성생물학 연구의 속도와 규모를 혁신적으로 확장하고 있다.

그는 또 한국효소공학연구회 회장을 역임하며 학계와 산업계 간 협력도 적극 추진해 왔다. 이외에 영국 등 해외 연구 기관과의 협력 연구를 통해 합성생물학 분야의 국제적 위상을 높이는 데 기여하고 있다.

▶합성생물학이 기존 생물학과 다른 점은 무엇인가.
–기존 생물학은 자연에 존재하는 생명체와 유전 정보를 관찰하고 분석하는 방식으로 발전해 왔다. 특정한 환경에서 유용한 기능을 하는 미생물을 찾아내거나 자연적으로 생성된 항생 물질을 분리해 의약품을 개발하는 식이다. 예를 들어 특정 질병을 치료할 수 있는 미생물이나 천연 화합물을 찾는 과정이 이에 해당한다. 말하자면 자연에 있는 것들을 스크리닝(선별)해서 최적의 것을 찾아내는 방식을 활용하는 것이다.

반면 합성생물학은 단순히 자연에서 유용한 생물학적 요소를 찾는 것이 아닌, 필요한 기능을 직접 설계하고 제작하는 방식을 추구한다. 즉 자연에 존재하지 않던 새로운 유전자, 세포, 혹은 생명 시스템을 디자인하고 이를 인공적으로 합성해 원하는 기능을 수행하도록 만드는 것이다.

과정은 크게 설계–제작–시험–학습이라는 'DBTL(Design, Build, Test, Learn)' 개념을 따른다. 우선 1단계는 DNA, 단백질, 또는 세포 수준에서 원하는 기능을 수행하도록 설계한다. 이후 2단계는 설계한 유전자를 합성하고, 세포에 삽입해 새로운 생물 시스템을 제작한다. 3단계는 생성된 생명체나 분자가 예상대로 작동하는지 실험을 통해 검증한다. 마지막 4단계는 실험 결과를 바탕으로 데이터를 축적하고, AI 등을 활용해 더욱 정밀하게 개선한다.

정리하자면, 기존 생물학은 생물체의 유전 정보를 연구하고, 이를 바탕으로 질병 치료, 생태계 이해, 환경 보호 등에 활용하는 것이 주된 목표였다. 하지만 합성생물학은 공학적 접근법을 통해 생명체를 조작하고 이를 다양한 산업에 활용하는 것을 목표로 한다.

이러한 합성생물학의 발전을 이끈 것은 단연 정보와 기술이다. 유전자 서열 분석 기술과 AI가 발달하면서 우리는 생물학적 데이터의 복잡성을 분석하고, 이를 바탕으로 새로운 생물학적 기능을 설계할 수 있게 됐다. 또한 나노 기술, 로보틱스, 바이오칩 등의 발전으로 우리가 원하는 생물학적 시스템을 직접 만들 수 있게 됐다.

▶현재 미국, 중국, 한국 등 국가별 합성생물학의 기술 수준은.

-현재 합성생물학 분야에서는 기술적으로 미국이 가장 앞서 있으며, 중국이 빠르게 뒤를 쫓고 있다. 상대적으로 한국은 이제 전략적으로 육성을 시작한 단계다.

구체적으로 미국은 정부와 민간 기업이 합성생물학 연구와 산업화에 적극적으로 투자하고 있으며, 특히 바이오 파운드리 구축에 있어서는 독보적인 경쟁력을 가지고 있다. 대표적인 기업으로 깅코바이오웍스가 있는데, 이곳은 합성생물학 기술을 활용해 산업용 미생물 개발, 신약 연구, 친환경 소재 생산 등 다양한 분야에서 성과를 내고 있다. 또한 미국 국방부 산하 국방고등연구계획국(DARPA)과 같은 기관에서도 합성생물학을 국가 안보 및 산업 경쟁력 강화의 핵심 기술로 보고 연구를 지원하고 있다. 최근에는 AI와 데이터를 활용한 합성생물학 연구도 활발히 진행 중이며, 이를 통해 신약 개발, 바이오 연료 생산 등 분야에서 혁신을 주도하고 있다.

중국의 공세도 강하다. 중국 정부는 합성생물학을 미래 핵심 산업으로 지정하고 대규모 투자를 아끼지 않고 있다. 특히 유전자 편집 기술, 미생물을 활용한 바이오 연료 및 화학 물질 생산, 인공 세포 연구 등에 집중하고 있다. 미국과 마찬가지로 바이오 파운드리를 대규모로 구축해 연구개발 속도를 높이고 있으며, 이를 통해 빠른 산업화가 이뤄지고 있다. 중국의 가장 큰 강점 중 하나는 대량 생산 능력과 저비용 운영이 가능하다는 점이다. 그만큼 바이오산업에 합성생물학 기술을 접목해 새로운 시장을 창출하는 데 유리한 위치를 차지하고 있다.

한국은 미국 등과 견줘 상대적으로 늦게 시작했지만, 최근 합성생물학을 국가전략기술로 선정하고 연구개발을 강화하고 있는 단계다. 현재 정부 주도 하에 바이오 파운드리 구축 사업이 본격적으로 추진되고 있으며, 1200억원 규모의 예비타당성조사(예타)를 통과해 연구 인프라를 확충하는 작업이 진행되고 있다.

▶국내 바이오산업에는 합성생물학이 얼마나 활용되고 있나.

-안타깝게도 현재까지 한국의 합성생물학 연구는 주로 미생물 기반의 대사공학 분야에 집중돼 있으며 미국이나 중국처럼 신약, 친환경 소재, 에너지, 식량 산업과의 연계가 활발하지 않은 편이다. 합성생물학은 다양한 산업 분야에 적용될 수 있는 기술이지만, 한국에서는 아직 특정 분야에 국한된 경향이 있다. 이 지점에서 현재 진행 중인 바이오 파운

드리 구축이 합성생물학의 다변화된 활용을 돕는 중요한 역할을 할 것으로 기대한다.

▶가령 합성생물학을 제약·바이오와 연계한다면.

–아주 유망한 타깃이다. 현재 원료 의약품의 상당 부분이 중국과 일본에서 수입되고 있는데, 미국도 공급망 문제를 해결하기 위해 원료 의약품을 자체 생산하려는 움직임을 보인다. 기존 화학적 합성 방식은 환경 규제 문제와 높은 비용으로 인해 어려움이 많다. 하지만 합성생물학을 활용하면 생물학적 경로를 통해 상온·상압에서 원하는 화합물을 생산할 수 있다. 다만 자연에서 존재하는 생물들은 우리가 원하는 기능을 최적화하도록 진화한 것이 아니기 때문에 이를 인위적으로 조정해 효율성을 높이는 과정이 필요하다. 과거에는 변이 유도를 통해 원하는 특성을 찾아내는 방식이었지만, 이제는 AI와 데이터 기반으로 최적의 디자인을 직접 설계할 수 있게 됐다.

▶합성생물학은 바이오의 또 어떤 분야에서 혁신을 이끌 것으로 보나.

–합성생물학은 특정 제품을 만드는 기술이라기보다는 다양한 분야에서 혁신을 가능하게 하는 '기반 기술'로 봐야 한다. 마치 AI가 여러 산업에서 변화를 주도하는 것과 같다. 현재는 의약품, 탄소 중립, 에너지, 환경 문제 해결 등 다양한 영역에서 활용 가능성이 논의되고 있다. 다만 단순히 "합성생물학이 모든 것을 가능하게 한다"는 식의 막연한 접근이 아니라, 구체적인 타깃을 정하고 이를 현실화할 방법을 찾아야 한다. 예를 들어 합성생물학을 활용해 기존 화학적 공정을 대체할 수 있는 효율적인 방법을 찾거나, 새로운 바이오 소재를 개발하는 등

의 방식이 될 수 있다.

▶이를 실현할 바이오 파운드리의 역할이 클 듯하다.

–그렇다. 바이오 파운드리는 합성생물학 연구개발을 효율적으로 수행하기 위한 중요한 인프라다. 연구 효율성 향상과 다양한 산업 분야로의 적용 확대를 통해 바이오산업의 성장을 견인하는 중요한 임무를 수행한다. 그만큼 우리가 바이오 파운드리 구축에 힘을 싣지 않을 이유가 없다. 반도체 산업에서 TSMC가 이를 실현하는 플랫폼 역할을 하는 것처럼 바이오에서도 강력한 파운드리를 가진 나라가 국제 경쟁력을 갖게 될 것이다.

전 국민 세포은행 설립,
세포치료 시장 선점

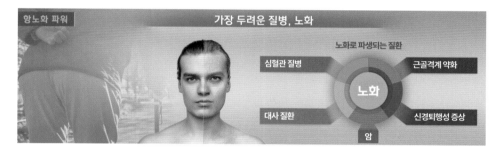

무병장수. 이는 영원한 인류의 꿈이다. 인류는 역사 이래 병과 노화, 죽음을 극복하고자 끊임없이 노력해 왔다. 대표적인 사례가 세계 최고 갑부 두 손가락에 드는 제프 베이조스 아마존 창업자의 최대 관심이 불로장생 연구라는 점이다. 베이조스는 2021년 아마존 경영 일선에서 물러나 노화 예방과 관련된 기술에 관심을 두고 생명공학 스타트업에 대규모 투자를 이어온 것으로 알려져 있다. 특히 베이조스는 2021년 유전자 리프로그래밍 기술을 연구하는 '알토스 랩스'에 수백만 달러를 투자했다. 그는 2018년에도 항노화 신약을 개발하는 바이오테크 기업 '유니티테크놀로지'에 투자한 바 있다.

이런 투자 행보는 베이조스가 아마존 CEO에서 물러난 이후 노화 예방 및 생명 연장 연구에 적극적인 관심을 보이고 있음을 가리킨다. 그는 당시 아마존 주주들에게 보낸 퇴임사에서 영국 진화생물학자인 리처드 도킨스의 어록을 인용했다. 생명체가 죽음을 피하려 노력하지 않는다면 자율적인 존재로 살아가지 못할 것이라는 문구다. 이는 인류가 스스로의 생명과 운명을 주도적으로 관리하며, 병과 죽음이라는 자연적인 한계를 넘어서기 위해 더욱 적극적인 도전과 혁신이 필요하다는 뜻이다.

무함마드 빈살만 사우디아라비아 왕세자도 항노화 연구에 주도적인 인물이다. 일례로 빈살만 왕세자가 2018년 왕명으로 설립한 헤볼루션재단은 노화 연구와 건강 수명 연장 및 과학을 지원하기 위해 매년 최대 10억달러(약 1조 3000억원)를 투자하는 비영리 단체다. 2022년부터 본격적인 운영에 들어간 이 재단은 'Health'(건강)와 'Evolution'(진화)의 결합어로, 건강한 삶의 연장을 목표로 하는 빈살만 왕세자의 비전이 담겨 있다. 이 재단은 건강수명을 연장해 사람들이 더 오랜 기간 동안 건강한 삶을 누릴 수 있도록 하는 것을 목표로 한다. 특히 이 재단은 단순히 과학적 성과를 넘어 사우디아라비아의 글로벌 영향력을 확대하고 석유 의존도를 줄이는 새로운 산업 기반을 마련하려는 빈살만 왕세자의 전략적 비전과도 연결된다.

빌 게이츠 마이크로소프트 창업자 역시 노화 방지 연구와 관련된 생명공학 스타트업에 투자하며, 글로벌 보건 문제 해결과 생명 연장 기술에 큰 관심을 두고 있다. 예를 들어 게이츠는 2018년 노화 세포 제거를 통해 관절염, 안구 질환 등 항노화 치료약을 개발하는 유니티 바이오테크놀로지의 초기 투자자로 참여한 바 있다. 이 회사는 세포 노화의 주요 원인인 노화 세포를 없애 노화를 늦추거나 되돌리는 기술을 연구한다.

래리 엘리슨 오라클 공동 창업자 역시 노화 방지 연구에 최소 3억7000만달러를 기부하며 생명 연장 기술 개발을 지원하고 있다. 엘리슨이 1997년 노벨상 수상자인 분자생물학자 조슈아 레더버그와의 협력을 통해 '엘리슨메디컬재단'을 설립한 게 대표적이다. 이 재단은 노화 생물학과 관련된 기초 생물의학 연구를 지원하기 위해 만들어졌다. 당시 엘리슨은 죽음은 이해할 수 없는 개념이라며, 인간 생명을 연장하는 연구에 깊은 관심을 보인 바 있다. 이 재단을 통해 연구자들은 줄기세포, 텔로미어, 장수 유전자, DNA 및 미토콘드리아 손상, 알츠하이머병, 신경 퇴행성 질환 등 다양한 항노화 연구를 진행했다.

스스로 불로장생을 꿈꾸며 신체 개조에 나선 인물도 있다. 브라이언 존슨 브레인트리 창업자 얘기다. 그는 연간 약 200만달러를 자신의 항노화 프로젝트에 투자하며, 혈장 교환과 같은 실험적 기술을 통해 신체를 10대 수준으로 되돌리는 것을 목표로 하고 있다. 프로젝트 이름은 '프로젝트 블루프린트'다. 2021년부터 그는 자신의 생물학적 나이를 되돌리고 건강 수명을 연장하기 위해 다양한 방식의 항노화 프로그램을 수행하고 있다. 식단, 운동, 수면 방식 개선 외에도 혁신적인 의료 기술을 활용해 신체를 건강하고 젊게 만드는 변화를 주도하고 있다. 가령 그는 혈장 교환, 줄기세포 주사, 유전자 치료 등 실험적 기술을 포함해 매일 100개 이상의 보충제를 섭취하고 엄격한 채식 기반 식단을 따르고 있다. 그 덕에 그의 생물학적 나이는 2025년 현재 50세를 바라보고 있음에도 심장(37세), 신장(35세), 갑상선(23세) 등 여러 장기의 나이가 평균 30대로 젊게 평가됐다. 또한 그의 노화 속도는 0.64로, 이는 20대의 상위 1% 수준이라는 게 시장 분석이다.

인류 노화를 늦추고 생명 연장을 위한 움직임

은 과학계에서도 두드러진다. 일례로 구글의 바이오 자회사 칼리코는 인간 수명을 연장하고자 늙지 않는 특성을 가졌다고 알려진 벌거숭이두더지쥐를 연구했다. 이 회사는 벌거숭이두더지쥐의 노화 저항 메커니즘을 인간에게 적용해 수명을 극적으로 늘리는 것을 목표로 하고 있다.

이와 관련해 칼리코는 2018년 국제 학술지 '이라이프'에 벌거숭이두더지쥐의 노화 특성에 대한 연구 결과를 발표한 바 있다. 이 연구에서는 벌거숭이두더지쥐가 나이가 들어도 사망 위험률이 증가하지 않는다는 점을 밝혀냈다.

여러 국가에서 노화 관련 연구와 관련 치료제 개발이 한창이다. 2025년 3월 국제 학술지 '사이언스 어드밴시스'에서 뇌의 노화 속도와 관련한 유전자들을 발견하고 연구 결과를 발표했다. 정싱황 중국 저장대 컴퓨터과학기술대 교수 연구팀은 항노화 치료제의 표적이 될 수 있는 유전자들을 선별하고자 혈액 세포 유전자 2682개와 뇌 조직 유전자 2915개를 분석했다. 그 결과 연구팀은 뇌 나이와 연관이 있는 유전자 64개를 발견했다.

국내에서도 관련 연구가 활발하다. 2024년에는 전신 노화 역전 분야 권위자인 김동익 성균관대 석좌교수가 건강한 피를 만들어 노화를 막는 치료제 신약 개발에 나섰다. 2028년 임상 1상에 진입하는 게 목표다.

또 광주과학기술원(GIST)은 류동렬 의생명공학과 교수 연구팀이 이현승 충남대병원 내분비내과 교수팀, 최동욱 고려대 생명공학부 교수

팀, 에이치이엠파마, 아모레퍼시픽 연구진과의 공동 연구를 통해 장내 미생물이 노화를 늦추고 건강에 미치는 긍정적 효과를 규명했다고 2025년 1월 발표했다.

연구팀은 유산균 생균이 생산하는 대사체에 주목해 장내 공생미생물이 생성하는 대사산물인 3-페닐락틱산(PLA)이 미토콘드리아 항상성을 강화해 근감소증과 같은 노화 관련 질환의 개선에 중요한 역할을 할 수 있음을 확인했다. 미토콘드리아 항상성 강화는 PLA 투여군에서 대조군 대비 산소 소비량이 1.5배, ATP 생성량이 1.8배 증가한 수치로 입증됐는데, 연구진은 PLA가 근감소증 치료제 개발뿐만 아니라 건강한 노화를 위한 기술의 발전에도 크게 이바지할 것으로 기대하고 있다.

이처럼 글로벌 기업과 석학들이 '꿈의 기술'로 꼽히는 항노화 기술에 속속 도전하는 것은 전 세계적으로 고령화 추세가 가파르게 진행되고 있어서다. 한국은 2024년 12월 행정안전부 집계 기준 주민등록 인구 중 65세 이상 고령층 비중이 처음으로 20%를 넘어 공식적으로 초고령사회에 진입했다. 이는 아시아에서는 일본에 이어 두 번째이며, 특히 고령화 진행 속도 면에서는 세계에서 가장 빠른 것으로 나타났다. 통계청은 이런 추세가 지속될 경우 2050년에는 65세 이상 인구 비중이 40%를 넘어설 것으로 전망했다. 2072년에는 그 비중이 50%에 임박할 수 있다는 관측까지 나온다. 이 같은 현상은 미국, 중국, 유럽 등 국가별

예외가 없는 분위기다. 그중에서도 100세 인구는 엄청난 속도로 늘고 있다. 미국 여론 조사 기관 퓨리서치센터가 2024년 발간한 자료에 따르면 전 세계 100세 인구는 1990년 9만 5000명에서 2050년에는 367만6000명으로 3800% 증가할 것으로 전망된다.

한국 역시 이러한 흐름에서 예외가 아니다. 현재 한국인 평균 수명은 2021년 OECD 조사 기준 남성이 86.3세, 여성이 90.7세로 꾸준히 증가하고 있는 추세다. 이러한 평균 수명의 증가로 인해 노년층 인구 비율이 급격히 늘어나면서 사회적·경제적 구조에도 큰 변화가 일어나고 있다.

한국은 OECD 국가 중에서 노인 고용률이 가장 높은 국가로, 이는 한국 노년층이 은퇴 이후에도 경제 활동에 지속적으로 참여하고 있음을 의미한다. 그러나 노년층의 경제 활동 참여가 순전히 자발적인 동기에 의해서만 이뤄지고 있는 것은 아니다. 많은 경우 충분한 노후 자금의 부재, 이른 은퇴 및 노년 빈곤이 현실화하면서 경제적 생존을 위해 노동 시장에 남아 있는 것이 현실적인 이유이다.

과거에 회춘에 대한 욕망은 주로 개인적인 외모와 젊음 유지라는 외적 욕구에서 비롯됐다. 그러나 최근에는 이러한 개인적 욕망을 넘어 사회적 생존이라는 현실적 문제로 확장되고 있다. 건강 수명이 기대 수명의 증가를 따라가지 못하면서 노년기 동안 질병과 장애로 인해 생활의 질이 떨어지는 기간이 늘어나고 있기 때문이다. 이는 전 세계적인 현상으로 기대 수명

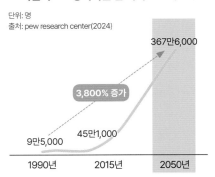

폭발적으로 증가하는 전 세계 100세 인구

단위: 명
출처: pew research center(2024)

367만6,000

3,800% 증가

9만5,000   45만1,000

1990년   2015년   2050년

한국인 평균 수명[1]

86.3세   90.7세

남성   여성

OECD 노인(65~69세) 고용률[2]

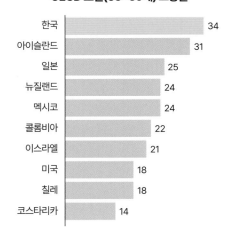

한국	34
아이슬란드	31
일본	25
뉴질랜드	24
멕시코	24
콜롬비아	22
이스라엘	21
미국	18
칠레	18
코스타리카	14

Note 1): 한국인의 평균 수명은 2024년 생명보험 기준
Note 2): 고용률은 인구 대비 취업자 비율

출처: OECD(2021)

과 건강 수명의 격차가 계속해서 벌어지고 있다는 점에서 심각한 사회적 과제로 떠오르고 있다.

이러한 변화는 단순히 개인의 문제가 아니라 국가 차원의 문제로 부상하고 있다. 기대 수명과 건강 수명의 격차가 벌어질수록 의료비 지출의 급격한 증가, 연금 조기 고갈 그리고 경제활동 인구 감소로 인한 노동력 부족 문제 등 다양한 사회적 비용이 발생하게 된다. 실제로 노년층의 건강 문제로 인한 의료 서비스 수요가 급증하면서 국가의 재정적 부담이 커지고 있다.

통계청과 건강보험심사평가원에 따르면 한국의 노인 인구 1인당 연간 진료비는 평균 기준 2011년 260만원에서 2023년 500만원으로 2배나 늘었다. 단 한 해도 빠지지 않고 매년 노인 인구의 진료비는 증가해 왔다. 특히 총 진료비 가운데 노인 진료비가 차지하는 비중도 높아졌다. 2011년 32.2%였던 그 비중은 2023년 44.0%로 급격히 늘었다. 노인 인구의 진료비 문제가 국가 차원의 해결 과제로 거론되는 이유다. 그만큼 예방 중심의 의료 혁신으로 주요 질병 위험 요인을 사전에 관리하는 것이 중요해졌다.

세계보건기구(WHO)는 2018년 공식적으로 노화를 질병으로 분류했다. 이는 심혈관 질환, 당뇨병 등 현대인의 주요 사망 원인이 대부분 노화와 밀접한 연관이 있기 때문이다. 이로 인해 전 세계 과학자들은 안티에이징과 노화 예방 연구를 더욱 적극적으로 진행 중이다. 그 중심에는 줄기세포 연구가 자리 잡고 있다. 줄기세포는 우리 몸의 다양한 조직과 장기로 분화할 수 있는 능력을 갖추고 있어 질병 치료와 장기 재생, 심지어 노화 방지까지 다양한 가능성을 제공한다.

하버드대의 노화 연구 권위자인 데이비드 싱클레어 교수는 불로장생을 위한 약이 더 이상 꿈속 얘기가 아니라고 전망한다. 일본 다케다제약의 가지이 야스시 R&D총괄 사장 역시 "노화는 자연적인 과정이지만, 최근 연구는 이 과정 자체를 변화시킬 수 있음을 보여주고 있다"고 말했다. 그러면서 그는 세포를 초기화해 신생아 상태와 유사하게 만드는 연구가 진행되고 있음을 강조했다. 만약 세포 초기화 기술이 완성된다면 인류는 사실상 세포 차원에서 노화를 되돌릴 수 있게 된다.

노화에 대한 재정의와 치료 접근법도 달라지고 있다. 노화의 징표는 분자 수준에서 세포, 조직 그리고 신체 전체 시스템에 이르기까지 총 12가지 범주로 세부적으로 정의되고 있다. 최신 항노화 연구는 이러한 노화의 징표들을 개별적으로 타깃으로 해 치료법과 예방법을 개발하는 데 중점을 두고 있다. 예를 들어 세포의 노화 정도를 나타내는 생체시계로 알려진 텔로미어 길이를 직접적으로 연장하거나 유지하기 위한 치료제 개발 작업이 활발하게 진행되고 있다. 텔로미어가 짧아질수록 세포 분열 능력이 저하되어 조직 재생과 회복력이 감소하고 이로 인해 노화가 가속화되는 것으로 알려져

항노화 파워

전 국민 세포은행 설립, 세포 치료 시장 선점

세포 보관 / 질병 치료 / 전 국민 세포은행 / 질병 예방 / 질병 예측

있기 때문이다.

이러한 연구를 통해 노화는 더 이상 숙명적인 현상으로 받아들여지는 것이 아니라 적극적으로 치료할 수 있는 질병으로 인식이 전환되고 있다. 또한 이러한 변화는 건강 수명 증진에 대한 국가적 관심을 불러일으키고 있으며, 많은 국가가 정책적 지원과 연구개발에 막대한 자원을 투자하기 시작했다. 글로벌 장수 연구 기업들 역시 이러한 추세에 발맞춰 대규모 투자를 유치하고 있다. First Longevity에 따르면 2022년 한 해 동안 관련 투자 유치액은 52억달러로, 2018년 대비 약 2배 증가하는 등 급속한 성장세를 보이고 있다.

선진국을 중심으로 항노화 기술에 대한 투자가 급증하고 있으며, AI와 빅데이터 등 첨단 기술을 활용해 노화 과정과 그 메커니즘을 더욱 명확하게 밝혀내고, 효과적인 맞춤형 치료법 개발에 집중하고 있다. 이러한 기술적 혁신과 의료적 접근 방식의 변화는 가까운 미래에 노화 관련 질병 치료와 예방 가능성을 획기적으로 높일 것으로 기대된다.

종합적으로 볼 때 노화 문제에 대한 사회적 인식과 대응 방식의 변화는 더 이상 개인적인 차원을 넘어, 국가적이고 국제적인 차원의 긴급한 과제로 자리 잡고 있다. 향후 건강 수명과 기대 수명 간 격차를 줄이고 사회적 비용을 최소화하기 위해서는 적극적인 국가 정책 지원과 지속적인 연구 투자가 필수적일 것으로 전망된다.

세계에서 가장 빠르게 고령화가 진행되고 있는 한국에 항노화 기술 개발은 더 이상 선택이 아니라 필수 과제가 되고 있다. 고령화로 인한 사회적 부담이 점점 증가하고 있는 상황에서 이를 완화할 수 있는 효과적인 대책 마련이 절실히 요구되고 있는 것이다. 항노화 기술은 단지 수명을 연장하는 것에서 나아가 건강 수명을 증가시킴으로써 개인과 사회 전체의 삶의 질 향상에 직접적으로 기여할 수 있다.

한국은 2000년대 초반 줄기세포 분야에서 세계적인 선두 주자로 인정받았다. 당시 한국 연구진의 성과는 전 세계적으로 주목받으며 바이오산업에서 큰 가능성을 보여주었다. 그러나 2005년 황우석 교수의 줄기세포 논문 조작 사

건 이후 한국의 줄기세포 연구는 국내외적으로 신뢰를 크게 상실했고, 이로 인해 관련 연구 활동이 위축되며 연구개발의 모멘텀을 잃고 말았다. 이후 거의 20년 가까이 한국은 줄기세포 분야에서 국제적인 경쟁력을 회복하지 못했고, 과거의 선도적인 지위를 되찾지 못하고 있는 것이 현실이다.

물론 한국은 2011년 세계 최초로 줄기세포 치료제 상용화에 성공하며 다시금 국제적 주목을 받았다. 그러나 이후 정부의 과도한 규제와 절차적 제한으로 인해 관련 산업의 성장과 글로벌 시장 진출에 있어 어려움을 겪고 있다. 반면 이웃 국가 일본의 경우 2012년 세포 연구 분야에서 노벨상을 수상한 야마나카 신야 교수의 성과를 계기로 적극적으로 규제를 완화하고 정부 차원에서 정책적 지원을 했다. 일본 정부의 전략적인 투자와 지원 아래 일본은 빠르게 항노화 기술 및 줄기세포 연구의 글로벌 중심지로 자리매김했고, 세계 각국 연구자들과 기업들이 몰려들고 있다.

이 같은 일본의 성공 사례는 한국에도 많은 시사점을 제공한다. 현재 한국의 바이오산업은 다시금 재도약을 위한 중요한 전환점에 서 있다. 특히 국민 건강 증진과 미래의 의료비 부담 완화 및 산업적 경쟁력 강화를 위해서는 국가적 차원의 장기적이고 전략적인 접근법이 절실히 필요하다는 게 전문가들 진단이다.

이를 위해 매일경제 비전코리아 프로젝트팀은 2025년 3월 19일 열린 제35차 국민보고대회에서 '전 국민 세포은행 설립'을 정부 주도로 추진할 것을 제안했다. 국민들이 젊고 건강할 때 본인의 줄기세포를 저장하고, 이후 질병 발생 시 필요한 세포 치료를 받을 수 있도록 체계적이고 안정적인 인프라를 구축해야 한다는 주문이다.

현재 한국에는 정부 주도로 '국가줄기세포은행'이 운영되고 있는데, 이는 연구 목적의 줄기세포 중앙 저장고로만 활용되고 있다. 따라서 기존 국가줄기세포은행의 기능을 확대해 개인별 세포 저장 및 관리를 위한 인프라로 발전시킬 필요가 있다는 주장이다.

구체적으로 국민들의 세포 보관 비용을 정부가 일부 또는 전액 지원해 경제적 부담을 완화하고, 동시에 개인이 저장한 세포의 일부를 국가의 연구개발 목적으로 기탁하도록 하는 방안을 병행하면 효율성을 높일 수 있다는 설명이다. 이 같은 접근을 통해 국민들은 경제적 부담 없이 개인 맞춤형 세포 치료 자원을 확보할 수 있고, 정부는 이를 통해 차세대 세포 치료제 개발에 필요한 다양한 세포 자원을 확보할 수 있는 기반을 마련할 것으로 기대된다.

이처럼 전 국민 세포 은행 설립은 질병 예방과 조기 치료 효과를 극대화하는 것은 물론, 치료 과정의 안정성을 높이고 의료비 절감 효과까지 거둘 수 있을 것으로 보인다. 나아가 세포 은행 설립은 새로운 형태의 바이오산업 발전을 촉진하는 중요한 기반이 될 수 있다. 한국이 보유하고 있는 우수한 의료 인프라와 정보 기술력을 결합하면 세포 치료의 효율성을 높이고 글로벌 시장에서 경쟁력을 확보할 수 있을 것으로 예상된다. 이는 한국이 다가오는 초고령사회에서 국민 건강을 보호하고, 산업적으로는 미래의 성장 동력을 창출하는 데 크게 기여할 것으로 평가된다.

결국 한국이 세계적 수준의 항노화 기술 강국으로 다시 자리매김하기 위해서는 국가적 차원의 명확한 비전과 전략이 필요하다는 게 전문가들의 공통된 견해다. 이를 위해 정부와 기업, 학계가 긴밀히 협력하여 추진해야 한다는 주문이다. 국민 세포 은행 설립을 시작으로 한국이 줄기세포 연구와 항노화 기술 개발에서 다시 글로벌 리더십을 확보할 수 있도록 지금부터 적극적인 노력을 기울여야 한다는 것이다.

성형 대국에서 항노화 대국으로, K의료 관광 업그레이드

'항노화 관광'은 국민 경제에도 활력을 줄 수 있는 중요한 성장 동력으로 주목받고 있다. 최근 몇 년 동안 한국을 방문하는 외국인 환자 수가 눈에 띄게 증가했는데 이는 의료 관광 산업이 국가 경제에 미치는 긍정적인 영향력을 확인시켜 준다. 국제의료정보포털에 따르면 한국을 찾은 외국인 환자는 2018년 약 38만명에서 2023년 61만명으로 크게 증가하며 역대 최대치를 기록했다.

이는 한국 의료 서비스가 국제적으로 인정받고 있음을 나타내는 증거다. 특히 코로나19 팬데믹이 심각했던 2020년에는 외국인 환자 수가 12만명까지 급감하는 어려움을 겪었지만, 이후 꾸준한 회복세를 보이며 빠르게 이전 수준을 넘어섰다. 한국 의료의 신뢰성과 우수성, 팬데믹 이후 더욱 철저해진 방역 시스템과 의료 서비스 관리가 해외 환자들에게 매력적으로 작용한 결과라고 할 수 있다.

외국인 환자들이 한국을 찾는 가장 큰 이유는 피부 관리 및 성형 수술이다. 실제로 전체 외국인 환자의 절반 이상이 피부 미용과 성형 수술을 목적으로 한국을 방문한다. 이는 K뷰티와 한류 열풍이 글로벌 시장에서 자리 잡은 결과로, 한국 의료 기관의 첨단 기술력과 뛰어난 미적 감각이 국제적으로 인정받고 있음을 의미한다.

하지만 이제 한국 의료 관광 산업은 단순한 성형 및 미용 관리에서 한 단계 더 나아가 항노화 및 재생의료 분야로의 확장을 고민해야 한다. 항노화 의료는 고령화 시대를 맞이하며 전 세계적으로 수요가 급격히 증가하고 있는 분야다. 특히 고부가가치 산업으로 관광 산업과 의료 산업의 융합을 통해 시너지를 극대화할 수 있는 잠재력이 크다.

현재 국내에서는 첨단 재생 의료와 관련된 규제가 상대적으로 엄격해 많은 한국인이 국내에서 제공받지 못하는 줄기세포 치료를 받기 위해 해외로 향하고 있다. 특히 일본으로 원정 줄기세포 치료를 떠나는 한국인이 매년 늘고 있으며, 이들이 일본에서 소비하는 금액이 연간 수천억 원에 이르는 것으로 추정된다. 이러한 현상은 국내 의료 산업의 발전을 저해할 뿐

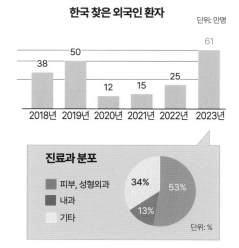

외국인 환자 역대 최대…절반은 성형수술

한국 찾은 외국인 환자

단위: 만명

38 / 50 / 12 / 15 / 25 / 61

2018년 2019년 2020년 2021년 2022년 2023년

진료과 분포

- 피부, 성형외과 53%
- 내과 13%
- 기타 34%

단위: %

만 아니라 국내에서 충분히 개발 가능한 고부가가치 수요가 해외로 유출되는 부정적 결과를 초래하고 있다.

이를 해결하기 위해서는 국내 재생 의료 분야의 규제를 합리적으로 완화하고, 줄기세포 치료의 적용 범위를 확대할 필요가 있다는 주문이다. 또 세포 치료제의 허가 절차를 간소화하고 승인 속도를 높임으로써 국내 의료 기관들이 신속하게 시장에 진입하고 글로벌 경쟁력을 확보할 수 있도록 지원해야 한다는 목소리도 크다. 이러한 조치가 이뤄진다면 한국은 미용 성형을 넘어 항노화 및 재생 의료 분야에서도 글로벌 허브로 발돋움할 수 있을 것으로 전문가들은 보고 있다. 더불어 국내 의료 기관들이 국제적 수준의 첨단 설비와 치료 기술을 더욱 적극적으로 홍보하고, 외국인 환자들을 위

한 맞춤형 서비스를 확대해 의료 관광의 만족도를 높이는 것 역시 필수적이다. 한국의 우수한 의료 기술과 관광 자원을 연계한 다양한 프로그램 개발은 외국인 환자 유치에 큰 도움이 될 것이다.

이와 함께 항노화 관광과 연계한 숙박, 교통, 문화 체험 등 종합적인 관광 패키지를 구성해 방문객들의 체류 기간을 늘리고 소비를 촉진할 필요가 있다는 조언도 나온다. 의료 목적뿐 아니라 관광과 휴식을 즐기기 위한 요소들을 결합하면 항노화 관광의 매력이 더욱 높아질 것이란 진단에서다.

지역 경제 활성화 측면에서도 긍정적인 파급효과를 기대할 수 있을 것으로 보인다. 전문가들은 정부와 민간이 협력해 지원 체계를 구축하고, 관련 연구개발과 인력 양성을 강화하면 한국이 세계적인 항노화 의료 관광 중심지로 자리매김할 수 있을 것이라고 보고 있다. 이를 통해 국민 건강 증진과 삶의 질 향상은 물론 국가 경제 활성화에도 기여할 수 있을 것으로 기대된다.

매일경제 비전코리아 프로젝트팀은 2025년 3월 19일 제35차 국민보고대회에서 한국이 항노화 기술력을 살려 아시아 성형 관광에서 항노화 관광 중심지로 업그레이드 하자는 제안을 내놨다. 줄기세포 배양 등 첨단 재생 의료 치료 대상을 확대하고, 세포 치료제 허가 속도를 높이면서 웰니스 관광 산업을 연계해 고부가가치 관광 수요를 국내로 끌어오자는 주장이다.

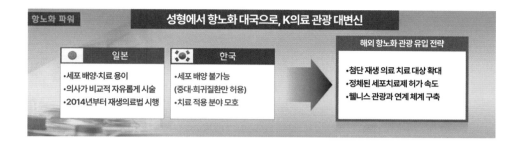

성형에서 항노화로 K의료 관광을 개조하면 국내 재생 의료 규제를 피해 줄기세포 원정 치료를 떠나는 한국인 수요도 잡아둘 수 있을 것으로 기대된다.

PwC · Strategy&가 국내 의료 관광 성장세를 시나리오 분석한 결과 줄기세포 치료와 이와 연계한 웰니스 관광이 시너지 효과를 내면 2034년 관련 산업 규모가 97억달러까지 커질 것으로 예측됐다.

세부적으로 현재 국내 의료 관광 시장이 전 세계 관련 산업 성장 전망치 수준으로 발전한다고 보고, 2034년 국내 줄기세포 치료 시장이 일본과 비슷한 수준으로 발전한다는 가정하에 분석했다. 일본의 2034년 줄기세포 치료 시장 전망치를 기준으로 한국 배양 치료 수요를 추정한 것이다. 글로벌 산업 성장률과 동일하게 일본 세포 치료 시장이 발전한다면 2034년 일본 세포 치료 시장 규모는 60억달러로 추산됐다. 내수는 1억4000만달러, 일본으로 원정 치료를 받으러 오는 수요는 4억6000만달러로 예상됐다.

한국은 미용 의료 부문에도 강점이 있기 때문에 2034년 피부과, 성형외과 등 미용 목적으로 한국을 방문한 외래 의료객 중 항노화 줄기세포 치료를 받기 위한 추가 예상 수요(1억 2000만달러)도 감안했다.

2034년 미용 목적으로 한국을 방문할 것으로 예상되는 외국인 환자 수는 약 53만명인데 이 중 27% 정도가 항노화 줄기세포 치료를 받을 것으로 예측됐다. 여기에 2023년 웰니스 관광 1인당 지출액을 바탕으로 물가 상승률을 반영해 항노화 수요가 웰니스 관광으로까지 연결됐다고 봤을 때 발생하는 산업 규모를 추정한 것이다.

항노화 관광이 살아나면 한국의 고질병인 여행 수지 적자를 일거에 만회할 수 있는 카드가 생기게 된다. 한국은 2000년부터 무려 24년 연속 여행 수지 적자가 이어지고 있다. 국내 관광 산업이 경쟁력을 잃으며 해외로 빠져나가는 여행객이 그만큼 많기 때문이다. 한국은행에 따르면 2000~2024년 연평균 여행 수지 적자 규모는 88억달러에 달한다.

이와 관련해 차광렬 차병원 연구소장은 2025년 1월 매일경제신문과의 신년 인터뷰에서 이렇게 말했다. 차 소장은 "전 세계가 세포 · 유

심각한 여행 수지 적자

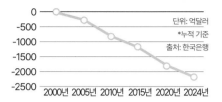

단위: 억달러
*누적 기준
출처: 한국은행

항노화 관광 경제적 효과

연평균
여행 수지

97억달러

-88억달러

항노화 의료 관광
활성화 효과

*여행 적자는 2000~2024년 기준, 항노화 관광은 줄기세포 및 의료 웰니스 산업 활성화 시 2034년 시장 전망치

출처: Strategy&Korea

전자 치료제(CGT) 개발 경쟁에 뛰어들고 있으며, 한국도 '세포 주권'을 확보하는 것이 시급하다"고 밝혔다. 그는 특히 국가 차원에서 '한국인 세포주' 50개를 확보하고, 전 국민이 자신의 세포를 보관할 수 있는 '셀뱅킹'을 활성화해야 한다고 강조했다. 차 소장은 "차병원그룹은 난자만으로 복제 줄기세포를 만드는 단성생식 특허와 성인의 체세포를 활용한 체세포 복제 줄기세포주 특허를 보유하고 있다"며 이를 통해 면역 거부 반응이 없는 다양한 질환의 치료가 가능해질 것이라고 설명했다.

그는 "자가 줄기세포는 면역 거부 반응 없이 반복 사용이 가능하고 치료 효과도 뛰어나다"면서 자가 줄기세포 치료 규제를 완화해야 한다

고 주장했다. 현재 한국의 엄격한 규제로 인해 많은 환자들이 일본 등 해외에서 치료를 받고 있는 실정이다. 일본의 경우 줄기세포 치료를 의료 시술로 간주하여 의사 재량에 따라 자유롭게 시행할 수 있어 환자들이 일본을 찾는 사례가 빈번하다.

차 소장은 "세포 연구는 45억년 동안 진화한 복잡한 생명 메커니즘을 다루는 만큼 신중하게 접근해야 한다"면서도 "이미 다가올 세포 치료제 시대를 막을 수는 없으며, 길을 열어 적극적으로 대비해야 한다"고 역설했다. 이어 그는 "난자와 체세포를 결합한 체세포 복제 줄기세포 기술을 활용하면 자기 치료에 효과적인 맞춤형 세포 치료제를 개발할 수 있으며, 이는 향후 치료 시장에서 큰 경쟁력을 가질 것"이라고 덧붙였다.

차 소장은 차병원그룹이 제2 판교에 건립 중인 세계 최대 규모의 'CG 뱅크(Cell Gene Biobank)'에 대해서도 언급했다. 이곳에서는 줄기세포, 면역세포, 제대혈 등 다양한 세포를 보관하는 바이오 뱅크는 물론 바이오 의약품 위탁개발생산(CDMO) 및 우수제조관리기준(cGMP) 제조 시설이 들어서 CGT 생산 효율화를 이끌 것으로 기대된다.

그는 "앞으로 5년 내 본격적인 세포 치료제 시대가 도래할 것"이라며 "세포주 개발부터 임상시험, 치료제 생산까지 신속히 대응할 시스템 구축이 절실하다"고 강조했다. 이를 위해 그는 병원과 연구소 간 협력의 중요성을 언급하며 "차병원그룹의 7개국 96개 병원 네트워크를

적극 활용해 연구 단계에서부터 임상 적용까지 유기적인 협력을 강화할 계획"이라고 밝혔다. 이와 함께 정부 차원의 지원과 규제 개선이 필수적이라고 덧붙이며, 한국이 글로벌 CGT 경쟁에서 뒤처지지 않으려면 빠른 결단과 실행력이 요구된다고 역설했다.

핵심은 첨단 재생 의료에 대한 규제 완화다. 우선 해외 제도와 비교해 보자. 2025년 현재 한국, 일본, 대만은 첨단 재생 의료 치료에 대한 접근 방식에서 각각 차이를 보이고 있다. 한국은 첨단 재생 의료 및 첨단바이오의약품법 (첨생법) 개정을 통해 중증·희귀·난치성 질환에만 제한됐던 첨단 재생 의료 임상 연구를 현재 모든 질환으로 확대했다. 세포 처리 시설의 운영 요건이 강화됐으며, 치료 목적의 시술은 지정된 첨단 재생 의료 실시 기관에서만 가능하다. 국내에서는 세포의 배양 및 투여를 원칙적으로 의약품 제조로 간주해 병원의 직접 시술을 엄격히 제한하고 있으며, 치료 계획서의 사전 승인 절차를 필수적으로 요구하고 있다. 일본은 재생 의료의 안전성 확보법과 의약품의료기기법(PMD법)을 통해 유연한 규제와 산업 육성을 병행한다. 특히 위험도 기반의 3단계 분류 체계를 도입해 세포 위험도에 따라 관리 강도를 달리하며, 조건부 조기 승인 제도를 통해 안전성 확인 시 조기에 시판할 수 있도록 했다.
일본은 병원에서 직접 세포 배양과 환자 투여를 의료 행위로 인정하며, 환자 접근성을 높이는 방향으로 정책을 운영하고 있다. 대만의 경우도 첨단 재생 의료에 대해 적극적으로 임상 연구를 허용하며, 신속한 심사와 조건부 승인 제도를 운영해 혁신적인 치료법을 빠르게 도입할 수 있도록 지원하고 있다. 또한 임상 연구 데이터를 체계적으로 관리하고 국제적 규제 기준과의 조화를 통해 산업 발전을 도모하고 있다.

종합하면 일본과 대만은 규제의 유연성과 신속한 승인 절차로 산업 발전을 적극 지원하는 반면, 한국은 보다 엄격한 품질 관리 기준을 적용해 안전성에 중점을 둔 제도를 운영하고 있다. 구체적으로 한국의 첨생법 개정안에서는 첨단 재생 의료의 위험도를 크게 세 가지로 구분하고 있다. 사람의 생명·건강에 미치는 위험도에 따라 고위험, 중위험, 저위험으로 나눈다. 고위험은 생명 및 건강에 미치는 영향이 불확실하거나 그 위험도가 큰 치료를, 중위험은 생명 및 건강에 부정적인 영향을 미칠 우려가 있어 상당한 주의를 요하는 치료, 저위험은 생명 및 건강에 미치는 영향이 잘 알려져 있고 위험도가 미미한 치료를 말한다. 여기서 정부는 인체 세포 등의 종류 및 최소 조작 여부에 따른 위험도를 이렇게 구분했다. 가령 '동종, 자가 관계없이' 배아줄기세포, 역분화줄기세포, 유전자가 도입된 세포, 이종세포 및 조직은 모두 고위험으로 분류된다. '동종' 성체줄기세포와 면역세포, 체세포, 조직 등은 최소 조작(세포, 조직을 생물학적 특성이 유지되는 범위에서 단순 분리, 세척, 냉동, 해동 등의 조작)의 경우에만 중위험으로 구분되고 만약 배양이 이뤄지

'첨단 재생 의료 치료'란? (법 제2조 제5호)

의료법 제12조에 따른 의료 행위가 이루어지는 과정에서 첨단 재생 의료를 이용하는 의학적 치료로서 대통령령으로 정하는 치료를 말한다. (위험도에 따라 고, 중, 저위험도로 구분)

치료 대상자	중대 질환자 / 희귀 질환자 / 난치 질환자	대체 치료제가 없거나 생명을 위협하는 중대 질환자 「희귀질환관리법」 제2조 제1호에 따른 희귀 질환자 그 밖에 난치 질환 등을 가진 사람
허용 조건		의약품 품목 허가·신의료기술평가 등과 같이 보편적 이용이 아닌 특정 기술 및 기관으로 제한

<위험도에 따른 신청 조건 구분>	고위험	중위험	저위험
사전 완료된 임상연구	동일 목적 및 내용 필요	동일 목적 및 내용 필요	해당 사항 없음
재생의료기관 신청 조건	해당 임상연구 완료한 기관으로 한정	타 기관 가능	-

출처: 보건복지부

면 고위험이다. 다만 '자가' 성체줄기세포와 면역세포, 체세포, 조직 등은 최소 조작의 경우에만 저위험이며 이 또한 배양이 이뤄지면 중위험이 된다.

문제는 첨생법 개정안의 치료 대상이 불명확하다는 점이다. 기본적으로 중대 · 희귀 · 난치 질환자를 치료 대상으로 보고 있는데, 여기에는 고위험과 일부 중위험만 포함된다. 사실상 저위험에 대한 치료 가능 여부는 명확하지 않다. 바이오 업계 한 관계자는 "일본의 경우 첨단 재생 의료 치료 질환 범위가 넓고 경증부터 중증까지 다양한 질병을 대상으로 하고 있는 반면, 한국은 이번 개정안에서 아이러니하게도 자가세포 비배양에 해당하는 저위험군의 대상 질병군이 명시되지 않아 실제 활용이 어려운 상태"라고 꼬집었다. 이에 따라 병원이 자가줄기세포를 배양하지 않고 경증 질환에 활용할 수 있

도록 법적 근거를 첨단재생의료법에 명확히 마련하고, 승인 절차를 간소화한 패스트 트랙을 도입할 필요가 있다는 주문이다.

또 사전 규제보다는 사후 관리 감독을 강화해 투명성과 책임성을 높이는 방향으로 접근할 필요가 있다고 업계 전문가들은 입을 모았다. 시장의 또 다른 인사는 "세포 치료 시술이 가능한 병원과 바이오 기업 또는 제약사 간 컨소시엄 구조를 구축해 안정성을 확보하고 기술적 전문성을 보완하도록 정부가 권장하며 컨소시엄 참여 시 연구비 지원이나 심사 과정에서 우대 등 정부 차원의 어드밴티지를 제공할 만하다"고 말했다.

재생 의료 제품 심사 프로세스를 간소화하는 한편 관련 연구 지원 확대도 절실하다는 주장이다. 첨단 재생 의료 분야 R&D에 대한 정부 지원 확대를 추진해 실질적인 치료술 개발과 보급을 촉진해야 한다는 것이다.

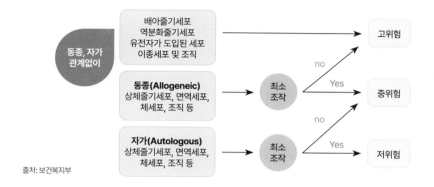

출처: 보건복지부

익명을 요청한 바이오 업계 한 전문가는 "일본은 병원에서 직접 배양한 세포를 환자에게 투여하는 방식과 제약사가 개발한 세포 치료제를 의약품으로 허가받아 제공하는 방식을 모두 재생 의료로 인정하고 있다. 즉 일본 재생의료법은 병원 주도 환자 개별 치료 목적의 줄기세포 시술을 '의약품'이 아닌 '의료 행위'로 분류해 제3자 심사와 관련 당국의 보고 절차만 거치면 환자에게 시술을 제공할 수 있는 것"이라며 "이러한 제도는 이미 수년 전부터 시행돼 대체 치료제가 없는 환자들에게 치료 기회를 확대하고, 해외 의료 관광 수요까지 증가하는 효과를 가져왔다"고 환기했다.

그는 "반면 한국은 병원 내 줄기세포 배양·투여를 '의약품 제조'로 간주하고 있어 병원이 직접 세포를 배양해 환자에게 투여하는 것은 임상연구 목적을 제외하고는 사실상 불가능하다"며 "첨단재생의료법 개정을 통해 유사한 방향으로 규제를 완화하는 과정에 있지만 여전히 중증·희귀·난치성 질환에 한정돼 있고, 일본에 비해 시행 범위와 절차가 매우 제한적인 상황"이라고 꼬집었다.

한국에서도 재생 의료 시술을 '의료 행위'로 폭넓게 인정하고, 일본처럼 위험도별 등급 분류(1~3등급) 및 제3자 심사 체계를 도입한다면, 새로운 규제를 제로 베이스에서 만드는 부담 없이 이미 입법과 운용 경험이 축적된 일본 모델을 효과적으로 적용할 수 있을 것이라는 의견이 제기된다.

특히 한국은 줄기세포 치료제 개발의 선두 주자로서 세계적인 줄기세포·재생 의료 R&D 경쟁력을 보유하고 있으며 의료 인프라도 매우 우수하기 때문에 정책적 합의만 이뤄진다면 해외 의료 관광으로 유출되는 국내 환자를 방어하는 것은 물론, 국제 환자를 유치할 잠재력도 충분하다고 판단된다.

바이오 업계에선 "이를 위해 한국에서도 일정한 품질 관리(GMP·세포처리 시설 등) 기준을 충족하고, 환자 동의 절차를 명확히 마련하는 전제하에 병원이 직접 세포를 배양·시술할 수 있도록 허용 범위를 확대하는 정책적 논의가 시급하다"는 반응이 힘을 얻고 있다.

이병건
지아이이노베이션 고문

"
항노화 치료를 표방한 의료
관광 산업 육성
"

이병건 지아이이노베이션 고문은 40여 년간 제약·바이오 외길을 걸은 바이오 업계 대표 원로다.

이 고문은 서울대 화학공학과에서 학·석사를 마치고 미국 라이스대에서 박사 학위를 받았다. 럭키바이오텍연구소(현 LG화학 생명과학연구소) 센터장을 시작으로 삼양사 초대 의약 사업 본부장, 미국 익스프레션 제네틱스 대표를 역임했고 이후 녹십자, 종근당홀딩스, SCM생명과학 대표이사와 한국바이오협회 이사장, 첨단재생의료산업협회 회장을 두루 역임했다. 2022년부터 지아이이노베이션을 이끌었다. 이 고문에게 K바이오 현 좌표와 활로를 물었다.

▶최근 국가바이오위원회가 출범했다. 바이오헬스혁신위원회도 가동 중이다. 두 조직의 목표는 한국을 바이오헬스 분야에서 글로벌 중심 국가로 육성하는 것인데, 가능한 목표라고 보는가.

— 정부에서는 바이오산업을 '포스트 반도체'로 얘기한다. 반도체 뒤를 이을 한국의 미래 먹거리 산업이라는 의미다. 2025년 글로벌 바이오헬스 시장 규모가 3000조원에 이를 것이라는 분석이 나온다. 반도체, 자동차, 화학 산업을 합친 것과 맞먹는다. 한국 반도체와 자동차 산업의 10년 뒤 모습을 예측하기는 어렵지만 바이오헬스 산업은 지속적으로 성장하리라 예측된다. 앞으로 한국을 먹여 살릴 산업은 바이오헬스가 될 가능성이 높다. 하지만 현재 한국 바이오헬스 산업의 세계 시장 점유율은 2% 정도로 미미하다. 지금부터 10년 후, 20년 후를 내다보고 한국이 글로벌 경쟁력이 있는 분야를 집중 육성하면 가능하다고 본다.

▶대통령 직속 국가바이오위원회가 가동했다. 정부 조직 측면에서 개선해야 할 점은 없나.

— 현재 바이오헬스혁신위원회는 신약 위주로 정책을 가다듬고 국가바이오위원회는 신약은 물론 그린 바이오, 화이트 바이오까지 보다 광범위하게 다루고 있다. 하지만 바이오헬스혁신위원회와 국가바이오위원회에서 사람과 기능이 중복된 부분이 많다. 장기적으로는 이 같은 위원회는 물론이고 보건복지부, 산업통상자원부, 과학기술정보통신부, 중소벤처기업부 등 관련 기관을 통합해 기초 R&D부터 사업화까지 아우를 바이오부로 격상하는 방안도 고민해야 한다. 부처별로 바이오 정책을 갖고 있다 보니 부처 간 중복 투자도 많고 서로 견제하고 소통이 안 된다는 문제점이 있다.

▶한국이 글로벌 경쟁력이 있는 분야로는 어떤 게 있는가.

– 한국이 반도체, 2차전지, 디스플레이 분야에서는 글로벌 수준의 기술과 기업들이 있다. 하지만 바이오헬스 산업은 글로벌 수준과는 너무 격차가 크다. 2010년께 한국이 이 분야에서 글로벌 경쟁력을 가질 수 있다고 선택한 분야가 바이오시밀러와 세포 치료제였다. 바이오시밀러에서는 삼성바이오로직스와 셀트리온이 한발 빠른 개발 전략과 과감한 투자로 유의미한 성과를 계속 내고 있다. 반면 세포 치료제는 한국이 세계 첫 번째, 두 번째, 세 번째 줄기세포 허가 제품이 있음에도 불구하고 글로벌 시장에 진입하는 데는 실패했다. 소규모 국내 임상으로 국내 조건부 허가를 받는 데 그쳤고, 충분한 투자가 이뤄지지 않았으며 글로벌 임상에 대한 경험, 전략 부족 요인이 컸다.

글로벌 빅파마와 같은 분야를 놓고 경쟁해서는 규모의 경제, 자금력 등의 이유로 따라잡기가 쉽지 않다. 아직 뚜렷한 해결책이 없지만 미래에 분명히 다가올 항노화 분야에 조금 더 관심을 가지고 육성을 하면 기회가 있을 거라 생각한다.

▶세포 치료제 부문의 경쟁력은 어떻게 평가하는가.

– 일본에서는 재생 의료 시장을 이끌기 위해 정부가 앞장서 2014년에 재생 의료 등 안전성 확보법을 마련해 세포 제조와 처방 기관 신뢰성을 높였고, 의료 소비자들에게 세포 치료를 장려하는 기반을 세웠다. 재생 의료 분야 희귀 질환인 경우 임상 1상 후 조건부 판매를 허용하고, 7년 후 안전성·유효성을 재검토하는 조건부 승인 제도를 도입했다. 이에 따라 미국, 유럽의 많은 세포 치료제 개발 회사들이 임상을 일본에서 진행하고 있다.

한국에서도 2019년 첨단바이오의약품법을 제정했고, 2025년 3월부터는 관련법 개정안이 시행됐다. 안전성이 확보되면 조금 더 과감한 지원 정책이 필요하다고 본다. 줄기세포의 경우 2011년, 2012년에 세계에서 최초로 판매를 시작해 전 세계에서 허가받은 줄기세포를 10년 이상 시장에서 사용해본 나라는 한국이 유일하다.

▶결국 필요한 처방은 정부 지원, 자본 조달 능력, R&D 투자 강화로 요약된다.

– 국내 제약·바이오 회사의 전체 연구비를 다 합쳐도 연간 5조원이 되지 않는다. 1년 R&D 비용으로 미국 화이자는 약 17조원, 스위스 로슈는 약 18조원을 쓴다. R&D 자금이 충분하지 않다 보니 신약 개발에 필요한 인프라스트럭처 구축, 인력 보강이 제때 이뤄지기 어려운 게 현실이다. 글로벌 기업들과 경쟁하기 위해서는 아시아가 하나로 합쳐야 된다고 생각한다. 세계적인 수준의 전문 인력을 육성하고 투자를 이끌어내려면 정부의 과감한 규제 혁신과 국내 기업 간 활발한 인수·합병(M&A), 해외 벤처투자 유치 물꼬를 터야 한다.

▶한국 바이오헬스 산업의 미래 경쟁력은.

– 바이오헬스 산업이 한국의 미래 먹거리 산업이 되기 위해서는 산업 규모가 200조원 이상으로 커져야 한다. 그러기 위해서는 항노화 치료를 표방한 의료 관광 산업을 집중 육성해야 한다고 본다. K푸드, K컬처 등 한국의 위상이 점점 높아지고 있는데 세계 각국 고령 인구가 말년에 항노화 치료를 위해 한국으로 K메디컬 투어를 올 수 있게 되기를 기대해본다.

김동익
성균관대학교 의과대학
석좌교수

"
노화 역전 치료제 2028년
임상 목표
"

2018년에 세계보건기구(WHO)가 노화를 질병으로 공인한 적이 있다. 노화에서 각종 심혈관 질병과 대사 질환, 신경 퇴행성 증상 등이 야기된다는 사실을 반영했던 결과다. 오늘날 바이오산업 최대 목표는 인류의 가장 오래된 숙제인 노화를 막는 데 맞춰져 있다. 글로벌 바이오 기술 경쟁의 끝은 '무병장수'를 향한 항노화 기술 선점이다.

국내에서는 항노화를 넘어선 역(逆)노화 연구가 첫 발을 뗐다. 산업통상자원부가 지원하는 알키미스트(alchemist) 프로젝트가 그것이다. 이 프로젝트는 해결이 어려워 도전장을 내밀 엄두가 나지 않는 난제지만, 달성할 경우 일거에 세계 최고로 올라설 수 있는 분야의 과제를 엄선해 선정됐다. 불가능

해 보이는 바이오산업 숙제를 풀기 위해 2028년까지 매년 40억원씩 5년에 걸쳐 200억원을 정부로부터 지원받는다. 설정했던 목표를 달성하기 위해 자유롭게 드림팀을 꾸릴 수 있는 재량권도 주어진다. 납을 황금으로 만들려는 연구에 나섰던 중세시대 연금술사(알키미스트)에서 착안해 따온 야심 찬 프로젝트다.

'현대판 연금술사'를 자처한 이는 김동익 성균관대 석좌교수다. 김 교수는 2024년 1월 알키미스트 프로젝트 노화 역전 분야 연구 책임자로 선정됐다. 혈관외과 전문의인 김 교수는 2002년부터 줄기세포 연구를 시작한 노화 연구 분야의 국내 대표 전문가다. 혈관외과라는 말조차 생소했던 1994년에 진료과 신설에 나서는 선도적인 역할을 맡기도 했다.

김 교수는 인간의 노화를 막는 항노화는 물론 이를 넘어 젊음을 되찾을 수 있는 역노화까지 연구 범위를 넓혔다. 2025년 김 교수는 '리쥬바(Rejuva) 바이오 사이언스'라고 이름 붙인 연구소를 성균관대 의과대학 의학관에 마련해 본격적인 연구를 시작했다. '리쥬바 바이오 사이언스'는 회춘(rejuvenation)을 연구한다는 뜻에서 지은 이름이다. 노화 역전 연구 선봉장 역할을 맡은 김 교수를 만나 국내 항노화 기술의 발전 가능성을 짚어봤다.

▶산업부 알키미스트 프로젝트에 최종 선정됐다. 노화 역전 연구에 나선 이유가 궁금하다.

—국내 최고의 연구자들과 수년간의 경쟁을 거쳐 알키미스트 프로젝트 1호 책임 연구자로 선정됐다. 노화 연구와 관련해서 많은 연구진이 치매나 국소적인 장기 노화 연구를 이미 수십 년 전부터 해왔

다. 전 세계적으로 상품화된 것도 많다. 그 뒤를 단순히 쫓아가서는 우리가 1등을 할 수 없다. 살아가는 데 꼭 필요한 것이 무엇인지 반문하고 싶다. 답은 공기와 음식이다. 음식은 자기가 연구하며 관리하면 된다. 공기는 공짜다. 공기를 들이마시면 허파 꽈리에서 산소와 이산화탄소 가스 교환이 일어나며 산소가 적혈구의 헤모글로빈에 붙어서 움직인다. 산소를 움직이는 자동차가 바로 적혈구라고 생각하면 된다. 자동차인 적혈구의 성능이 좋고 개수도 많아야 몸도 건강해진다. 제가 30년 이상 혈관외과 의사를 하면서 깨우친 게 바로 그것이다.

▶적혈구 기능 개선으로 노화를 늦추는 게 가능한가.

─산소를 움직이는 자동차인 적혈구는 나이가 들면서 질이 떨어지고 개수도 적어진다. 적혈구는 마치 찐빵처럼 생겼는데 작은 혈관으로 들어갈 때는 가늘게 휘면서 통과한다. 나이가 든 적혈구는 그게 잘 안 된다. 딱딱하게 경직화되기 때문이다. 이렇게 산소가 전달이 잘 안 되면 조직에서 대사가 안 이뤄진다. 대사가 이뤄져야 ATP(아데노신3인산)라는 에너지가 만들어지는데, 산소가 공급이 안 되면 조직에서 ATP 생산 효율이 떨어진다. ATP 에너지를 많이 만들어내는 사람이 건강한 사람이다.

성인 남자 혈액 1cc에는 적혈구 450만~500만개가 있다. 비유하자면 적혈구를 낳는 엄마는 조혈모 줄기세포다. 조혈모 줄기세포도 나이가 들면 노화된다. 내 연구의 핵심은, 예컨대 40대 엄마를 20대로 만들자는 것이다. 조혈모 줄기세포는 몸속에 수십만 개가 있는데, 지금의 기술력으로도 그 정도는 타기팅해서 치료할 만하다. 조혈모 줄기세포 노화

현상을 늦추거나 역전시켜서 거기에서 분화되는 적혈구를 건강하게 만들어 산소 공급을 제대로 하겠다는 게 제 연구의 골자다.

▶고령화 속도가 빠른 한국에서 항노화 연구는 정책적인 시사점이 크다. 다만 국내 줄기세포 산업 규제가 크다는 목소리도 나온다.

─국내 줄기세포 규제가 심하긴 하지만 정부에서는 이를 점진적으로 풀어가기 위한 노력을 하고 있다. 줄기세포는 항노화와 역노화 연구의 한 분야다. 줄기세포를 포함한 세포치료 임상 1~2상 허들이 너무 높으니 병원이 감당을 못 하고 있다. 정부에서 이런 세포 치료 서비스를 보다 용이하게 제공할 수 있는 방법은 없을지 고민해서 나온 게 2021년 시행된 첨단재생의료법이다. 이 분야 연구를 심의하는 첨단재생의료심의위원회를 만든 게 특징이다. 전문 분야 분과위 4개를 두고 임상 연구에 대한 국가 지원 여부를 판단한다. 이후 2025년 첨단재생의료법이 개정됐다. 개정 이전에는 첨단 재생 의료 임상 연구만 허용하면서 대상을 중대·희귀·난치성 질환자로 제한했는데, 개정법을 통해 의료 범위가 확대되면서 다양한 질환을 대상으로 하는 세포 치료제의 임상 연구와 치료가 가능해졌다.

▶국내 줄기세포 산업이 퇴보하게 된 이유는.

─시작은 앞섰지만 2005년 황우석 사태로 연구를 하지 못하게 된 게 직접적이다. 이를 극복할 수 있는 방법은 결국 연구자들이 좋은 성과를 만들어내는 것밖에 없다. 연구하면서 국제적으로 신뢰성을 확보해야 한다. 안전성, 유효성, 경제성이 확보된 연구가 국제적으로 우수해야만 한다. 다른 방법은 없다. 일본이나 중국 등 다른 국가가 환자 유치

에 대한 규제를 낮춰서 저가에 해외 환자를 유치하는 것은 일시적인 효과가 있을 수 있다. 하지만 신뢰성이 담보되지 않는다면 궁극적으로는 의료 시장에서 퇴출될 수밖에 없다. 국민도 한국의 기술을 믿어줘야 하고 식약처는 임상 적용에 대한 불필요한 규제를 풀어줘야 한다. 예를 들어 외국에서 안전성이 이미 검증됐다면 국내에서 다시 한 번 하라고 하는 식의 중복 검증은 완화할 필요가 있다. 다만 신뢰 회복은 결국 연구자들의 몫이다.

▶한국 바이오 육성 정책 방향은 어떻게 짜야 하는가.

−단순히 물리적인 고리로만 연결한 산학연 연구는 비효율적이다. 결국 연구자가 문제다. 기초과학에만 관심이 있는 연구자는 글로벌 논문을 발표하는 데 집중하기 쉽다. 국민의 실생활을 개선할 수 있는 실전 학문으로 연결돼야 한다. 책임 있는 재량권을 갖고 있는 책임 연구자의 존재가 그만큼 중요하다. 그런 측면에서 알키미스트 프로젝트가 좋은 선행 모델이 될 수 있다고 본다.

▶앞으로의 계획이 궁금하다.

−피부 회복이나 치매 정복같이 개별 부위나 질환을 대상으로 하는 노화 역전도 있다. 저희가 연구하는 노화 역전은 몸의 모든 부분을 죽는 날까지 건강하고 활기차게 만드는 것이다. 전신 노화 역전에 도전하는 연구진은 세계에 없는 것으로 알고 있다. 죽기 전까지 건강하게 살아가는 게 중요하다. 치매에 걸린 사람이 다리만 건강하다면 본인은 물론 주변까지 모두 불행해진다. 건강하고 균형 잡힌 노화가 중요한 이유다. 조혈모 줄기세포 노화 역전 치료제 신약 개발은 2028년 말까지 임상 1상에 진입하는 게 목표다. 2026년 말에는 동물 실험을 할 수 있는 노화 역전 신약을 내놓는다는 구상이다. 2026년에 적혈구 변형능 측정 키트도 선보이려 하고 있다. 생물학적 나이를 측정할 수 있는 프로그램(BACP) 역시 개발하겠다는 계획이다. 중세시대 연금술사는 금을 만드는 데 실패했지만 도전 과정에서 다양한 화합물질이 만들어지며 결과적으로 과학 발전에 공헌했다. 노화 역전 연구 과정에서 국가 경쟁력을 높일 수 있는 연구물이 파생돼 나올 수 있을 것으로 기대한다. 전 인류의 관심사인 노화 역전을 해결할 수 있는 신약을 개발한다면 노벨상이라는 단어가 멀지만은 않다고 생각된다.

조승욱
모닛셀 대표

"
지방은 줄기세포 보고,
의료 혁신에 활용해야
"

조승욱 모닛셀 대표는 바이오 및 헬스케어 분야에서 오랜 경험과 전문성을 보유하고 있다. 그는 2004년부터 2010년까지 녹십자 헬스케어 사업전략 팀장, 2011년부터 2016년까지 코오롱 미래전략기획실 이사를 역임하며 풍부한 실무 경력을 쌓았다. 2019년부터는 바이오 스타트업 모닛셀을 대표하며 지방줄기세포 연구와 재생 의료 분야에서 활발한 활동을 펼치고 있다.

모닛셀은 2019년 지방 세포 연구를 위해 국내 최대 규모의 지방 흡입 특화 의료 기관 365mc와 바이오 액셀러레이터 뉴플라이트가 합작해 설립한 기업으로, 지방 흡입을 통해 얻어지는 줄기세포를 활용해 여러 항노화 연구 및 솔루션 개발에 힘을 싣고

있다. 모닛셀은 지방 조직으로부터 지방줄기세포(SVF)와 세포외기질(ECM) 등을 분리해 뱅킹 및 재생 의료 사업을 실시하는 셀 테크(Cell Tech)를 주된 사업으로 하고 있다. 또 혁신적인 첨단 바이오 기술을 강화하는 차원에서 지방줄기세포 연구소도 운영 중이다.

▶지방이 왜 중요한가.

−지방은 크게 두 가지 역할을 한다. 첫째 지방은 탄수화물과 함께 인간의 주된 에너지원으로 꼽힌다. 탄수화물이 일시적인 고강도 활동에 적합한 에너지원으로 쓰인다면, 지방은 인체에서 지속적이고 안정적인 에너지를 공급하는 핵심 연료다.

둘째, 지방은 재생과 회복 기능을 갖고 있다. 기존에는 지방이 단순히 축적되는 불필요한 존재로 여겨졌지만, 최근 연구를 통해 건강과 노화 방지 측면에서 매우 중요한 역할을 한다는 사실이 밝혀졌다. 특히 지방은 단순히 체온 조절과 장기 보호 역할을 하는 것이 아니라 면역 기능을 담당하고, 지용성 비타민을 저장하는 기능도 한다. 지방을 효과적으로 활용하면 신체의 대사 유연성이 높아져서 당뇨, 비만, 심혈관 질환 등 현대인들이 겪는 대사 질환 예방에도 기여할 수 있다.

주목해야 할 대목은 이 부분이다. 지방은 인체에서 가장 많은 줄기세포를 포함하고 있어 항노화 효과를 극대화할 수 있는 조직이다. 이를 잘 활용하면 다양한 의료 및 미용 치료가 가능한 것이다.

즉 지방을 단순히 제거해야 할 존재로 보기보다 인체 재생과 치료에 사용할 수 있는 유용한 자원으로 바라보는 것이 중요하다.

▶그야말로 지방의 재발견이다.

-그렇다. 줄기세포 중에서도 최근 주목도가 가장 높은 것이 바로 SVF라고 하는 '자가 지방 유래 줄기세포'다. SVF는 지방 조직 속에서 줄기세포와 다양한 세포들이 모여 있는 건강한 세포 그룹을 말한다. 지방에서 추출된 이 그룹에는 줄기세포뿐만 아니라 면역 세포, 혈관 세포, 재생을 돕는 여러 물질들이 포함돼 있어 몸을 회복하고 재생시키는 데 중요한 역할을 한다. SVF는 특히 상처 치료나 염증 완화, 피부 재생 및 안티에이징과 같은 여러 의료와 미용 분야에서 사용되고 있다.

특히 지방에서 추출한 줄기세포는 기존의 혈액 줄기세포나 골수 줄기세포보다 훨씬 많은 양의 재생 세포를 포함하고 있다. 실제로 지방에는 골수 대비 약 500배, 말초혈과 견줘서는 약 2만5000배나 더 많은 줄기세포가 있다. 제대혈과 비교해서는 250만배다.

▶**의료 현장에선 지방 줄기세포를 어떻게 활용하고 있나.**

-일단 미용 목적으로 쓰이는 경우가 많다. 주름 개선, 피부 탄력 증가, 피부 손상 회복 등 미용적으로 효과가 크다는 게 확인되면서다. 이미 강남 피부과·성형외과 일대에선 줄기세포 지방 이식이 유행이다. 높은 생착률로 부작용을 최소화해 기존 필러 시장을 대체해 나가고 있는 분위기다.

덧붙이자면 기존 보톡스나 필러 시술은 반복적으로 맞아야 하고, 시간이 지나면서 효과가 감소하는 단점이 있다. 하지만 지방 줄기세포를 활용한 시술은 피부 자체의 재생 능력을 촉진하기 때문에 보다 자연스럽고 장기적인 효과를 기대할 수 있다.

특히 지방 줄기세포는 현재 미용뿐만 아니라 다양한 치료 목적의 용도로 활용되고 있다. 대표적인 예가 관절염 치료다. 기존에는 연골이 손상되면 재생이 불가능하다고 알려져 있었지만, 지방 줄기세포를 주입하면 연골 조직이 다시 형성될 수 있다는 연구 결과가 나왔다. 또 관절 기능 개선과 통증 완화 효과도 확인됐다.

현재 지방 줄기세포를 이용한 무릎 골관절염 치료는 보건복지부의 신의료 기술로 지정돼 일선 의료 현장에 쓰이고 있다.

탈모 치료에서도 지방 줄기세포가 주목받고 있다. 줄기세포가 포함된 스킨 부스터를 두피에 주입하면 모낭이 활성화되고 모발이 두꺼워지는 효과가 있다.

이외에도 척추 치료나 근육 재생 치료 등에서 지방 줄기세포를 활용한 임상 연구가 활발히 진행되고 있다.

한편 지방 줄기세포는 스트레스나 손상을 입은 세포에 건강한 미토콘드리아를 전달함으로써 세포 생존력을 높이고 염증을 억제하는 등 심혈관, 신경계, 폐 및 기타 다양한 조직에서 세포 재생 및 복구 기능을 돕는다는 연구 결과가 있다. 또 지방 줄기세포가 당뇨병 치료, 잇몸 재생 등 다방면의 치료에도 효과가 있다는 연구 논문이 주류를 이룬다. 그만큼 아직 보편화되지 않은 줄기세포 치료 시장에서 지방 줄기세포의 역할이 크다는 방증이다.

이와 관련해 모닛셀의 줄기세포 기술인 'CellV'를 도입한 365mc 줄기세포센터에서는 지방 줄기세포를 활용한 안티에이징 시술을 도입했다. 일종의 줄기세포 링거 주사인 'SVF IV'가 대표적이다. SVF IV는 정맥에 줄기세포를 주입해 손상된 조직을 재생하고, 신체 전반의 건강 회복을 도와준다. 'SVF 스킨부스터'도 있다. 이는 피부에 직접 줄기세포를 주입해 재생을 높이는 항노화 치료법이다.

▶지방 줄기세포를 보관할 수도 있나.

−지방 줄기세포를 보관하는 '줄기세포 뱅킹' 서비스는 젊을 때 건강한 줄기세포를 추출해 보관해 두었다가, 나중에 필요할 때 사용할 수 있도록 하는 개념이다. 현재 한국에서는 관련 규정상 줄기세포를 뽑아 배양 · 치료하는 것이 금지돼 있지만, 지방에서 추출한 줄기세포는 냉동 보관 후 필요할 때 사용할 수 있다. 실제로 브래드 피트, 타이거 우즈 같은 해외 유명 인사들도 이 기술을 활용해 젊음을 유지하고 있다.

중요한 것은 나이가 들수록 줄기세포의 재생 효과가 떨어지기 때문에 가급적 젊은 나이에 이 세포를 보관해야 한다는 점이다.

아울러 이 기술이 더욱 발전하면 향후 건강보험과 연계해 더 많은 사람들이 이용할 수 있을 것으로 기대된다.

▶한편 한국에선 폐지방 활용이 불가하다는데.

−그렇다. 현재 한국에서는 폐지방이 의료폐기물로 분류돼 재활용이 금지되고 있다. 이는 현행 '폐기물관리법'상 태반을 제외한 인체 유래 조직물의 재활용을 엄격히 제한하고 있기 때문이다. 반면 미국과 일본 등 해외에선 폐지방 재활용이 활발하게 이뤄지고 있다. 미국의 경우 성형 수술용 필러 제작과 줄기세포 연구, 각종 의약품 개발 등에 폐지방을 적극적으로 활용하고 있으며, 일본 역시 의료 기기 및 의약품 원료로 폐지방 재활용을 허용하고 있다. 업계 추정에 따르면 현재 한국에서는 연간 80~100톤 정도의 폐지방이 별도 활용 없이 소각 처리되는 실정이다.

이러한 현실은 바이오 및 의료 산업에서 창출할 수 있는 고부가가치의 기회를 놓치는 것과 같다.

쉽게 설명하자면 이렇다. 폐지방은 크게 지방 줄기세포와 세포외기질(ECM)로 나눠 활용할 수 있는데, 특히 ECM은 세포가 분비한 콜라겐 등 단백질과 세포 성장 인자 등으로 구성된 성분으로서, 조직 재생을 촉진하고 조직 손상을 회복시키는 데 필수적이다. 이미 해외에서는 폐지방에서 추출한 ECM을 필러, 창상피복제, 인공 피부, 오가노이드(인공 장기) 등 다양한 의료 분야에서 적극적으로 활용하고 있다.

더욱 주목할 만한 것은 폐지방에서 추출 가능한 콜라겐의 경제적 가치다. 현재 국내에서 연구용으로 사용하는 인체 태반 유래 콜라겐은 5mg당 약 87만~90만원에 거래되고 있는데, 폐지방의 경우 1kg당 약 17mg의 콜라겐 추출이 가능하다. 단순 계산만으로도 매년 버려지는 폐지방을 활용하면 수천억 원 규모의 경제적 효과가 기대된다.

여기에 ECM 기반의 치료제, 의료 기기, 기능성 화장품 등의 개발까지 이뤄지면 연간 1조원 이상의 시장이 열릴 것으로 전망된다. 또한 폐지방 소각량이 줄어들어 온실가스 배출 감소 등 환경적 효과까지 누릴 수 있다. 결국 폐지방의 안전한 관리 지침을 마련하고 이를 의료 혁신에 적극 활용할 수 있도록 제도적 여건을 정비하는 것이 시급하다.

참고자료

국가생명공학정책연구센터, '2024년 글로벌 의약품 시장 전망', 2024

국가생명공학정책연구센터, '일본, 바이오경제 전략 보고서 발표', BioNwatch:24-64, 2024

대외경제정책연구원, '제약·바이오 산업 분야 글로벌 기술패권 경쟁 현황과 우리나라의 대응', 2024

산업연구원, '바이오산업 성장동력화를 위한 정책 거버넌스 개선 방안', 산업포커스, 2022

산업연구원, '미국 생물보안법 입법 동향과 산업 정책 시사점', 산업포커스, 2024

산업통상자원부, 한국바이오협회, '2022년 기준 국내 바이오산업 실태조사 결과 보고서', 2023

유진투자증권, '2025 Global Biopharma Time for Innovation', 2025

특허청, '첨단바이오분야 특허빅데이터분석 결과 및 시사점', 2025

과학기술정통부, 한국과학기술기획평가원, '2022 기술수준평가', 2023

한국바이오협회, '2025년 글로벌 상위 의약품 및 기업 미리보기', 2025

한국바이오협회, '2024년 상반기 상장 바이오헬스케어기업 동향조사 결과보고서', 2024

한국바이오협회, '첨단바이오 글로벌 R&D 협력전략지도 발표', 2024

한국바이오의약품협회, '바이오의약품 산업동향 보고서', 2024

한국경제인협회, '화이트바이오 산업 현황과 과제', Global Insight, 2021

한국경제연구원, '바이오제약산업 경쟁력 강화 과제', 2019

한국과학기술기획평가원, '바이오 클러스터 운영체계 개선을 위한 효율화 방안 연구', 2024

대한무역투자진흥공사, "유럽 제약바이오 산업동향 및 진출기회", 2023

한국과학기술기획평가원, '생물보안법 제정 추진에 따른 글로벌 바이오제약 분야 동향 및 시사점', 2024

한국보건산업진흥원, '2023 보건산업백서', 2023

송은호, '일상을 바꾼 14가지 약 이야기', 2020

바이오 패권경쟁

초판 1쇄　　2025년 5월 7일

지은이　　매일경제 국민보고대회팀
펴낸이　　허연
디자인　　김보현 김혜주 한사랑
펴낸곳　　매경출판(주)
등록　　2003년 4월 24일(No. 2-3759)
주소　　(04557) 서울시 중구 충무로 2(필동1가) 매일경제 별관 2층 매경출판(주)
인쇄·제본　　㈜M-print　031)8071-0961
ISBN　979-11-6484-771-6(03320)